호감 스위치를 켜라

THE LIKE SWITCH : An Ex-FBI Agent's Guide to Influencing, Attracting, and Winning People Over by Jack Schafer, Ph.D. with Marvin Karlins, Ph.D.

Copyright ⓒ 2015 by John Schafer, Ph.D. and Marvin Karlins, Ph.D.
All rights reserved.

This Korean edition was published by Sejong Books, Inc. in 2017 by arrangement with the original publisher, Touchstone, a division of Simon & Schuster, Inc. through KCC(Korea Copyright Center Inc.), Seoul.

이 책은 (주)한국저작권센터(KCC)를 통한
저작권자와의 독점계약으로 세종서적(주)에서 출간되었습니다.
저작권법에 의해 한국 내에서 보호를 받는 저작물이므로 무단전재와 복제를 금합니다.

THE LIKE SWITCH

아무리 까칠한 사람도 내 편으로 만드는 **FBI 관계의 심리학**

호감 스위치를 켜라

잭 셰이퍼·마빈 칼린스 지음 | 문희경 옮김

세종

사랑이 넘치고 강인하며,
무엇보다 30년 넘는 결혼생활 동안 나의 유난스러운 삶을 견뎌줄 만큼
인내심 강한 나의 아내 헬렌에게 이 책을 바칩니다.

_잭 세이퍼

아내 이디스와 딸 앰버의 존재 자체에,
두 사람이 한 일들에, 많은 이의 삶을 풍성하게 만들어준 사랑에
이 책을 바칩니다.
_마빈 칼린스

contents

머리말 호감 스위치: 사람의 마음을 얻는 방법 _ 008

Chapter_01 관계의 공식 _ 016
왜 어떤 사람은 타인의 관심을 끌고, 왜 어떤 사람은 기피되는가?
무심한 듯 교묘하게 연출된 심리 전략들. 근접성, 빈도, 기간, 강도

Chapter_02 당신은 이미 읽혔다 _ 042
뇌는 끊임없이 적과 친구를 구분한다. 말 한마디 하지 않고
상대의 속마음을 간파하는 비언어적 신호들. 표정, 몸짓, 시선, 영역

Chapter_03 관계의 시작 _ 104
사람들이 당신을 좋아하게 만들고 싶다면 기분 좋게 해줘라.
결정적 순간에 효과를 발휘하는 공감의 언어. 관심, 칭찬, 소문, 초두효과

Chapter_04 끌어당김의 법칙 _ 134
끌리는 사람은 뭐가 다른가? 인간의 본능을 자극하는 다양한 법칙들.
유사성, 귀인오류, 호기심, 호혜성, 자존감, 희소성

Chapter_05 **언어의 온도 _ 166**
한마디 말이 보스의 지갑을 열기도 하고, 관계를 지뢰밭으로 만들기도 한다.
세상을 통제하는 소통의 태도들. 경청, 관찰, 표현, 공감

Chapter_06 **신뢰의 비결 _ 218**
관계는 어떻게 끈끈해지는가? 호감의 정도를 알아채고 발전시키는
실용적 도구들. 신체 접촉, 행동 모방, 몸의 자세, 물건의 위치

Chapter_07 **사랑의 심리학 _ 248**
연인, 배우자의 마음을 살피고 문제를 해결하는 기술들.
연민, 보상과 인정, 적극적 경청, 공감

Chapter_08 **익명의 시대, 네트워크 처세술 _ 282**
당신이 인터넷에 올린 게시물이 당신이 누구인지 말해준다.
속고 속이는 사회의 현명한 대처법. 이메일, 검증, 속임수, 피싱

맺음말 FBI 스파이 사례 _ 320
감사의 말 _ 336
부록 _ 338
참고문헌 _ 340

머리말
호감 스위치: 사람의 마음을 얻는 방법

'FBI(Federal Bureau of Investigation: 연방수사국)'라는 말을 듣고 친근한 수사국(Friendly Bureau of Investigation)을 떠올릴 사람은 없을 것이다. 하지만 나는 20년간 FBI 행동분석가로 활동한 덕분에 사람들을 한눈에 읽어내고 인간의 본성과 인간이 공통으로 보이는 행동에 관한 남다른 이해력을 얻었다. FBI에서 일하면서 누군가에게 접근해 국가를 위해 스파이가 되어달라고 설득하는 역할부터 범인을 색출해 자백을 받아내는 역할까지 다양한 일을 수행했다. 그사이 거의 한 마디도 하지 않고 사람들의 믿음을 사는 효과적인 기법을 개발했다. 나는 FBI 행동분석팀의 행동분석가로서 스파이를 채용하고 적을 친구로 만드는 전략을 개발했다. 한마디로 미국의 적을 설득해서 미국의 스파이로 포섭하기 위한 구체적인 기술과 기법을 개발한 것이다.

내 직업은 결국 사람들이 나를 좋아하게 만드는 일이었다. '블라디미르'(이 책에서는 인물들의 이름과 세부 특징을 바꾸고 몇 가지 특징을 뒤섞었다. 내 직업에서 증명된 효과를 예시하는 데 가장 적합한 사례를 들기 위해서다)와의 만남에서 내 일의 성격을 엿볼 수 있다.

블라디미르는 미국에 불법으로 입국해서 스파이로 활동한 인물이다. 그는 안보 관련 기밀문서를 소지한 채 체포되었다. FBI 특수요원이던 나는 블라디미르의 심문을 맡았다. 첫 심문에서 그는 무슨 일이 있어도 나한테 입을 열지 않겠다고 버텼다. 그래서 나는 그냥 그의 앞에 앉아 신문을 보면서 그의 저항에 대응했다. 미리 세워둔 계획에 따라 정해진 시간에 천천히 신문을 덮고 한마디 말도 남기지 않은 채 방에서 나갔다. 하루, 이틀이 지나고 한 주, 두 주가 흐르도록 나는 그의 앞에 앉아 신문만 보았고, 그는 옆 탁자에 수갑으로 묶인 채 입을 굳게 닫고 앉아 있었다.

마침내 그가 입을 열고 왜 매일 자신을 찾아오느냐고 물었다. 나는 신문을 덮고 그를 쳐다보았다. "당신과 얘기하고 싶으니까요." 그러고는 다시 신문을 펼치고 꼿꼿한 자세로 앉아 신문을 보았다. 그에게는 눈길도 주지 않았다. 잠시 후 일어나 역시 한 마디도 남기지 않고 방에서 나왔다.

이튿날에도 블라디미르가 왜 매일 찾아와 신문을 보느냐고 물었다. 이번에도 나는 그와 이야기하고 싶어서 온다고 답했다. 그리고 자리에 앉아 신문을 펼쳤다. 잠시 후 블라디미르가 "말하고 싶어요"라고 말했다. 나는 신문을 내려놓았다. "블라디미르, 나랑 얘기하고 싶은 거 맞습니까? 처음 만난 날 나한테는 절대로 말하지 않겠다고 했잖아요." 그러자 블라디미르가 답했다. "당신하고 얘기하고 싶긴 하지만, 스파이 활동에 관해서는 한 마디도 하지 않을 겁니다." 나는 그의 조건을 받아들이고 나서 물었다. "그 얘기도 때가 되면 나오지 않겠습니까?" 그도 내 말에 수긍했다.

그 뒤로 한 달간 우리는 그의 스파이 활동을 제외한 모든 것에 관해 이야기를 나누었다. 그러던 어느 날 오후 블라디미르가 말했다. "내가 한 일에 관해 얘기할 준비가 됐습니다." 그제야 우리는 그의 스파이 활동에 관해 이야기했다. 그가 솔직하게 술술 털어놓은 건 내가 강요해서가 아니라 그가 나를 좋아하고 나를 친구로 받아들였기 때문이다.

내가 블라디미르에게 적용한 심문 기법이 언뜻 황당해 보일 수 있지만, 사실 모든 행동은 블라디미르의 자백과 협조를 끌어내기 위해 철저히 계산된 것이었다. 이 책 『호감 스위치를 켜라』에서는 내가 블라디미르의 마음을 어떻게 돌렸는지, 그리고 어떻게 하면 독자 여러분도 내가 적용한 방법으로 잠시든 평생이든 누군가의 마음을 살 수 있는지 설명하겠다. 여기서 FBI의 비법을 소개하는 데는 이유가 있다. 스파이와 친해지고 스파이를 포섭하기 위해 개발한 사회적 기술이 가정에서든 직장에서든 인간관계가 존재하는 곳이면 어디서나 효과를 거두기 때문이다.

나도 처음에는 내가 일하는 현장과 보통 사람들의 일상이 이렇게 직접 대응될지 몰랐다. FBI를 그만둘 무렵에야 처음으로 이런 대응관계에 관심을 갖기 시작했다. 젊은 요원들에게 스파이를 채용하는 방법에 관해 강의할 때였다. 강의 첫날 나는 집단 연습을 위해 강의실을 세팅하려고 30분 일찍 도착했다. 그런데 수강생 두 명이 벌써 와 있었다. 둘 다 처음 보는 얼굴이었다. 첫 줄에 앉은 그들은 두 손을 포개어 책상 위에 올려놓고 기대에 찬 표정으로 기다리고 있었다. 왜 이렇게 일찍 왔을까? 웬만해선 강의 시간보다 일찍 오는 학생이 없는데 어찌 된 일인가 싶어, 그들에게 누구이기에 이렇게 일찍 왔느냐고 물었다.

"지난번에 선생님 강의를 들었던 팀이라는 친구를 기억하세요?" 한 사람이 물었다.

"그래요."

"몇 주 전에 팀이랑 술을 한잔 했는데, 그 친구가 영향력과 친근감 쌓기에 관한 선생님의 강의 얘기를 꺼내더군요."

"그래서요?" 무슨 말을 하려는 건지 아직 감이 오지 않았다.

"팀이 선생님 강의에서 여자를 유혹하는 법을 배웠다고 어찌나 자랑을 하던지요."

"솔직히 그때는 저희도 못 믿었죠." 다른 사람이 말했다.

"그래서 팀에게 과제를 하나 내줬어요." 첫 번째 사람이 말을 받았다. "저희는 클럽에서 아무 여자나 찍어서 팀에게 한 마디도 하지 않고 우리 테이블로 불러와서 같이 술을 마시게 해보라고 주문했어요."

"그 친구가 어떻게 했습니까?" 내가 물었다.

"도전을 받아들이더군요. 제정신이 아니다 싶었죠. 그런데 45분쯤 지나서 그 여자가 저희 테이블로 오더니 같이 한잔 마셔도 되겠냐고 묻는 게 아니겠어요. 솔직히 아직도 믿기지 않지만, 제가 똑똑히 봤어요."

나는 미심쩍은 표정으로 물었다. "그 친구가 어떻게 했는지 아십니까?"

"저희야 모르죠!" 한 사람이 큰 소리로 답했다. 그리고 둘이 동시에 말했다. "그걸 배우려고 온 거잖아요!"

나는 우선 전문가답게 내 강의의 목적은 수강생들을 유능한 정보요원으로 길러내는 데 있지, 연애술사로 만드는 것이 아니라고 말했다. 그런데 순간 새로운 생각이 떠올랐다. 일종의 계시 같았다. 팀의 황당한 행동을 머릿속에 그려보다가 문득 FBI의 스파이 채용 기법을 데이트 게임에서 이기는 데도 써먹을 수 있겠다는 생각이 든 것이다. 나아가 어떤 만남에서든 상대의 마음을 얻고 싶을 때 활용할 수 있겠다는 데까지 생각이 미쳤다. 그리고 그날의 계시가 이 책의 단초가 되었다.

나는 FBI에서 퇴직한 후 심리학 박사학위를 받고 대학에서 학생들을 가르쳤다. 그사이 가정이나 직장을 비롯해 인간관계가 존재하는 모든 곳에서 성공적으로 관계를 맺는 데 유용한 호감 스위치 전략에 살을 붙였다. 예를 들면 다음과 같다.

- 초보 세일즈맨들은 이 책에서 소개하는 기법을 활용해 고객을 늘릴 수 있다.
- 경험 많은 세일즈맨들도 고객들과의 관계를 다지면서 새로운 고객을 끌어들일 방법을 배울 수 있다.
- 월스트리트의 경영자부터 레스토랑 종업원에 이르기까지 모든 직위와 직종의 직원들이 이 책의 기법을 응용하면 상사나 동료, 부하직원이나 고객과 보다 효율적으로 소통할 수 있다.
- 부모들은 이 책에서 소개하는 기법을 통해 자녀와의 관계를 보완

하고 유지하고 강화할 수 있다.
- 소비자들은 이 책에서 소개하는 정보를 참고해서 더 나은 서비스를 받고, 더 유리하게 거래하며, 각자에게 맞는 관심을 끌어낼 수 있다.
- 물론 친구나 연인을 만나고 싶은 사람들도 이 책에서 소개하는 사회적 기술을 익혀서 본래 어려운(요즘 같은 디지털 시대에는 더 어려운) 관계의 경험을 정복할 수 있다.

『호감 스위치를 켜라』는 새로운 친구를 사귀고 싶거나, 현재의 관계를 유지 또는 더 발전시키고 싶거나, 잠깐의 만남이라도 유쾌하게 만들고 싶거나, 팁이나 보너스를 더 많이 받고 싶은 사람들을 위한 책이다.

친구를 사귀는 어려움 정복하기

인간은 사회적 동물이다. 하나의 종으로서 우리는 본능적으로 다른 사람들을 찾아다닌다. 원시시대부터 계승된 욕구다. 동굴 밖으로 나와 거칠고 험악한 세상에서 살아남기 위해 싸우던 환경에서는 남들과 같이 있어야 먹이사슬의 위쪽으로 올라갈 수 있었다. 다들 친구는 저절로 사귀는 것이어서 어려운 일이 아니라고 생각할 수 있다. 그러나 안타깝게도 그렇지 않다. 각종 여론조사와 연구에 따르면 갈수록 많은 사람이 소외감에 시달리고, 오래가는 의미 있는 관계는커녕 기본적인 관계조차 제대로 맺지 못한다. 소셜미디어가 등장하면서 사정은 더 심각해졌다. 이제 사람들은 직접적이고 의미 있는 사회적 관계에서 더 멀어졌다.

사람들을 대하는 경험, 특히 낯선 사람들을 대하는 경험이 어렵고 무서울 수도 있다. 남자든 여자든 마찬가지다. 실재하는 두려움이다. 창피당할까 두려운 마음, 거부당할까 두려운 마음, 남에게 상처 입힐까 두려운 마음, 나쁜 인상을 줄까 두려운 마음, 이용당할까 두려운 마음이 존재한다. 다행히 모든 관계가 파국으로 치닫는 것은 아니다. 친구를 잘 사귀고 싶거나 현재의 친구 관계를 돈독히 다지고 싶다면 힘내기 바란다. 당신만 그런 생각을 하는 것도 아니고 당신의 상황이 영 가망 없는 것도 아니다. 이 책은 직장 동료나 가족, 낯선 사람이나 사랑하는 사람들과의 소통 문제로 고민하는 사람들의 걱정을 덜어줄 것이다.

최신 연구를 토대로 말은 한 마디도 하지 않고 사람들이 우리를 좋아하게 만드는 최선의 기법을 소개할 것이다. 그러나 언젠가는 말을 해야 한다. 대화를 나눠야 선의가 우정이 되고, 때로는 평생의 인연으로 발전한다. 이 책에서는 비언어적 단서뿐 아니라 누구든 당장 우리를 좋아하게 만들 수 있는 언어적 표현을 소개할 것이다.

인간관계의 보상은 우리가 어떻게 하느냐에 달려 있다. 짐작해서 되는 것도 아니고 운이 따라야 하는 것도 아니다. 철저히 과학적으로 입증된 지식과 기법으로 사람들을 만날 때 주어지는 보상이다. 다음 세 단계만 거치면 누구나 친구를 사귈 수 있다.

1. **이 책에서 소개하는 기법을 배우고 숙달해야 한다.** 이 책에서 소개하는 기법은 건설 현장의 전동공구와 비슷하다. 핵심은 공구가 일하게 만드는 것이다. 어릴 때 나는 작은 손톱으로 나무를 자르곤 했다. 그러던 어느 날 아버지가 새 전기톱을 써보게 해주었다. 나는 전기톱을 들고 나뭇조각을 자르기 시작했다. 그런데 전기톱을 쓰면서도 작은 톱을 쓸 때만큼 힘을 가했다. 그때 아버지가 내 어깨를 툭툭 치면서 힘을 빼고 전기톱이 자르게 놔두라고 말했다. 이 책의 기법도 마찬가지다. 우리는 그저 기법을 적용하고 느긋하고 자연스럽게 행동하면서 기법이 제 할 일을 하게 놔두면 된다. 놀라운 결과를 볼 것이다.

2. **이 책에서 배운 새로운 지식을 일상에서 만나는 사람들에게 적용해야 한다.** 최선의 방법을 아는 것만이 능사는 아니다. 배운 것을 실천해야 한다. 배우고도 써먹지 않으면 무용지물이 된다.

3. **배우고 끊임없이 연습해야 한다.** 인간관계 기술도 여느 기술과 다르지 않다. 많이 쓸수록 능숙해지고, 적게 쓸수록 무뎌진다.

이 세 단계를 거치면 친구를 사귀는 것이 숨 쉬는 것처럼 자연스러워질 것이다.

호감 스위치는 손 닿는 곳에 있다. 호감 스위치를 켜려면 이 책에서 배운 대로 실천하고 호감 지수가 올라가는 것을 지켜보기만 하면 된다.

Chapter_01

관계의 공식

> 나는 남들이 내가 한 말도 잊고 내가 한 행동도 잊지만
> 나로 인해 생긴 감정만큼은 결코 잊지 않는다는 사실을 배웠다.
> _ 마야 안젤루(Maya Angelou)

갈매기 작전

암호명 '갈매기'.

그는 고위급 외교관이었다.

그가 미국의 스파이가 되어준다면 우리에게 아주 소중한 자산이 될 수 있었다.

그런데 조국을 버리고 적국에 충성하게 만들려면 어떻게 해야 할까? 답은 갈매기의 친구가 되어 거부하기 어려운 솔깃한 제안을 하는 것이었다. 이 전략의 승패는 인내심에 달려 있었다. 갈매기의 삶에 관한 모든 정보를 수집하고 갈매기가 믿을 수 있는 친구가 되어야 했다.

우리는 갈매기를 뒷조사하면서 그가 승진에서 여러 번 미끄러진 사실

을 알아냈고, 그가 계속 미국에서 살고 싶어 하며 기회만 된다면 미국에서 은퇴하고 싶다고 아내에게 말하는 것도 엿들었다. 또한 갈매기는 그의 조국에서도 적은 연금으로 노후를 편안하게 보내기 어렵다는 점을 우려했다. FBI 안보 분석가들은 이런 정보를 토대로 갈매기에게 적절한 금전적 보상을 제안한다면 조국에 대한 충성심을 공략할 수 있을 거라고 판단했다.

문제는 갈매기를 '위협'하지 않고 금전적 보상을 제안할 만큼 가까워지는 것이었다. FBI 정보요원 찰스는 갈매기에게 체계적으로 접근해 서서히 친분을 쌓으라는 명령을 받았다. 고급 와인을 숙성시켜 최상의 풍미를 자아내듯이, 갈매기에게 금전적 보상을 제안할 만큼 기회가 무르익게 만들어야 했다. 섣불리 접근했다가는 갈매기가 '방어막'을 치고 찰스를 피할 수도 있었다. 친분을 쌓기 위한 행동 전략에 따라 갈매기에게 접근할 계획을 세워야 했다. 그러려면 우선 갈매기에게 호감을 산 다음 적절한 말로 호감을 우정으로 발전시켜야 했다. 갈매기와의 첫 만남을 위한 사전 준비 작업은 수개월 전부터 시작되었다. 한동안 그를 지켜본 끝에 그가 일주일에 한 번씩 대사관을 나와 두 블록 걸어가면 나오는 길모퉁이 식료품점에서 장을 보는 것으로 확인되었다.

찰스는 갈매기가 식료품점까지 오가는 길의 여러 지점에 서 있기로 했다. 갈매기에게 접근해서 위협을 주는 행위는 철저히 금지되었다. 그저 '그 자리에 서서' 갈매기의 눈에 띄기만 하면 되었다.

노련한 정보요원인 갈매기는 얼마 안 가 굳이 정체를 감추려 하지 않는 FBI 요원의 존재를 알아챘다. 다만 찰스가 길을 막아서거나 말을 걸지 않아 갈매기는 아무런 위협을 느끼지 않은 채 식료품점을 오가는 길에 웬 미국인과 마주치는 상황에 익숙해졌다.

이렇게 자주 눈에 띈 지 몇 주일 뒤 갈매기가 찰스와 눈을 마주쳤다. 찰스도 고개를 끄덕이며 갈매기를 알은체했지만 그 이상의 관심은 보이지 않았다.

몇 주 더 흐르는 사이 찰스는 갈매기에게 **자주 눈을 마주치고, 눈썹을 올리고, 고개를 기울이고, 턱을 들었다.** 모두 인간의 뇌에서 '친구 신호'로 해석하는 것으로 알려진 비언어적 신호다.

두 달 뒤 찰스는 다음 단계로 넘어갔다. 갈매기의 단골 식료품점에 따라 들어가서 일정한 거리를 두었다. 갈매기가 식료품점에 갈 때마다 따라 들어갔다. 계속 갈매기와의 거리는 유지했지만 매장 통로에서 마주치는 횟수를 늘리고 갈매기의 눈에 띄는 시간을 늘렸다. 찰스는 갈매기가 매번 콩 통조림을 한 통씩 사는 것을 눈여겨보았다. 그리고 몇 주 더 기다린 뒤 어느 날 갈매기를 따라 식료품점에 들어가서 갈매기에게 자기를 소개하기로 했다. 갈매기가 콩 통조림을 집어들 때 찰스는 그 옆에 있던 통조림을 집어들었다. 그리고 갈매기를 돌아보며 "안녕하세요, 제 이름은 찰스고 FBI 특수요원입니다"라고 말했다. 갈매기는 미소를 지으며 "그런 줄 알았어요"라고 대꾸했다. 이렇게 스스럼없이 인사를 나누고부터 찰스와 갈매기는 친한 친구가 되었다. 결국 갈매기는 기밀정보를 정기적으로 넘겨 그의 FBI 친구를 지원하기로 했다.

일반인들은 수개월에 걸친 구애과정을 보고 첫 만남까지 왜 그렇게 오래 걸렸는지 의아해할 것이다. 어쩌다보니 그렇게 길어진 것이 아니다. 갈매기 포섭 작전은 사실 두 남자 사이에 일상에서는 상상도 못할 우정이 생기도록 정교하게 연출된 심리 전략이었다.

우리 FBI 행동분석팀은 동료들과 함께 갈매기 포섭 작전을 짜는 임무를 맡았다. 목적은 갈매기가 FBI 요원 찰스를 편하게 생각해 첫 만남이 이루어질 수 있도록 유도하고, 나아가 찰스가 갈매기에게 좋은 인상을 심어주어 이후 만남이 지속되게 만드는 것이었다. 고난이도 작전이었던 이유는 고도로 훈련받은 정보요원인 갈매기가 의심이 가는 사람은 누구든 경계하고 피하려 들 수 있어서였다.

찰스와 갈매기의 첫 대면이 이루어지려면 갈매기가 찰스에게 심리적으로 편안함을 느껴야 했다. 그러기 위해 찰스는 성공적으로 밝혀진 단계를 밟아야 했다. 찰스가 갈매기의 마음을 얻기 위해 거친 단계는 보통사람들이 누군가를 만나서 친구가 되고 싶을 때 밟아야 하는 단계와 다르지 않았다.

그럼 찰스가 갈매기를 포섭하기 위해 우정 공식을 적용해서 수행한 단계를 살펴보자.

우정 공식

우정 공식은 근접성, 빈도, 기간, 강도라는 네 가지 기본 요소로 구성된다. 그리고 이 기본 요소들로 다음과 같은 수학 공식을 만들 수 있다.

우정 = 근접성 + 빈도 + 기간 + 강도

근접성은 상대와의 거리이자 시간에 걸쳐 상대에게 노출된 정도를 말한다. 갈매기의 사례에서 찰스는 갈매기에게 무턱대고 접근해 자기를 소개하지 않았다. 그러면 갈매기가 황급히 피했을 것이다. 신중하게 접근할 필요가 있었다. 갈매기에게 시간을 주어 찰스에게 '익숙해지고' 찰스를 위협적인 존재로 인식하지 않게 만들어야 했다. 그래서 우정의 기본 요소 가운데 근접성을 선택했다. 근접성은 모든 관계에서 근간이 된다. 상대와 가까이 있는 것이 관계를 발전시키는 핵심이다. 근접성은 상대가 당신을 좋아하게 만들고 서로 매력을 느끼게 해준다. 물리적으로 한 공간에 있으면 말을 나누지 않아도 서로에게 매력을 느낄 가능성이 커진다.

근접성이 효과를 거두려면 우선 위협적이지 않은 분위기를 조성해야 한다. 누군가 너무 가까이 있어서 위협이 느껴지면 '방어막'을 치고 그 사람을 피하려 한다. 갈매기의 사례에서 찰스는 목표 대상에 근접했지만 안전한 거리를 유지해 갈매기가 그를 잠재적 위험 요인으로 간주하고 '싸우거나 도망치는' 반응을 보이지 않게 했다.

빈도는 시간에 걸쳐 상대와 만난 횟수이고, 기간은 시간에 걸쳐 상대와 보낸 시간이다. 찰스는 어느 정도 시간이 지나자 우정의 두 번째와 세 번째 요소인 **빈도**와 **기간**을 적용했다. 찰스는 갈매기가 그를 보는 횟수(빈도)를 늘리기 위해 갈매기가 장보러 가는 길에서 어디에 서 있을지 정했다. 몇 달 뒤에는 시간 요소를 적용해 갈매기와 가까이 있는 시간을 늘렸다. 식료품점 안까지 갈매기를 따라 들어가서 접촉 시간을 늘렸다.

강도는 언어적, 비언어적 행동으로 상대의 심리적, 신체적 욕구를 확실히 충족시켜줄 수 있는 정도를 의미한다. 갈매기가 찰스의 존재를 알아채고 찰스가 어떤 알 수 없는 이유로 그에게 선뜻 다가오려 하지 않는다는 사실을 인지하는 사이 <u>강도</u>가 서서히 높아졌다. 이때 강도의 한 유형인 <u>호기심</u>이 추가되었다. 환경에 새로운 자극이 나타나면(낯선 사람이 갈매기의 세계에 들어온다) 뇌가 본능적으로 새로운 자극을 실제 위협이나 지각된 위협으로 판단한다. 새로운 자극이 위협으로 판단되면 싸우거나 도망치는 반응을 일으켜 위협을 제거하거나 중화시키려 한다. 반대로 새로운 자극이 위협으로 판단되지 않으면 호기심을 보인다. 그리고 새로운 자극을 더 알아보고 싶어 한다. 저건 뭐지? 왜 저기 있지? 저걸 써먹을 수 있을까?

찰스는 안전한 거리를 두고 움직였다. 시간이 흐르면서 이런 태도가 점차 갈매기의 호기심을 자극했다. 갈매기는 호기심에 이끌려 찰스가 누구이고 원하는 게 뭔지 알아보고 싶어졌다.

갈매기는 나중에 찰스에게 처음 본 순간부터 FBI 요원인 줄 알아봤다고 말했다. 사실이든 아니든 갈매기는 FBI 요원이 보낸 비언어적인 '친구' 신호를 받아들인 것이다.

갈매기는 찰스를 FBI 요원으로 생각하고 호기심을 더 키웠다. 찰스가 자신을 포섭 대상으로 생각하는 건 알았지만 상대의 목적이 무엇이고 대가가 얼마나 되는지 궁금했다. 승진에서 누락된 데 불만을 품고 은퇴 후의 삶을 걱정하던 갈매기는 이미 찰스가 FBI 스파이로 활동하는 방안과 함께 제시할 여러 조건을 고민한 터였다.

스파이가 되겠다는 결심이 하루 아침에 서는 것이 아니다. 스파이 포섭 대상들에게는 저마다의 합리화 전략을 세울 시간과 충성할 대상을 바꾸는 데 적응할 시간이 필요하다. 따라서 갈매기 포섭 작전에는 변절의 씨앗을 심어두고 씨앗이 싹트기까지의 시간도 포함되었다. 갈매기의 상상력은 생각이 자라서 꽃을 피우는 데 필요한 양분을 주었다. 기다림의 시간 동안 아내에게 함께해달라고 설득할 수도 있었다. 찰스가 가까이 다가올 즈음 갈매기는 찰스를 곧 다가올 위협이 아니라 희망의 상징으로 보았다. 더 나은 삶의 희망 말이다.

갈매기는 찰스를 지원하기로 결심한 후 찰스가 접근하기를 기다렸다. 훗날 갈매기는 찰스에게 기다림의 시간이 무척 고통스러웠다고 털어놓았다. 무엇보다 호기심이 극에 달했다. "저 미국 요원이 왜 다가오지 않지?" 찰스가 마침내 식료품점에서 자기를 소개했을 때, 갈매기가 두 번째로 한 말은 "왜 그렇게 오래 걸렸습니까?"였다.

빈도와 기간

기간의 한 가지 특징은 누군가와 함께 있는 시간이 길수록 그 사람이 우리의 생각과 행동에 미치는 영향이 더 강해진다는 점이다. 멘토가 멘티와 함께 오래 지내면 멘티가 긍정적인 영향을 받는다. 의도가 불순한 사람들은 옆에 있는 사람들에게 부정적인 영향을 미칠 수 있다. 기간의 효과가 가장 잘 나타나는 예로 부모와 자식의 관계를 들 수 있다. 부모와 자식이 함께 있는 시간이 길수록 부모가 자식에게 영향을 미칠 가능성도 커진다. 양육 기간이 부족하면 자식들은 친구들과 더 오래 같이 있고 자칫 불량한 패거리와 어울릴 수도 있다. 그리고 이들과 같이 있는 시간이 길기 때문에 이들에게 받는 영향도 커진다.

기간은 빈도와 역관계를 보인다. 자주 보는 친구를 만날 때는 만남의 기간이 짧아진다. 반대로 자주 보지 못하는 친구를 만날 때는 만남의 기간이 길어진다. 가령 매일 보는 친구는 어떻게 지내는지 그때그때 알 수 있으므로 만남의 시간이 짧은 반면에 1년에 두 번 만나는 친구라면 만남의 시간이 길어진다. 오랜만에 만난 친구와 레스토랑에서 저녁을 먹은 경험을 떠올려보라. 그간 어떻게 지냈는지 서로 소식을 전하느라 몇 시간이 금방 흘러갔을 것이다. 평소 자주 보는 친구를 만날 때는 저녁 먹는 시간이 짧아질 것이다. 반면에 연애할 때, 특히 막 사귀기 시작했을 때는 가능한 오래 같이 있고 싶어 하기 때문에 빈도와 기간 둘 다 매우 높다. 관계의 강도도 매우 높다.

관계에 대한 자체 평가

현재의 관계나 과거의 관계가 시작됐을 때를 떠올려보라. 이제 그 관계가 우정 공식의 각 요소에 부합하게 발전한 사실을 알 수 있을 것이다. 우정 공식을 기준으로 관계에서 어떤 부분을 개선해야 할지도 알 수 있다.

예를 들어 결혼한 지 몇 년 지난 부부가 관계가 나빠지는 줄 알면서도 바로잡을 방법을 모른다고 해보자. 우정 공식의 각 요소들 간 상호작용을 살펴보면서 부부관계를 스스로 평가할 수 있다. 우선 근접성을 확인한다. 둘이 한 공간에 같이 있는가, 아니면 각자 자기 할 일을 하고 가끔씩 같은 공간에 머무는가? 두 번째로 빈도를 확인한다. 부부가 자주 함께 시간을 보내는가? 세 번째로 기간을 확인한다. 부부가 만날 때 얼마나 오래 함께 있는가? 네 번째로 강도는 관계를 끈끈하게 이어주는 접착제와 같다. 이 부부는 근접성과 빈도와 기간까지는 갖추었을지 몰라도 강도가 부족했다. 예를 들어 텔레비전을 함께 보면서 같은 공간에 오래 있지만 정서적으로 소통하지 않았을 수 있다. 그러면 관계의 강도를 높여서 관계를 개선할 수 있다. 밤에 데이트하러 나가서 모처럼 처음 만났을 때 서로에게 느끼던 감정을 되살릴 수도 있다. 매일 밤 몇 시간 동안 텔레비전을 끄고 대화를 나누어 관계를 다질 수도 있다.

우정 공식의 네 가지 요소가 조합하는 방식은 부부의 소통 방식에 따라 무한히 다양할 수 있다. 부부 중 한 사람이 1년의 대부분을 출장 다닐 수도 있다. 근접성이 부족하면 빈도와 기간과 강도도 줄어들게 마련이라, 관계에 부정적인 영향을 미칠 수 있다. 이처럼 근접성이 부족하면 최신 기술로 극복할 수 있다. 빈도와 기간과 강도도 이메일이나 채팅, 문자 메시지, 스카이프, 소셜미디어 등을 이용해서 유지할 수 있다.

모든 관계의 기본 요소를 알면 현재 관계를 평가할 뿐 아니라 네 가지 요소를 적절히 활용해서 새로운 관계를 맺을 수 있다. 스스로 관계를 평가하는 연습을 하려면 현재의 관계를 점검하고 네 가지 기본 요소가 관계에 어떤 영향을 미치는지 살펴보라. 관계를 강화하고 싶다면 우정 공식을 조율해서 원하는 결과를 끌어낼 방법을 고민해보라.

한편으로는 우정 공식의 기본 요소를 점차 줄여서 원치 않는 관계에서 벗어날 수도 있다. 서서히 줄여나가면 상대에게 상처를 주지도 않고, 급작스럽게 관계를 끝내는 것처럼 보이지도 않으면서, 상대에게 실망감을 안겨줄 수 있다. 그러면 상대는 자연스럽게 관계가 더 이상 이어지지 않는다는 결론을 내리고 보상을 더 많이 주는 새로운 관계를 찾아 나설 것이다.

조용한 파트너를 이용해서 스파이 포섭하기

당신은 국방부와 계약하고 활동하면서 일급기밀에 대한 접근 권한을 가진 과학자다. 어느 날 중국 대사관 관계자가 당신에게 전화를 걸어 중국에서 당신의 기밀 연구에 관해 강연을 해달라고 초대한다. 모든 경비는 중국 정보부에서 부담하기로 한다. 당신은 국가안보 담당자에게 이 제안을 보고하고, 기밀정보만 다루지 않는다면 중국에서 강연해도 괜찮다는 허락을 받아낸다. 당신은 다시 중국 측에 전화해서 초대에 응하겠다고 확인해준다. 중국 측 관계자는 강연 전에 관광도 할 겸 일주일 앞당겨 오라고 제안한다. 당신은 그러기로 한다. 평생 한 번 올까 말까 한 기회라 당신은 무척 들떠 있다.

공항에 도착하니 중국 정부 측 사람이 마중을 나와 있다. 당신이 중국에 체류하는 동안 가이드와 통역을 맡아줄 사람이다. 통역이 매일 아침 호텔로 찾아와 함께 아침을 먹는다. 그리고 하루 종일 그와 함께 관광을 한다. 통역이 식비까지 다 내고 저녁시간의 사교활동도 주선해준다. 통역은 자신의 가족과 사생활에 관해서도 스스럼없이 이야기한다. 당신도 그에게 호응해 가족에 관한 정보를 준다. 중요한 정보는 아니고 아내와 아이들의 이름과 생년월일, 결혼기념일과 가족이 함께 보내는 명절 따위를 알려준다. 하루하루 지나면서 당신은 극명한 문화 차이에도 불구하고 통역과 공통점이 아주 많다는 사실에 놀란다.

강연 당일이 되었다. 강연장에 청중이 가득하다. 모두 강연을 경청한다. 강연이 끝나자 청중 하나가 다가와 당신의 연구에 관심이 많다고 말한다. 흥미롭고 혁신적인 연구라는 칭찬을 해준다. 그는 당신의 연구와 관련해 현재 그가 진행 중인 연구와 관련한 질문을 던진다. 그의 질문에 답하려면 민감하기는 하지만 기밀까지는 아닌 정보를 말해야 한다. 당신은 흔쾌히 기밀의 영역에 걸쳐 있는 정보를 장황한 설명까지 덧붙여 말한다.

미국으로 돌아가는 비행기에 탑승하려고 기다리는 동안 당신은 통역에게서 강연이 크게 성공해 중국 정보부에서 내년에도 초빙해 강연을 열고 싶어 한다는 말을 듣는다. 이번에 소규모 강당이 꽉 찼으니 내년에는 그랜드볼룸에 강연장을 마련할 거라는 말도 듣는다(통역은 과학자인 당신에게 한껏 자만할 거리를 제공했다. 가장 효과적인 형태의 아첨이다. 아첨의 기법에 관해서는 나중에 다루겠다). "그나저나 다음에는 부인도 동행하세요. 경비는 여기서 다 부담하겠습니다."

FBI 반스파이 책임자였던 나는 해외에 다녀온 과학자들로부터 보고를 받고, 해당 국가의 정보요원이 기밀정보를 노리고 접근했는지 여부를 판단해야 했다. 나는 수많은 과학자를 만나면서 앞의 사례와 유사한 이야기를 숱하게 들었다. 과학자들은 하나같이 중국 측에서 손님 대접을 아주 극진히 해주면서도 기밀정보를 물어본 적은 없다고 보고했다. 반칙은 없었다. 이렇게 사건은 종결됐다.

그런데 한 가지 걸리는 점이 있었다. 과학자들이 통역과 공통점이 아주 많았다고 말한 대목이었다. 문화 차이를 고려할 때 이 말이 내 호기심을 건드렸다. '공통점'을 만드는 방법은 친근감을 쌓는 지름길이다(친근감을 쌓기 위한 '공통점' 만들기 기법에 관해서는 2장에서 다루겠다).

다음으로 나는 우정 공식을 기준으로 과학자들의 중국 방문을 자세히 들여다보았다. 물론 근접성이 있었다. 과학자들이 중국에 가는 건 1년에 한 번이므로 빈도는 낮았다. 그러나 통역이 매일 아침 일찍부터 과학자를 찾아와 밤늦게까지 종일 같이 다녔으니 기간은 길었다. 통역이 과학자와 나누는 대화의 주제로 볼 때 강도도 높았다. 이제 명백했다. 과학자들은 포섭을 당하면서도 인지하지 못했던 것이다. 나 역시 그때까지는 몰랐다.

과학자들도 나도 한동안 중국의 포섭 시도를 간파하지 못했다. 의도적이든 아니든 중국인은 사람들이 자연스럽게 친구가 되는 기제를 설명해주는 우정 공식을 활용했다. 워낙 자연스러운 과정이라 뇌에서 이런 교묘한 포섭 기법에 주목하지 않는다. 그 뒤로 나는 과학자들을 만나면서 우정 공식에 의거해 해외 정보기관의 포섭 시도가 있었는지 여부를 판단했다. 해당 국가에 다녀오는 동안 접촉한 사람들과의 근접성과 빈도와 기간과 강도를 구체적으로 알아보았다. 나아가 과학자들이 중국의 초대를 받아 출국하기 전에 중국인들이 기밀정보를 캐내기 위해 자주 쓰는 교묘한 기법을 간파하는 방법도 미리 일러주었다.

우정 공식과 당신

이 책에서는 우정 공식을 통해 친한 사이로 발전하는 방법을 소개할 것이다. 어떤 유형의 관계를 원하든(단기간이든 장기간이든 편안하든 긴장되든) **항상 근접성, 빈도, 기간, 강도**에 영향을 받는다. 우정 공식을 집을 짓기 위한 단단한 토대로 생각해보자. 우정과 마찬가지로 집도 다양한 형태로 지을 수 있지만 토대는 기본적으로 동일하다.

일상에서 우정 공식 적용하기

어느 날 동네 커피숍에서 친한 친구의 아들 필립을 만났다. 필립은 최근 소도시의 대학을 졸업하고 로스앤젤레스에서 첫 직장을 잡았다. 독신인 필립은 새 친구들을 사귀고 싶어 했다. 평생 소도시에서만 살다가 갑자기 대도시로 나와서 친구를 사귀는 데 어려움을 겪고 있었다.

나는 필립에게 집 근처 술집에 자주 들르고, 술집에 들어갈 때는 친구 신호(친구 신호는 다음 장에서 소개한다)를 보내 자신이 위협적인 인물이 아니라는 메시지를 전하고, 바든 테이블이든 부스든 혼자 앉아 있으라고 조언했다.

　날마다 술집에 들르면 근접성이 생기고 그렇게 자주 얼굴을 비추면 빈도와 기간까지 확보할 수 있다. 술집에 갈 때마다 다른 손님들을 바라보는 시간을 서서히 늘리고 미소를 지어 우정 공식의 마지막 요소인 강도를 점차 높일 수 있다. 필립에게는 사람들을 끌어당길 호기심 요인이 필요했다. 필립의 취미는 골동품 구슬 수집이었다. 나는 그에게 술집에 갈 때마다 확대경과 구슬주머니를 가져가라고 조언했다. 그리고 구슬을 바에 늘어놓고 확대경으로 가만히 들여다보라고 했다. 이런 행동은 사람들의 호기심을 자극하는 미끼가 된다. 또 바텐더와 웨이터들은 그 동네 주민들에게 그를 소개해줄 터이니 일단 그들과 친해지라고도 일러주었다. 바텐더와 웨이터들이 필립과 친하게 지내는 걸 보면 자연스럽게 다른 손님들이 그들에게 새로 등장한 친구에 대해 물을 것이다. 그러면 바텐더와 웨이터들은 필립을 좋게 얘기해줄 테고, 이것은 다시 다른 손님들에게 초두효과로 작용할 것이다(초두효과에 관해서는 다음 장에서 다루겠다).

　몇 주 뒤 필립이 전화해서 내 말이 옳았다고 말했다. 그는 술집에 들어가서 술을 주문한 뒤 구슬을 늘어놓고 확대경으로 하나씩 들여다보았다. 바텐더가 필립에게 술을 내주고 잠시 후 그의 특이한 취미에 관해 물었다. 필립은 바텐더에게 구슬 수집에 관해 말해주고 구슬마다 크기와 색깔과 질감의 차이를 설명했다. 같은 술집에 몇 번 더 가면서 필립은 바텐더와 친해졌다.

　필립에게 호감을 느낀 바텐더는 필립의 별난 취미에 유독 관심을 보이는 손님들에게 그를 소개해주었다. 구슬로 대화의 문이 열리자 자연스럽게 다른 주제로 넘어갔다.

우정 공식은 마법처럼 보여도 마법이 아니다. 사람들이 평소 어떤 식으로 관계를 맺는지 비춰주는 거울일 뿐이다. 우정의 기본 요소를 알면 친구를 쉽게 사귈 수 있다.

우정 공식이 블라디미르에게 미친 영향

블라디미르는 원래 내게 한 마디도 하지 않겠다고 고집을 부렸다. 나는 우선 <u>근접성</u>을 확보해야 했다. 매일 앞에 앉아 한 마디도 건네지 않고 신문만 보면서 블라디미르를 없는 사람 취급했다. 이런 침묵의 행동으로 근접성이 생겼고, 무엇보다 내가 그에게 위협적인 사람으로 비치지 않게 했다. 블라디미르는 내가 위협적인 사람이 아니라는 판단이 들자 내게 호기심을 보였다. 이 FBI 요원이 왜 매일 나를 찾아오지? 이자의 목적이 뭐지? 왜 아무 말도 하지 않는 거지? 매일 찾아가서 말없이 신문만 보는 행동이 그의 호기심을 자극하는 미끼가 되었다. 그는 결국 호기심을 못 이겨 침묵을 깨고 내게 접촉하려 했다. 그가 내게 입을 열기로 한 건 내 생각이 아니었다. 그의 생각이었다. 주도권은 블라디미르에게 있었다. 그러고도 나는 당장 내화를 시작하지 않았다. 대신 처음 만난 날 그가 나한테는 절대로 입을 열지 않겠다고 맹세한 일을 일깨워주었다. 여기에는 우정 공식만이 아니라 앞으로 다룰 두 가지 심리 원리가 작용한다. '희소성의 원리'와 '제약이 커지면 욕구도 커지는 원리'다.

한마디로 나는 순순히 블라디미르를 상대해주지 않는 방법으로 그의 호기심을 더 강렬하게 자극해 말하고 싶은 욕구를 더 키운 것이다. 블라디미르가 일단 내게 사적이고 심리적인 공간을 열어준 뒤로, 나는 이 책 전반에 걸쳐 다루는 친근감 형성 기법을 이용해 그가 내게 기꺼이 정보를 제공하게 만들었다.

우정 공식을 적절히 활용하려면 먼저 관심 있는 상대와 어떤 유형의 관계를 원하고 얼마나 시간을 보내고 싶은지 생각해야 한다. 상대를 한 번만 보거나 가끔씩밖에 보지 못한다면 상대에게 호감을 사는 데 우정 공식이 제대로 작동하지 않는다. 예를 들어보자. 당일치기로 회의에 참석하려고 오하이오 주 클리블랜드에 갔는데, 아주 매력적인 남자 혹은 여자를 발견하고는(남자인지 여자인지는 당신이 선택하라) 그 사람과 함께 저녁을 먹고 싶다. 친구 신호를 보내보지만 이렇다 할 반응이 없다. 사실 상대는 '방어막'을 치고 있다. 이쯤 되면 그 사람과는 더 이상 진전을 보지 못한다. 적어도 오늘 밤에는 안 된다. 하지만 우정 공식에 따르면 만약 당신이 클리블랜드로 이사를 간다면 근접성, 빈도, 기간, 강도를 이용해 그 사람의 마음을 얻고 관계를 발전시킬 수 있다.

친구-적 연속선

| 친구 | 낯선 사람 | 적 |

두 사람이 처음 만날 때(둘 다 서로를 모를 때)는 서로 **낯선 사람**이다. 아는 얼굴 하나 없는 도시에서 길을 걷는데, 사람들이 당신을 지나쳐 저마다 목적지로 향한다고 상상해보라. 혹은 술집이나 식당이나 기타 공공건물에서 낯선 사람들 틈에 끼여 있다고 상상해보라. 이럴 때 당신은 연속선에서 '낯선 사람'의 영역에 속한다. 주변 사람들에게 당신은 낯선 사람이고 그들도 당신에게 낯선 사람이다.

대개의 인간관계는 낯선 사람 영역에 머문다. 우리가 살면서 만나는 수백, 수천의 만남에 일일이 주목하기는 어렵다. 하지만 가끔 낯선 사람이 우리에게 자신의 존재를 드러낼 때가 있다. 그러면 우리는 그 사람을 **인지**한다. 그 사람이 눈에 띄는 행동을 해야만 눈에 들어오는 것은 아니다. 처음에는 왜 그 사람에게 '관심이 가는지' 이해가 되지 않을 것이다.

낯선 사람이 갑자기 눈에 띄어 관심을 끄는 이유는 무엇일까? 낯익은 얼굴이 아니라서 뇌의 **영역 탐색**에 걸려든 것이다. 연구에 따르면 우리가 일상생활을 해나가는 동안 감각기관에서 뇌로 끊임없이 메시지를 보내고 뇌는 이 메시지를 처리하면서 특히 관찰 범위 안의 누군가를 무시해도 될지 혹은 접근하면 좋을지 피해야 할지 판단한다. 이런 일련의 과정은 자동으로 일어나거나 뇌에 '내장'되어 있다. 그리고 뇌는 상대의 언어적, 비언어적 행동 하나하나를 '친구' 신호나 '중립' 신호나 '적' 신호로 해석한다.

'영역 탐색' 기능을 이렇게 비유해보자. 어떤 여자가 해변으로 길게 뻗은 길을 오르내린다. 금속 탐지기를 앞에 들고 좌우로 훑으면서 걷는다. 그러나 걸리는 것이 선혀 없다. 금속 탐지기는 모래밭에서 흥미로운 물건을 하나도 '발견하지' 못한다. 그래도 탐지기가 간간이 삑삑거리면 여자는 걸음을 멈추고 모래밭을 파서 그 속에 묻혀 있는 것을 찾아낸다. 그것은 보물일 수도, 고가의 시계나 귀중한 동전일 수도 있다. 아니면 그냥 쓰레기일 수도, 버려진 깡통이나 은박지일 수도 있다. 운이 아주 나쁜 경우라면 오래전에 매설되었다가 버려진 지뢰가 폭발할 수도 있다.

뇌는 마음의 탐지기와 같아 끊임없이 주변 환경을 평가하면서 접근해도 될지, 피해야 할지, 아무 상관 없는지, 무시해도 될지 알리는 신호를 감지한다. 행동과학 연구자들은 수십 년 전부터 뇌에서 '친구'나 '적'의 신호로 해석되는 행동 유형을 찾아내 분류하고 설명했다. 상대가 보내는 신호를 파악해서 그 신호를 토대로 친구를 사귀거나 피하고 싶은 사람을 멀리할 수 있다.

임대 신호, 리스 신호, 비매품 신호

강의시간에 한 학생이 동네 술집에서 흥미로운 비언어적 신호를 알아챈 이야기를 발표했다. 그 학생은 정식으로 만나는 여자가 없는 남자들이 보내는 신호와 연애 중이거나 결혼했지만 따로 애인을 찾는 남자들이 보내는 신호가 다르다는 점을 알아챘다. 결혼한 남자들 중에서 일부는 강렬한 적 신호를 보내 원치 않는 관심을 차단하려는 느낌을 준다. 하지만 연애 중이거나 결혼한 상태이면서도 새로운 사람을 만나고 싶다는 뜻으로 보내는 친구 신호는 독신 남자들이 보내는 친구 신호보다 훨씬 미묘해서 감지하기 어렵다.

도시의 성난 얼굴

누군가는 사람들을 끌어당기고, 사람들에게 좋은 인상을 주며, 사람들이 자기를 좋아하게 만드는 '요령'을 터득한 듯 보이는 반면, 누군가는 똑같이 매력적이고 성공했으면서도 이런 '자석 같은 매력'을 갖추지 못한 이유는 무엇일까? 대개는 무의식중에 보내는 '적' 신호에 원인이 있다. 한 학생이 이런 현상의 좋은 사례가 되어주었다(그 학생에게는 안 된 일이지만). 내가 강의하는 미국 중서부의 한 대학에 다니던 그 학생은 친구를 잘 사귀지 못한다고 호소했다. 그 학생은 사람들에게 차갑고 냉담하고 쌀쌀맞아 보이지만 알고 나면 친해지는 데 문제가 없다는 말을 자주 듣는다.

나는 그 학생과 대화를 나눠보고 애틀랜타의 거칠고 험악한 동네에서 자라 어릴 때부터 둔감해지는 법을 배워야만 했다는 사실을 알았다. 나는 그 학생에게 의사소통 기술을 연마할 필요까지는 없고 자기를 남에게 보여주는 방식을 조금만 바꾸면 된다고 조언했다. 사실 그 학생은 줄곧 세상을 향해 '도시의 성난 얼굴'을 드러내면서 살아왔다. 험악한 동네에서 자라거나 그저 대도시에서 어린 시절을 보내기만 해도 흔히 나타나는 표정이다. 도시의 성난 얼굴은 사람들에게 나는 적이지 친구가 아니라는 비언어적 신호를 보낸다. '멀찌감치 물러나라', '나와 엮이려 들지 마라'와 같은 경고다. 악달사들은 도시의 성난 얼굴을 한 사람들을 표적으로 삼지 않으므로 험악한 동네에서 살 때는 그것이 생존에 필요한 도구다. 그 학생이 '적' 신호보다 '친구' 신호를 더 많이 보내려고 노력한다면 다른 학생들과 수월하게 친해질 것이다.

도시의 성난 얼굴을 한 아래 사진 속 남자에게 다가가고 싶은가? 이런 표정을 짓는 사람들은 대체로 스스로 적 신호를 보내 사람들이 그들과 소통하고 싶어 하지 않게 만든다는 걸 꿈에도 모른다. 따라서 이들은 적절한 언어적, 비언어적 친구 신호가 무엇인지 이해해야 한다.

적 신호를 보내야 할 때

노숙자들은, 특히 대도시에 사는 노숙자들은 항상 구걸한다. 때로는 집요하게 나온다. 그렇다고 아무한테나 집요한 건 아니다. 돈을 잘 줄 것 같은 사람을 찍어서 집요하게 쫓아다닌다. 그렇다면 누가 잘 넘어오고 누가

| 도시의 성난 얼굴

넘어오지 않을지 어떻게 알아낼까? 간단하다. 친구 신호와 적 신호를 찾아보면 된다. 목표로 정한 사람이 눈을 마주치면 돈을 줄 가능성이 크다. 미소만 지어주어도 승산이 있다. 안됐다는 표정을 지어도 마찬가지다.

거지나 노숙자에게 매번 붙잡히는 사람이라면 자기도 모르게 개인적인 접촉을 부르는 비언어적 신호를 보내고 있을 가능성이 크다. 노숙자 입장에서는 접촉하지 못하면 돈을 받을 가능성이 전혀 없다. 거지들은 이 점을 알고 애초에 헛수고하지 않을 만한 상대를 쫓아간다. 이럴 때는 도시의 성난 얼굴이 도움이 될 수 있다.

십 대 시절 낯선 동네에 간 적이 있다. 알고 보니 꽤나 위험한 동네였다. 나는 물 밖에 나온 물고기 신세였다. 지나가던 한 노인이 내가 낯선 동네에 있는 걸 알아보고 나를 구해주러 다가왔다. 노인은 내가 그 동네에서 안전하게 빠져나가는 데 도움이 될 만한 말을 해주었다. "어딘가 꼭 갈 데가 있는 양 걸어가렴. 팔을 자연스럽게 흔들면서 단호히 걸음을 내디뎌. 누가 말을 붙이면 너도 할 말이 있는 것처럼 말해. 그럼 잡아먹히진 않을 거야. 먹잇감으로 보이지도 않고." 그때도 도움이 되었고 여전히 유용한 조언이다.

우리는 비언어적(어떻게 행동하는지), 언어적(무슨 말을 하는지) 소통으로 주위 사람들에게 신호를 보낸다. 목석을 누고 행동하는 데는 이유가 있다. 이렇게 하면 포식자에게 먹잇감으로 비칠 가능성이 줄어들기 때문이다. 아프리카 초원에서 건강하고 날쌔고 민첩한 영양이 영양 떼를 쫓는 사자에게 맨 먼저 잡아먹히지 않는 것과 같은 이치다.

컬런 하이타워(Cullen Hightower)의 유명한 한마디에 통찰력이 담겨 있다. "낯선 사람들 중에서 친구가 나온다." 누군가를 처음 만나면 그 사람은 우선 친구-적 연속선의 정확히 중간 지점에 위치한다. 이 책에서 소개하는 비언어적, 언어적 신호를 활용하면 낯선 사람을 친구로 만들 수 있다.

인간의 기본 바탕

회사에서 집으로 차를 몰고 가는 길에 뒤에서 다른 차가 바짝 따라오는 것이 보인다. 당신의 뇌는 오감에서 끊임없이 보내는 정보를 받아 가능한 위험을 경고하는 데이터를 살피다가 위협을 감지한다. 뒤따르던 차가 이상한 행동을 보인다. '안전한 거리'와 '안전하지 않은 거리' 사이로 침투해서 당신의 안전을 위협한다. 그런데 흥미로운 사실이 있다. 이제껏 당신은 후방의 교통 상황을 '자동으로' 살폈지만 다른 차가 보호 공간으로 침투하기 전까지는 줄곧 그렇게 살피는 줄 몰랐다. 뒤따라오던 차가 안전한 거리를 침범하고 나서야 비로소 알아챈다.

친구를 사귈 때도 마찬가지다. 뇌는 자동으로 언어적, 비언어적 소통을 끊임없이 관찰한다. 뇌에 들어온 정보가 정상적이고 위협적이지 않다고 판단되면, 그 정보에 자동으로 반응하면서 의심하거나 위험을 느끼지 않는다. 이 책에서 소개하는 기법이 작동하는 원리이기도 하다. 사실 이 책의 모든 기법은 인간의 기본 바탕에 속한다. 당신이 어떤 기법을 시도하는지 상대가 '알아챈' 것 같지만 사실은 알아채지 못한다. 상대의 뇌에서 당신의 행동을 정상 상태로 지각하고 안전거리를 지키면서 따라오는 차들처럼 당신의 행동에 주목하지 않는다.

이 책에서는 친구 신호와 적 신호를 주로 다룬다. 모두 인간의 기본 바탕에 속하고 인간관계를 발전시키는 데 유용한 신호다. 누구나 이런 신호를 활용할 줄 알고, 이제껏 잘 써먹었다. 하지만 안타깝게도 어떤 신호를 활용할 수 있고, 어떻게 해야 제대로 활용할 수 있는지 모르는 사람이 많다. 오늘날처럼 기술이 발전해 '정서지능'의 발달을 가로막는 시대에 사는 사람들은 예전보다 더 모른다.

엄지로 소통하는 세상에서 친구 사귀기

언젠가 나는 강의를 시작하면서 학생 두 명을 앞으로 불러내 서로 마주 보고 앉게 했다. 그리고 5분간 대화를 나누게 했다. 학생들은 당황한 기색으로 무슨 이야기를 나누느냐고 물었다. 나는 뭐든 하고 싶은 말을 하라고 했다. 두 학생은 화제를 끌어내지 못했다! 서로 멀뚱멀뚱 쳐다보기만 했다. 다음으로 나는 의자를 돌려서 등지고 앉아 문자를 보내보라고 말했다. 놀랍게도 그들은 문자로 5분간 막힘없이 대화를 이어갔다.

여기에 문제가 생긴다. 휴대전화와 비디오게임이 나오기 이전 세대의 아이들은 놀이터에서 직접 소통하면서 기본적인 사회적 기술을 배웠다. 친구를 사귀는 법도 배우고 갈등과 차이에 대처하는 법도 배웠다. 그러면서 사회적 기술을 터득해나갔다. 그리고 미묘한 비언어적 신호를 의식 차원에서 인지하지는 못해도 신호를 읽어내고 전달하는 법을 배웠다.

'엄지로 소통하는' 오늘날에는 휴대전화가 나오기 이전처럼 밖에 나와 공놀이를 하는 아이들이 없다. 집 안에서 비디오게임을 하고 문자로 소통한다. 물론 단체운동과 학교활동도 있기는 하지만, 과학기술 시대에는 직접 마주 보며 소통하는 기회가 크게 줄어들었다. 안타까운 현실이다. '기술로 성장한' 아이들이 사회적 기술과 신호를 이해하는 능력이 모자라서 안타까운 것이 아니라, 사회적 기술을 연마하고 직접 만나는 관계에 능숙하게 대처하는 연습을 충분히 하지 못해서 안타깝다.

41쪽의 위 사진에서 두 사람은 대화를 이어가려고 애쓰지만 무관심 신호가 엿보인다. 남자는 손을 주머니에 넣고 시선을 다른 데 두고 있다. 여자는 시선을 아래로 내렸다. 고개를 기울이거나 미소를 짓지도 않고 긍정적인 몸짓이나 서로를 따라 하는 몸짓도 전혀 보이지 않는다. 그러나 아래 사진의 서로 문자를 보내는 두 사람에게서는 느긋하고 긍정적인 자세가 보인다.

이 책은 여러분에게서 친구를 사귀고 좋은 관계를 유지하는 능력을 최대한 끌어낼 것이다. 디지털 생활만이 아니라 실생활에서도.

직접 마주 보고 대화하는 것이 문자로 소통하는 것보다 어려운 현실

Chapter_02

당신은 이미 읽혔다

> 좋은 첫인상을 주는 두 번째 기회란 없다.
> _ 윌 로저스(Will Rogers)

어릴 때 환상적인 자연의 빛을 보면서 한가한 여름밤을 보낸 운 좋은 사람들이 있을 것이다. 부엌에서 유리병을 들고 나와 짙어가는 어둠 속에 언뜻언뜻 나타나 산들바람에 떠다니는 불빛을 잡으려고 했을지도 모른다.

반딧불이는 지상에서 가장 매혹적인 생명체다. 반딧불이가 **어떻게** 빛을 내는지는 중요하지 않다. 생물학자도 되고 물리학자도 되어야 알 수 있을 테니까. 우리의 관심사는 반딧불이가 **왜** 불을 밝히느냐는 것이다.

반딧불이가 빛을 발하는 이유는 무수히 많다. 일부 연구자들은 반딧불이의 불빛은 포식자에게 자기는 맛이 써서 먹기 좋지 않다고 알리는 경고라고 본다. 포식자가 어떻게 이런 결론으로 뛰어넘는지는('뛰어넘는다'는 말은 적절한 표현이다. 사실 개구리가 폴짝폴짝 뛰어다니면서 반딧불이를 엄청나게 먹어치우는 것 같으니까) 설명되지 않는다. 또 반딧불이의 종마다 빛을 발하는 양상이 달라서 같은 종끼리는 서로를 알아보고 성별까지 판단할 수 있다고 보는 연구자들도 있다.

실제로 반딧불이가 불빛을 짝짓기 신호로 이용하므로 흥미로운 지적이다. 이제 '불빛'은 완전히 새로운 의미를 갖는다. 수컷이 암컷을 유혹하기 위해 만들어내는 불빛에는 일정한 양상이 있는 듯하다. 대화거리가 필요한 자리라면 마크 브라운의 관찰이 흥미로울 것이다. "두 가지 반딧불이 종에서 수컷이 빛을 발하는 횟수가 많고, 불빛의 강도가 강할수록 암컷을 더 많이 유혹하는 것으로 나타났다."

반딧불이와 친구

이처럼 반딧불이의 행동을 통해 남에게 더 매력적으로 보이고 친구로 사귈 만한 사람으로 비치는 방법을 알아볼 수 있다. 남들이 우리의 말을 듣기 전에 먼저 우리를 볼 때가 많으므로, 우리가 보내는 비언어적 신호가 다른 사람들의 생각에 영향을 미칠 수 있다. 누군가를 처음 만나는 자리에서 상대가 우리에 관해 전혀 모르는 경우 특히 그렇다. 우리도 반딧불이처럼 소통을 시작하거나 방해하기 위해 주변 사람들에게 '친구' 혹은 '적' 신호를 보낼 수 있다. 그렇지 않다면 아예 '불빛을 끄고' 익명의 존재로 남을 수도 있다.

둘 이상의 낯선 사람이 서로의 시야 안에 가까이 있다면 한 사람이 다른 사람을 볼 가능성이 있다. 그리고 그 사람이 보는 장면은 뇌에서 자동으로 '친구'나 '적' 신호로 처리된다. 대개는 '중립적'으로 인식되므로 뇌에서 위협으로도 기회로도 판단하지 않아 철저히 무시한다. 예를 들어 어떤 사람이 뉴욕에서 택시를 잡으려고 할 경우, 수십 대의 택시가 도로에서 달리는 사이 그 사람의 관심은 온통 택시 위의 불빛에 가 있다. 불빛이 꺼져 있으면 곧바로 무시하지만 불빛이 켜져 있으면 그의 관심과 행동이 그 택시로 향한다.

당신도 한번쯤 여럿이 어울려서 나이트클럽이나 술집, 또는 그 밖에 사람들이 많이 모이는 장소에 가서 이성을 만나려고 해본 적이 있을 것이다. 누군가는 이성의 관심을 잘 끄는 반면, 어떤 사람은 관심을 끌지 못하는 걸 본 적이 있는가? 외모나 재력의 차이 때문일 수도 있다. 하지만 같은 빈도로 '인기 있는' 사람들은 '친구' 신호를 보내 친구-적 연속선의 '중립적인' 지점(낯선 사람)에서 긍정적인 지점(친구)으로 넘어가 사회적 관계가 발생할 가능성을 높인다.

앞서 말했듯이 뇌는 끊임없이 환경을 살피면서 친구나 적 신호를 포착한다. 적 신호를 보내는 사람들은 피해야 할 위협으로 지각된다. 친구 신호를 보내는 사람들은 위협적이지 않고 다가가도 되는 존재로 지각된다. 특히 처음 만날 때는 남들에게 중립적이거나 부정적이기보다는 긍정적으로 비칠 수 있도록 적절한 비언어적 신호를 보내야 한다.

'3대' 친구 신호

사람들에게 긍정적으로 비치고 하룻밤 친구든 평생 친구든 좋은 관계를 만들기 위한 긍정적인 기반을 다지려면 정확히 어떤 친구 신호를 보내야 할까? 다양한 신호 중에서 선택할 수 있지만, 이 책의 목적에 맞게 호감 가는 사람이자 친구로 사귈 만한 사람으로 비치고 싶다면 세 가지 주요 신호를 들 수 있다. 그것은 바로 '눈썹 찡긋하기'와 '고개 기울이기', 그리고 가식적이지 않고 진실한 '미소 짓기'다(인간의 뇌는 물론 가식과 진실의 차이를 알아챌 수 있다).

눈썹 찡긋하기

눈썹 찡긋하기는 6분의 1초 동안 눈썹을 위아래로 빠르게 움직이는 동작으로, 기본적인 친구 신호다. 사람들은 서로에게 다가갈 때 눈썹을 찡긋거리며 자기가 위협적인 존재가 아니라는 메시지를 보낸다. 어떤 사람을 만날 때 뇌는 150센티미터에서 180센티미터 정도 떨어진 거리에서 이 신호를 찾는다. 이 신호를 발견하고 같은 신호를 보내면 상대에게 우리는 두려워하거나 피해야 할 적이 아니라고 알리는 것이다. 눈썹을 찡긋하는 동작은 거의 무의식중에 일어나므로 스스로 눈썹을 찡긋거리는 줄 아는 사람은 거의 없다. 직접 실험해보라. 처음 만난 후 그 만남을 계속 이어가는 사람들을 관찰해보라. 사람들은 사무실이나 다른 장소에서 처음 만날 때 눈썹을 찡긋거리면서 "안녕하세요?"라거나 "반갑습니다"라고 인사를 건넨다. 두 번째 만날 때는 굳이 인사말을 건네지 않아도 되고 서로 눈썹을 찡

자연스러운 눈썹 찡긋거림. 실제로는 아주 빠르게 나타나는 동작이라 이렇게 과장된 표정이 나오지 않는다. 그래서 명칭도 찡긋거림이다.

굿하거나 남자들이라면 턱을 살짝 들기도 한다. 턱을 앞으로 내밀고 살짝 위로 드는 동작이다. 다음에 누군가를 만날 때 당신의 행동과 상대의 행동을 유심히 관찰해보라. 사람들이 만날 때 얼마나 부산하게 비언어적 행동을 보이는지 알면 놀랄 것이다. 그리고 이제껏 당신이 비언어적 단서를 내보내고도 알아채지 못한 사실에도 놀랄 것이다.

눈썹을 찡긋하는 동작은 멀리까지 전달된다. 사람들이 빽빽이 들어찬 공간에서 반대편의 누군가를 만나고 싶다면 눈썹을 찡긋하고 그쪽도 눈썹을 찡긋하는지 살펴보라. 서로 눈썹을 찡긋하는 신호를 주고받았다면 관계가 생길 수 있다. 따라서 눈썹 찡긋하기를 일종의 조기 경고 신호로 삼아, 관심 있는 상대가 당신에게 관심을 보이는지 판단할 수도 있다. 상대가 눈썹을 찡긋해주지 않는 것을 보고 어색한 순간을 모면하거나 노골적으로 거절당하지 않을 수도 있다. 그리고 다른 데로 눈길을 돌려 다가와도 괜찮다는 신호를 보내는 사람을 찾아볼 수도 있다.

눈썹을 찡긋해주지 않아도 꼭 만나고 싶은 상대라면 아직은 상대가 '금지구역'인지 아닌지 확실하지 않으므로 다른 친구 신호를 더 보낸 다음에 그 사람을 만나기로 하거나 실제로 만남을 시도할 수 있다.

상대가 '친근하게' 눈썹을 찡긋거릴 때, 특히 전혀 모르거나 조금 아는 사이일 때는 **짧게** 눈을 맞춰본다. 두 사람 사이에 눈 맞춤이 오래 지속되면 강렬한 정서가 일어난다는 뜻으로, 사랑이나 적대감의 행동이다. 눈을 오래 마주치는 동작('빤히 쳐다보기')은 매우 불쾌한 동작이라 일반적인 만남에서는 1, 2초 이상 눈을 마주치지 않는다. 낯선 사람들이 공공장소에

▍인위적으로 눈썹 찡긋하기

모여 있을 때는 서로 눈을 마주친다고 해도 1초도 안 되는 짧은 시간 동안이고 대개는 아예 눈을 마주치지 않는다.

눈썹을 찡긋한다고 해서 항상 친구 신호인 것은 아니다. 49쪽의 사진에서 '인위적으로' 눈썹을 찡긋거리는 예를 보여준다. 인위적으로 눈썹을 찡긋하는 예는 눈썹을 위로 올리는 동작의 '정지 시간'이 길어지는 경우다. 인위적으로 눈썹을 찡긋하면 불친절해 보이고 잘못하면 섬뜩해 보이기까지 한다. 인위적으로 눈썹을 찡긋하는 표정을 보거나 당신이 그런 표정을 짓는다면 적 신호로 간주되거나 도시의 성난 얼굴처럼 사회적 소통이나 친구를 사귀는 데 도움이 되지 않는다.

고개 기울이기

고개를 오른쪽이나 왼쪽으로 기울이는 동작은 위협적이지 않다. 고개를 한쪽으로 기울이면 목의 양옆에 있는 경동맥이 노출된다. 경동맥은 뇌에 산소를 공급하는 혈액이 지나가는 길이다. 어느 쪽이든 경동맥을 끊으면 몇 분 안에 사망한다. 따라서 사람들은 위협을 느끼면 목을 어깨 사이로 움츠려 경동맥을 보호한다. 그리고 상대가 위협적이지 않으면 경동맥을 드러낸다.

고개를 기울이는 동작은 강렬한 친구 신호다. 사람들을 만날 때 고개를 기울이면 더 믿을 만하고 매력적으로 보인다. 여자들은 고개를 살짝 기울이면서 다가오는 남자를 더 잘생겼다고 지각한다. 남자들도 고개를 기울인 여자를 더 매력적으로 느낀다. 또 고개를 기울이고 대화하면 고개를

▎고개 기울이기

똑바로 세울 때보다 더 친근하고 친절하고 솔직한 느낌을 준다.

　여자가 남자보다 고개를 더 많이 기울인다. 남자들은 고개를 똑바로 세우고 대화하면서 더 우월한 사람으로 비치려 한다. 비즈니스 세계에서는 이런 자세가 유리할 수 있다. 하지만 일상에서 고개를 기울이지 않으면 잘못된 메시지가 전달될 수 있다. 클럽과 술집처럼 남녀가 만나는 상황에서, 남자들은 여자에게 다가갈 때 의식적으로 고개를 기울여야 한다. 그렇지 않으면 포식자로 시사될 수도 있다. 사실은 친근하게 다가가고 싶은데 '고개를 빳빳이' 들고 있다면 여자들이 '방어 자세'를 취하게 되어 의미 있는 만남을 갖기가 상당히 어려워진다.

❙ 고개를 기울이는 동작은 동물의 왕국에서 보편적인 '친구' 신호로 통하는 듯하다.

미소 짓기

미소는 강렬한 '친구' 신호다. 미소 띤 얼굴은 더 매력적이고 호감이 가고 덜 지배적인 인상을 준다. 미소는 자신감과 행복과 열정을 드러내고 무엇보다 동의의 뜻을 전한다. 미소는 친근함을 드러낸다. 그리고 미소 짓는 사람이 더 매력적으로 보인다. 누군가 미소를 지어주기만 해도 기분이 좋아지고 너그러워진다. 대개 좋아하는 사람에게 웃어주지, 좋아하지 않는 사람에게는 잘 웃어주지 않는다.

웃으면 엔도르핀이 분비되어 행복해진다. 그리고 누군가에게 먼저 웃어주면 상대도 마주 웃어주지 않기가 어렵다. 이렇게 덩달아 웃다보면 상대도 기분이 좋아진다. 앞으로 다른 장에서 살펴보겠지만 누군가를 기분 좋게 만들어주면 그 사람이 우리를 좋아한다.

미소에는 문제가 하나 있다. 과학자뿐 아니라 일반인 가운데 관찰력이 뛰어난 사람들이 오래전부터 알아챘듯이, '진짜' 혹은 '진실한' 미소가 있고 '가짜' 혹은 '억지' 미소가 있다는 점이다. '진짜' 미소는 진심으로 만나고 싶거나 이미 알고 좋아하는 사람을 볼 때 나온다. 반면에 '가짜' 미소는 대개 사회적 의무나 직업상의 필요에 따라 다른 사람이나 집단에 친근하게 다가가야 할 때 나온다.

사람들이 좋아해주길 바란다면 진실한 미소를 지어야 한다. 진실한 미소의 확실한 징표는 입꼬리가 위로 향하고 두 뺨이 올라가면서 눈가에 주름이 잡히는 표정이다. 반대로 억지 미소를 지으면 표정이 한쪽으로 치우

| 어느 쪽이 '진짜' 미소이고 어느 쪽이 '가짜' 미소인지 구별할 수 있는가? 구별되지 않아도 실망하지 마라. 둘 다 진짜 미소다!

왼쪽 상단 사진의 미소는 가짜 미소이고, 오른쪽 상단 사진의 표정은 무표정이고, 아래쪽 사진의 미소는 진짜 미소다.

친다. 오른손잡이들은 억지 미소를 지을 때 오른쪽 얼굴에 표정이 더 많이 잡히고, 왼손잡이들은 왼쪽 얼굴에 표정이 많이 잡힌다. 가짜 미소를 지으면 동시성도 깨진다. 진짜 미소보다 늦게 나타나고 대중없이 뚝 끊긴다. 진짜 미소를 지으면 두 뺨이 올라가고 눈 밑 피부가 늘어지고 눈가에 주름이 잡히며, 사람에 따라 코가 아래로 내려가기도 한다. 가짜 미소를 지을 때는 입꼬리가 위로 향하지 않고 두 뺨도 위로 올라가지 않아 진실한 미소의 확실한 징표인 눈가 주름이 보이지 않는다. 젊은 사람들은 나이 든 사람들보다 피부 탄력이 좋아 원래 눈가에 주름이 잘 잡히지 않는다. 그래도 뇌에서는 진짜 미소와 가짜 미소를 감별할 수 있다.

효과를 노리고 미소 짓기

웃는 얼굴은 남들이 지각하는 방식에 영향을 미쳐 우정이 생기는 과정을 부추기거나 방해한다. 특히 여자들은 미소를 이용해 첫 만남의 시작을 조절하고 이후 만남을 이어가는 속도를 설정한다. 남자들은 웃어주는 여자에게 더 쉽게 접근한다. 여자의 진실한 미소는 남자들에게 접근을 허락한다. 여자가 억지 미소를 짓거나 아예 미소를 짓지 않으면 남자의 접근에 관심이 없다는 뜻이다. 마찬가지로 미소의 빈도와 강도를 조절하고 다른 친구 신호와 결합해서 남자의 접근을 허용한다는 메시지를 보낼 수도 있다.

'진짜' 미소를 자유자재로 짓는 법을 익히려면, 더구나 미소를 지을 기분이 아닐 때도 '진짜' 미소를 지으려면 연습이 필요하다. 이 책에 실린 사진을 살펴보면서 일상에서 마주하는 미소를 떠올려보라. 그런 다음 거울 앞에서 직접 가짜 미소와 진짜 미소를 지어보라. 별로 어렵지 않을 것이다. 사랑하는 사람에게 진심으로 고마운 마음을 표현하고 싶었던 때와 가족의 식사자리에 끼어든 불청객이나 영 못마땅한 동업자에게 억지로 미소를 지어야 했던 때를 떠올리면 된다.

눈 맞춤

눈 맞춤은 다른 여러 친구 신호와 함께 나타난다. 눈 맞춤은 거리가 떨어진 곳에서 시도할 수 있으므로 이 장의 다른 비언어적 신호와 마찬가지로 말을 건네기 전에 상대의 눈에 띄는 방법이다. 다른 비언어적 신호와 마찬가지로 상대에게 긍정적인 인상을 심어주어 친구로 사귈 만한 사람으로 비치게 해준다.

눈 맞춤으로 친구 신호를 보내려면 관심 있는 상대와 1초 미만의 짧은 시간 동안 눈을 맞춘다. 1초 이상 눈을 맞추면 적 신호로서 공격적으로 받아들여질 수 있다. 앞서 언급했듯이 특히 남녀가 만날 때 누군가를 빤히 쳐다보면 상대의 사적인 공간을 침범하게 된다. 상대의 사적인 공간에 침범할 권리가 없다면 이런 행동은 좋게 봐줘야 포식자의 행동으로 비치고 잘못하면 섬뜩한 행동으로 받아들여질 수 있다.

눈을 맞출 때는 미소로 마무리해야 한다. 도저히 미소가 지어지지 않는다면 그냥 입꼬리를 올리고 눈가에 주름이 잡히는 표정이라도 지어야 한다. 상대가 미소로 답한다면 관심이 있다는 뜻이다. 당신이 관심 있는 상대가 당신과 눈을 마주치고 잠시 시선을 피해 아래를 보았다가 다시 마주 본다면 당장 접근하면 받아줄 테니 자신 있게 다가오라는 뜻이다.

긴 눈 맞춤은 친근감을 쌓는 데 효과적인 방법이다. 다만 빤히 쳐다보는 행동과 혼동해서는 안 된다. 대개 1초 미만으로 눈을 마주친 다음 시선을 거둔다. 눈 맞춤이 1, 2초 이상 지속되면 위협으로 간주된다. 특히 낯선 사람들을 빤히 쳐다보는 행위는 적 신호로 간주된다. 그러나 서로 알고 서로 좋아하는 사이라면 몇 초 이상 눈을 마주쳐도 괜찮다. 연인들은 서로 오래 쳐다볼 때가 많다. 다음과 같이 행동하면 낯선 사람에게도 서로 마주 보는 시선의 힘을 안전하게 적용해 친근감을 쌓을 수 있다.

우선 관심이 가는 상대와 눈을 마주치고 1초 동안 가만히 쳐다본 다음 고개를 서서히 돌리면서 시선은 1, 2초 정도 그대로 유지한다. 상대는 당신이 고개를 돌리는 걸 보고 눈 맞춤이 끝났다고 착각해 당신의 행동을 빤히 쳐다보는 행동으로 간주하지 않는다. 이런 식으로 친구 신호의 정서적 내용을 보강할 수 있다. 무작정 눈 맞춤 시간을 늘려 아직 싹트지도 않은 친근감을 강요해서는 안 된다. 남자들이 이런 식으로 관계를 망칠 때가 많다.

동공 확장

동공 확장은 호기심을 드러낸다. 좋아하는 사람을 보면 동공이 커진다.

동공이 커질수록 그 사람이 느끼는 매력이 크다는 뜻이다. 동공 확장은 분명 긍정적인 매력을 느낀다는 뜻이지만 일상의 사적인 관계에서는 잘 나타나지 않는다. 따라서 친구 신호로는 가치가 제한적이다.

동공 확장은 눈동자가 푸른색인 사람들에게 잘 나타난다. 눈동자가 짙은 색인 사람들이 이국적으로 보이는 이유는 항상 눈동자가 확장된 듯 보이기 때문이다. 당대 최고의 미인이던 클레오파트라는 자연에서 나는 약물인 아트로핀으로 동공을 확장해 더 관능적으로 보이려 했다. 동공 확장은 주변의 빛에 따라 달라지므로 이런 자율반응을 해석할 때는 각별히 신중해야 한다.

교도소에 들어가기로 동의 구하기: 친구 신호를 이용해서 자백 받아내기

FBI에서 일하던 시절에 아동 성추행 용의자를 잡아들인 적이 있다. 피해자가 한 명 나왔지만 정황상 여럿이 더 있는 것으로 보였다. 용의자가 컴퓨터를 통해 피해자들을 표적으로 찍은 것 같았다. 나는 당장 용의자를 감방에 집어넣고 싶었지만 구속영장을 받기 위한 근거가 부족했다.

먼저 용의자를 심문해서 FBI가 그의 컴퓨터를 조사하기 위한 동의를 받아내야 했다. 심문을 잘 풀어나가려면 위협적이지 않은 분위기를 만들어 친근감을 형성하고 때가 되면 동의를 받아내야 했다. 나는 용의자를 FBI 사무실로 초대했다. 그에게 통제감을 주고(그가 스스로 행동을 결정할 수 있다) 자발적인 심문이라는 인상(강제로 심문받으러 오는 것이 아니다)을 주기 위해서였다.

나는 문 앞까지 나가서 용의자를 맞으며 계획대로 눈썹을 찡긋하고, 고개를 살짝 기울이고, 눈가에 주름을 잡아 진실한 척 미소를 지었다. 파렴치한 범행을 저지른 그에게 진실한 친구 신호를 보내는 것은 불가능했다.

나는 따뜻하게 악수한 뒤 그를 심문실로 데려갔다. 그리고 커피를 권했는데, 여기에는 두 가지 이유가 있었다. 첫째, 호혜성이라는 심리 원리를 이용하고 싶었다. 사람들은 남에게 무언가를 받으면 아무리 사소한 것이라도 꼭 갚으려는 욕구를 느낀다. 나는 커피를 준 대가로 그의 동의를 원했다. 둘째, 나는 용의자가 컵을 어디에 두는지 관찰해서 친근감이 생긴 순간을 판단하고 싶었다(컵의 위치에 관해서는 다른 장에서 살펴볼 것이다). 내가 커피를 건네자 용의자가 물었다. "내가 그런 짓을 저질렀는데 어떻게 이런 대접을 해줄 수 있습니까?" 그냥 지나가는 말이기는 하지만, 심문을 본격적으로 시작하기도 전에 잘못을 시인한 셈이었다. 나는 용의자에게 친구 신호를 가장해 친근감을 쌓아서 내가 위협적인 존재가 아니라 비밀을 털어놓아도 되는 상대라는 착각을 불러일으킬 수 있었다. 그를 평생 감옥에서 썩게 할 비밀.

보톡스의 역설

친구 신호는 때로 의도는 좋아도 미처 예상치 못한 부정적인 결과를 낳기도 한다. 남편에 비해 젊고 매력적인 아내로 보이고 싶었던 어느 나이든 부인의 슬픈 이야기를 예로 들어보자. 그 부인은 얼굴의 깊은 주름과 잔주름을 펴기 위해 보톡스 시술을 받기로 했다. 당장 남편에게 결과를 보여주고 싶었다.

'새로운' 아내를 본 남편은 어떤 반응을 보였을까? 보톡스로 인해 두 달 정도 눈가의 일부 근육이 마비된 탓에 아내는 눈썹을 찡긋하지도 못하고 진실하게 활짝 웃지도 못했다. 늘 보이던 눈가 주름도 잡히지 않았다. 예뻐진 건 사실이었다. 하지만 남편은 아내에게서 익숙한 친구 신호를 받지 못해 아내가 자기를 더 이상 사랑하지 않고 다른 누군가에게 매력적으로 보이려고 시술을 받은 게 아닌지 의심했다. 남편이 아내에게 기대하는 친구 신호를 아내가 **왜** 보내지 않는지 이해하지 못하면, 아내의 예뻐지기 위한 노력이 예상치 못한 부정적 결과를 낳을 수도 있다!

신체 접촉

신체 접촉은 강렬하면서도 미묘하고 복잡한 비언어적 소통이다. 사람들을 만나면서 신체 접촉의 언어로 놀랍도록 다양한 메시지를 전달할 수 있다. 다양한 신체 접촉을 이용해 동의나 애정이나 관계나 매력을 표현하고, 지지의 뜻을 밝히고, 논점을 강조하고, 주의를 끌고, 참여를 유도하고, 안내하고 방향을 제시하고, 인사를 건네고, 축하해주고, 권력 관계를 형성하거나 강화하고, 친밀감의 정도를 조율할 수 있다.

이 책의 목적인 친구를 사귀는 데서 신체 접촉은 중요한 역할을 한다.

아주 짧은 접촉이라도 우리의 지각과 관계에 큰 영향을 미친다고 보고한 연구가 있다. 그리고 여러 실험에서 낯선 사람들의 짧은 만남에서 팔을 살짝 건드리기만 해도 당장 긍정적 효과가 생길 뿐 아니라 그 효과가 지속되는 것으로 나타났다. 가령 정중하게 도움을 구하거나 길을 물어볼 때 팔을 살짝 건드리면 더 긍정적인 반응을 끌어낼 수 있다.

하지만 신체 접촉을 시도할 때는 신중해야 한다. 아무리 악의 없는 접촉이라고 해도 상대가 부정적인 반응을 보일 수 있다. 팔을 빼거나 멀어지거나 인상을 찌푸리거나 시선을 돌릴 수도 있고, 이런저런 불쾌하거나 불안한 표정을 지을 수도 있다. 상대가 이런 부정적인 반응을 보이면 당신을 친구로 생각하고 싶지 않다는 뜻이다.

유난히 소심하거나 내성적인 사람은 예외로 하고, 그저 팔을 살짝 건드렸을 뿐인데도 상대가 부정적인 반응을 보인다면 당신이 마음에 들지 않거나 당신을 신뢰하지 못한다는 뜻이다. 악수를 제외하고 상대의 손을 접촉하는 행위는 팔을 접촉하는 것보다 더 사적이다. 손을 잡는 행위는 연애의 지표다. 영화에서는 흔히 손을 잡는 모습에 주목해서 냉랭한 사이인지, 발전하는 사이인지, 완전히 무르익은 사이인지 표현한다.

누군가의 손을 잡으려 하는데 그 사람이 손을 뺀다면 아직은 관계를 발전시킬 마음의 준비가 되지 않았다는 뜻이다. 다만 손을 뺀다고 해서 꼭 거절 신호로 받아들일 필요는 없다. 좀 더 친해진 다음에 관계를 발전시켜야 한다는 뜻일 수도 있다. 손을 잡으려 할 때 상대가 마주 잡아준다면 상대도 그저 단순한 접촉 이상으로 손을 잡을 준비가 되어 있다는 뜻이다.

안전한 신체 접촉의 모든 예. 관계를 시작할 때는 팔꿈치와 어깨와 손을 잡는 정도로 신체 접촉을 제한해야 한다.

손을 잡고 깍지 끼는 행동은 가장 친밀한 형태의 손잡기다. 별다른 위험 부담 없이 새로 만난 관계의 강도를 가늠하기 위해 상대의 손을 '우연히' 건드리거나 스치는 방법이 있다. 대개는 좋아하지 않는 사람이라고 해도 우연한 접촉은 참아주지만, 접촉을 받아들이는지 거부하는지에 관한 비언어적 신호를 무의식중에 보낸다. 이런 비언어적 신호를 잘 관찰해서 신호에 맞게 적절히 시도해야 한다.

동일 행동(상대의 행동 따라 하기)

동일 행동(Isopraxism)은 '따라 하기(mirroring)'를 그럴듯하게 표현한 용어로, 보다 쉽고 효과적으로 관계를 발전시키기 위해 활용할 수 있는 비언어적 행동이다. 상대를 따라 하는 행동을 보이면 상대에게 호의적인 인상을 남긴다. 처음 만난 사람과 친해지고 싶다면 그 사람의 보디랭귀지를 의식적으로 따라 해야 한다. 상대가 팔짱을 끼고 서 있으면 따라서 팔짱을 낀다. 하지만 따라 하지 못하는 상황이 있을 수 있다. 가령 짧은 원피스나 스커트를 입고 있을 때는 상대를 따라서 양반다리로 앉지 못한다. 이럴 때는 그냥 다리를 꼬기만 해도 된다. 다리를 벌리지 않고 발목이나 무릎에서 다리를 꼬고 앉으면 된다.

상대는 따라 하는 행동을 의식 차원에서는 알아채지 못한다. 따라 하기는 인간의 기본 바탕에 속하는 행동이므로 뇌에서는 '정상'으로 간주한다. 하지만 따라 하기가 부족하면 적 신호로 간주되어 뇌에서는 두 사람이 소통하는 동안 동시성이 부족한 순간을 감지한다. 상대가 따라 하지 않으면 구체적으로 불편한 이유를 모른 채 상대가 적 신호를 보낸다고 간주하게 된다. 그러면 방어 반응을 보이고 친해지려고 다가가지 않게 된다.

따라 하는 데도 연습이 필요하다. 다행히 직장에서든 일상의 만남에서든 쉽게 연습할 수 있다. 직장이나 일상의 만남에서 여러 친구와 대화를 나눈다면 친구들끼리 서로를 따라 하는 모습을 확인할 수 있다. 당신이 먼저 자세를 바꿔보라. 그러면 얼마 후 친구들도 당신을 따라 할 것이다. 처음에 몇 번 해보면 그 자리에 있는 모두가 마치 당신이 뭘 하는지 아는 것처럼 느껴질 수도 있다. 장담컨대 아무도 모른다. 이런 느낌을 일컬어 조명효과(spotlight effect)라고 한다. 따라 하기를 연습하는 또 다른 방법으로, 사람들을 만날 때 아무나 골라 따라 해보라. 몇 번 연습하면 따라 하기 기법을 숙달하고 친구를 사귀기 위한 보조 도구로 활용할 수 있을 것이다.

| 동일 행동(따라 하기) 몸짓

몸을 안쪽으로 기울이기

흔히 호감이 가는 사람 쪽으로 몸을 기울이고 마음에 들지 않는 사람에게서 멀어진다. FBI 시절 종종 대사관 연회와 외교 행사에 참석하라는 지시를 받았다. 주로 다른 귀빈들을 관찰하면서 관계가 완전히 형성된 사람들은 누구이고, 관계를 발전시키는 사람들은 누구이며, 관계를 맺고 싶어 하는 사람들은 누구인지 판단하는 임무였다.

흔히 고개를 약간 뒤로 젖혀 상대와 거리를 두는 행동은 관계가 순조롭지 않다는 뜻이다. 대화하는 동안 몸을 돌리는 행동도 마찬가지다. 달갑지 않은 사람에게서 물러나면서 발의 위치를 바꾸는 행동도 있다. 이런 미묘한 비언어적 단서로 수용과 거부를 구분할 수 있다.

> 몸을 안쪽으로 기울이는 자세는 관계를 기꺼이 수용한다는 뜻이다. 대화 중인 사람들이 몸을 앞으로 기울인다면 이미 우호적인 관계가 형성됐다는 뜻이다. 안쪽으로 기울이는 자세는 미소 짓기와 끄덕이기와 고개를 기울이기와 속삭이기와 접촉하기 같은 친구 신호와 함께 두 사람 사이에 더 친밀한 관계가 형성되었음을 보여준다.

나는 비언어적 신호로 강의의 효과를 확인할 때가 종종 있다. 강의 내용에 흥미를 느끼는 학생들은 몸을 앞으로 내밀고 고개를 한쪽으로 기울이며 가끔 동의한다는 듯 고개를 끄덕인다. 강의에 관심이 없거나 흥미를 잃은 학생들은 몸을 뒤로 기대거나 눈을 굴리거나 졸기도 한다.

비즈니스 세계에서도 이렇게 비언어적 단서에 주목할 수 있다. 영업하는 중이라면 사람들의 비언어적 자세를 잘 살펴 누가 잘 넘어올지, 누가 애매한 태도를 보일지, 누가 절대로 넘어오지 않을지 알 수 있다.

회의 상황을 역전시킬 것인가, 회의에 참석한 사람들을 역전시킬 것인가

FBI에서 일할 때는 발표할 일이 많았다. 한번은 몇 달째 준비한 작전에 필요한 자금을 받아내기 위해 발표 중이었다. 사실 복잡하고 비용이 많이 들어가는 작전이었다. 자금을 따내려면 회의실에 모인 사람들에게 작전에 비용을 투자한 만큼 효과를 거둘 수 있다고 설득해야 했다.

나는 발표하면서 회의석에 둘러앉은 사람들의 비언어적 행동을 관찰했다. 곧 누가 내 편인지 알 수 있었다. 몸을 앞으로 내밀고 간간이 고개를 끄덕여주는 사람들이었다. 그리고 내 작전의 가치나 자원의 지출에 회의적인 사람들도 눈에 들어왔다. 나는 성가대에 설교하는 격으로 내게 동의하는 사람들만 보고 발표하고 싶었다. 나와 같은 생각을 가진 사람들이라면 내 작전을 수용해주고 내게 위안을 줄 테니까. 그러나 이런 욕구를 꾹꾹 눌렀다. 이미 넘어온 사람들을 굳이 다시 설득할 필요는 없었다. 내 제안에 동의하지 않는 사람들을 내 편으로 끌어들여야 했다. 그래서 그들에게 초점을 맞췄다. 나를 비난하는 사람들에게 다가가 똑바로 바라보면서 호소했다. 아주 느리기는 해도 전세가 뒤집히는 것이 보였다. 처음에는 반대하던 사람들이 서서히 몸을 앞으로 내밀고 고개를 더 많이 기울였다.

나는 발표를 마치고 작전에 대한 승인을 받아냈다. 비언어적 단서를 관찰하고 어떤 의미인지 파악한 덕분에 발표에서 유리한 입장에 설 수 있었던 것이다. 내게 동의하지 않는 사람들에 맞게 발표 내용을 조정해서 그들을 설득할 수 있었다.

속삭이기

속삭임은 친밀한 행동이자 긍정적인 친구 신호다. 그렇다고 아무에게나 귀에 대고 속삭일 수 있는 것은 아니다. 두 사람이 속삭인다면 둘 사이에 이미 친밀한 관계가 형성되어 있다고 봐도 무방하다.

남의 음식 집어먹기

음식점에서 식사 중인데 모르는 사람이 다가와 당신 앞에 놓인 음식을 집어먹는다면 몹시 불쾌할 것이다. 이번에는 가족이 모여서 즐겁게 식사하는 중에 아들이나 딸이 당신의 음식을 집어먹는다고 생각해보자. 모르는 사람이 그랬을 때와 전혀 다른 반응이 나올 것이다. 가족과는 친밀한 관계라서 이런 상황에서 음식을 집어먹는 행위가 적절해 보인다. 따라서 남의 음식을 건드리는 행동은 친구 신호이고, 이런 행동이 허용된다면 음식의 주인과 음식을 집어먹는 사람 사이에 친밀한 관계가 형성되어 있다는 뜻이다.

표정이 풍부한 몸짓

몸짓의 양과 강도는 문화마다 다르고, 같은 문화 안에서도 개인차가 있다. 억눌린 사회에서도 남보다 표정이 풍부한 사람이 있다. 그럼에도 서로 좋아하는 사람들끼리는 대체로 표정이 풍부한 몸짓을 보인다. 표정이 풍부한 몸짓은 상대의 말에 관심이 있다고 알리고 대화의 초점을 계속 화자에게 돌린다.

화자는 문장이 끝날 때마다 손을 재빨리 아래로 내려 요점을 강조하거나 손을 내밀고 손바닥을 펼쳐서 개방적이고 진지한 마음가짐을 보여줄 수 있다. 표정이 풍부한 몸짓은 언어적 소통과 서로에 대한 관심을 심화시킨다. 친구가 되고 싶은 상대에게 고개를 끄덕여주거나 미소를 지어주거나 경청해주면서 상대가 계속 말을 이어가게(그 덕에 당신을 더 좋아하게) 만들 수 있다(이때 몸을 앞으로 내밀고 고개를 살짝 기울이고 상대의 말을 경청하는 모습을 보인다). 비언어적 몸짓으로 불편하거나 마음에 들지 않거나 관심이 없다는 뜻을 전할 수도 있다.

고개 끄덕이기

상대에게 잘 듣고 있으니 계속 말하라고 부추기는 방법으로 고개를 끄덕이는 행동이 있다. 계속 말하라는 뜻이다. 두 번 끄덕이면 속도를 높이라는 뜻이다. 여러 번 끄덕이거나 천천히 한 번 끄덕이면 상대의 흐름에 방해가 된다. 과장되게 고개를 끄덕이면 상대의 반응을 재촉할 수 있다. 빠르게 고개를 끄덕이면 주로 이쪽에서 할 말이 있거나 상대의 말에 관심 없으니 빨리 끝내라고 재촉하는 비언어적 신호가 된다. 부적절하게 빨리 고개를 끄덕이면 무례한 행동이나 대화를 주도하려는 시도로 보일 수 있다. 이런 행동은 초점이 화자에게서 청자에게로 옮겨가게 해서 우정의 황금률을 깨뜨린다. 이런 행동에 관해서는 다음 장에서 다루겠다. 들으면서 적절히 고개를 끄덕여주면 상대는 자기 생각을 충분히 표현할 수 있다. 또 상대에게 말을 잘 들어주는 사람으로 인식되어 긍정적으로 비친다.

추임새

추임새는 고개를 끄덕이는 행동을 강조하고 상대가 계속 말을 이어가도록 부추긴다. 추임새로는 '그렇구나', '그래서'처럼 상대의 말을 확인해주는 표현과 '음', '아하'처럼 말과 말 사이를 메워주는 표현이 있다. 추임새를 넣어주면 상대는 자기 말을 경청할 뿐 아니라 말의 내용을 인정해주는 뜻으로 받아들인다.

★ 팁을 많이 받기 위한 7가지 조언 ★

한 번 스치는 만남이라도 사람들이 당신을 좋아하게 만들면 도움이 될 수 있다. 불만사항을 적절히 해결할 수도 있고, 특별히 애쓰지 않아도 남들에게 도움을 받을 수 있으며, (당신이 웨이터나 웨이트리스라면) 사람들이 서비스에 고마워하면서 팁을 넉넉히 줄 수도 있다. 팁을 많이 받는 요령은 고객에게 호감을 사는 분위기를 만드는 것이다.

조언 1 _ 고객에게 가볍게 접촉하기(여자 종업원)

연구에 따르면 여자 종업원이 남자든 여자든 고객의 어깨나 손이나 팔을 살짝 건드리면 팁을 더 많이 받는다. 특히 남자 고객은 종업원이 가볍게 접촉해주면 술을 더 많이 마시게 되어 팁을 줄 가능성이 높아진다. 오해를 사지 않을 만큼만 가볍게 접촉하면 친근감이 생겨 팁을 많이 받을 수 있다. 그러나 신체 접촉이 추파나 강압적인 접촉으로 느껴지면 팁을 많이 주기는커녕 더 적게 줄 수도 있다. 여자 종업원이 여자와 함께 온 남자 손님에게 잘못 접촉했다가는 질투를 부를 수 있으니 주의해야 한다.

조언 2 _ 머리에 장신구 달기(여자 종업원)

생화든 조화든 머리에 꽃을 달거나 머리핀을 꽂는 등 장신구를 달면 남자 고객에게든 여자 고객에게든 팁을 더 많이 받는다. 고객이 머리에 장식을 단 종업원을 더 매력적으로 느껴 팁을 많이 주기 때문이다. 흥미롭게도 남녀를 막론하고 남자 종업원에게는 매력 있다고 해서 팁을 더 많이 주지는 않는다.

이제 매우 까다로운 문제가 남는다. 연구에 따르면 매력적인 여자 종업원은 매력이 떨어지는 여자 종업원보다 서비스의 품질과 무관하게 팁을 더 많이 받는다. 가슴이 큰 여자도 팁을 더 많이 받는다. 금발머리도 팁을 더 많이 받는다. 날씬할수록 팁을 많이 받는다. 화장을 하면 남자 고객에게는 팁을 더 많이 받지만 여자 고객에게는 팁을 많이 받지 못한다. 현실이 그렇다. 더 말해 뭐 하겠나.

조언 3 _ 자기 이름 말하기(남녀 종업원)

이름을 말하면 팁을 더 많이 받는다. 종업원이 자기 이름을 말해주면 더 친근해 보여 고객은 그 종업원에게 팁을 더 준다. 이름을 말한 종업원은 그렇지 않은 종업원보다 팁을 평균 2달러 더 받는다. 그냥 이름만 말해서는 안 된다. 이름을 말하면서 환하게 웃어주면 더 친근하고 매력적으로 보여 고객이 팁을 더 많이 준다.

조언 4 _ 주고받는 분위기 조성하기(남녀 종업원)

사람들은 남에게 무언가를 받으면 꼭 갚아주고 싶어 한다. 고객들은 작은 물건이라도 받으면 팁을 더 많이 챙겨준다. 영수증 뒷면에 '감사합니다'라고 적는 식의 간단한 방법으로 서로 주고받는 분위기를 조성하면 팁을 더 많이 받을 수 있다.

주고받는 분위기를 교묘히 조성하는 방법이 있다. 고객들이 주문한 음식이 나오기 직전에 그 테이블에 앉은 한 사람에게 음식이 만족스럽게 나오지 않나면서 음식을 다시 주방으로 돌려보내 제대로 된 음식을 다시 가져오겠다고 말하라. 그러고는 늦게 나와서 죄송하다고 사과하면서 처음에 내왔던 그 음식을 다시 가져다준다. 그러면 당신은 사실상 아무것도 하지 않고도 고객에게 당신이 호의를 베푼 것으로 생각하게 만들고, 팁을 더 많이 주어 호의에 보답하고 싶게 할 수 있다. 이런 편법을 쓸 때는 각별히 주의해야 한다. 음식의 맛이나 질에 의문을 갖지 않을 정도의 사소한 문제를 트집 잡아야지, 잘못하면 음식점 자체의 평판을 떨어뜨릴 수 있다. 계산서를 가져다줄 때 박하사탕을 끼워주는 식으로 주고받는 분위기를 조성할 수도 있다.

조언 5 _ 주문을 다시 읊어주기 (남녀 종업원)

사람들은 자기를 좋아해주는 사람을 좋아한다. 주문을 다시 읊어주면 고객은 무의식중에 당신이 자기를 좋아한다고 느낀다. 친밀한 분위기에서는 서로의 몸짓과 말투를 모방하기 때문이다. 주문을 다시 읊어주면 고객은 당신과 동질감을 느껴 당신을 더 좋아하고 팁을 더 많이 줄 것이다.

조언 6 _ 좋은 서비스 제공하기 (남녀 종업원)

팁을 많이 받으려면 좋은 서비스를 제공해야 한다. 고객에게 따뜻하고 친근하게 웃어주고, 이름을 말해주고, 주문을 다시 읊어주고, 음료수 잔이 비기 전에 미리미리 채워주고, 필요한 게 있는지 자주 살펴야 한다. 고객마다 성향이 다르므로 고객의 성향을 재빨리 파악해야 한다. 어떤 고객은 극진히 모셔주기를 바라고, 어떤 고객은 최소한의 서비스만을 원하며, 또 어떤 고객은 간섭받지 않고 조용히 식사를 즐기고 싶어 한다. 고객을 신속히 파악할수록 팁을 많이 받을 것이다.

조언 7 _ 우정의 황금률 적용하기

> 우정의 황금률(3장)은 누구에게나 적용된다. '고객이 기분 좋아지면 당신을 좋아할 것이다.' 고객이 종업원을 좋아할수록 팁도 많이 줄 것이다.

집중하기

산만한 행동으로 상대의 말에 대한 집중력을 잃지 말아야 한다. 당신도 상대의 말을 중요하게 생각한다는 메시지를 전달할 수 있다. 상대가 말하는 도중에 휴대전화를 받으면 상대의 말이 공허한 메시지로 떠돈다. 대화 중에 휴대전화가 울리면 전화를 받고 싶은 욕구를 눌러야 한다. 사람들은 어떤 이유에선지 전화가 울리면 받고 싶어 한다. 휴대전화가 울린다고 꼭 받아야 하는 건 아니다. 정말로 긴급한 전화는 드물다. 메시지를 남기지 않았다면 더더욱 시급한 용건이 아니다. 만약 메시지를 남겼다면 상대가 말을 다 한 뒤에 확인해도 늦지 않는다. 요즘처럼 아무리 기술이 발전한 시대라고 해도 대화 중에 문자를 보내거나 전화를 받는 행동은 결례다.

휴대전화가 울리면 음성 메시지로 돌린 뒤 다시 상대에게 집중하는 것이 가장 바람직하다. 그러면 현재 대화를 나누는 상대가 전화통화보다 중요하고 상대에게 온전히 주목하고 있다는 메시지가 섬세하게 전달된다. 그리고 상대에게 긍정적인 인상을 남겨 더 수월하게 관계를 발전시킬 수 있다.

적 신호

앞에서 반딧불이가 친구 신호로 불빛을 밝혀서 이성을 유혹하거나 적 신호로 빛을 발해 포식자를 피한다고 언급했다. 인간에게도 주위 사람들에게 친구 신호나 적 신호를 내보내는 능력이 있다. 물론 친구를 사귀는 방법을 다룬 책에서는 친구 신호를 보내고 남들이 당신을 적으로 간주하게 만드는 비언어적 단서를 피하는 데 주력하라고 조언할 것이다. 문제는 ('도시의 성난 얼굴'을 보이는 학생의 경우처럼) 우리가 적 신호를 보내면서도 그때마다 자각하지 못한다는 것이다. 적 신호가 무엇인지 몰라서일 때가 많다. 한 번의 만남이든 우정을 계속 이어가든, 낯선 사람들이 호의적으로 바라봐주기를 바란다면 '반딧불' 전략(비언어적 신호)을 이용해 당신의 의사를 알리고, 당신이 관심을 갖는 상대가 당신을 좋아하게 만들 수 있다. 적 신호는 낯선 사람들과 소통할 때 내보내고 싶지도 않고 보고 싶지 않은 비언어적 단서다.

친구를 잘 사귀지 못한다면 자신의 몸짓과 표정을 돌아보고 무의식중에 다음과 같은 비언어적 행동을 하지 않는지 살필 필요가 있다.

길게 쳐다보기(빤히 쳐다보기)

다른 친구 신호를 동반한 눈 맞춤이 1초를 넘지 않으면 두 사람 모두에게 긍정적인 효과를 줄 수 있다. 그러나 1초 이상 눈을 맞추면 공격적인 행동으로 간주되어 적 신호가 될 수 있다. 인간의 뇌는 이런 행동을 포식자로 지각하고 눈을 마주친 상대에게 '방어막'을 쳐서 경고한다.

엘리베이터 시선

엘리베이터 시선이란 머리끝부터 발끝까지 죽 훑어보는 행동을 말한다. 아직 친하지 않은 관계에서는 매우 공격적인 비언어적 신호다. 아직 상대의 사적인 공간에 침범할 권리를 얻지 못한 상태에서 심리적으로나 물리적으로 침범해서 지나친 참견으로 받아들여질 수 있다. 시선으로 사적인 공간을 침범하는 행동은 상대에게 공격적으로 받아들여질 수 있고, 때로는 물리적 침범보다 더 공격적으로 비칠 수도 있다. 간혹 위협적이거나 공격적인 행동으로 비쳐 상대에게 방어 반응을 끌어낼 수도 있다. 반대로 친밀한 관계에서는 머리부터 발끝까지 훑어보아도 되고, 심지어 칭찬의 의미로 받아들여질 수도 있다.

세계 공항에서 기분 나쁜 전신 스캔이 필수 절차로 정착되기 오래전부터 사람들은 엘리베이터 시선으로 관심 있는 상대를 뜯어보았다.

나는 딸아이의 남자친구가 우리 집 현관 앞에 나타날 때 전신 스캔을 자주 활용한다. 현관문을 열어주고 상대의 눈을 빤히 쳐다보고 머리부터 발끝까지 찬찬히 훑어본다. 내 소개를 한 뒤 딱딱하게 "무슨 일인가?"라고 묻는다. 청년은 더듬거리며 할 말을 찾는다. 그것으로 내 메시지가 명확히 전달된 사실을 확인한다. 이런 비언어적 메시지가 말로 건네는 어떤 협박보다 더 잘 먹힌다.

신분을 노출시키지 않는 법

FBI 활동을 끝내고 나는 위장경찰들에게 작전 중에 신분을 노출시키지 않는 법을 가르쳤다. 눈 맞춤은 위장경찰이 신분을 노출시키는 비언어적 단서다. 앞서 말했듯이 누군가 물리적으로나 시선으로 당신의 사적 공간에 침범하려면 미리 권한을 얻어야 한다.

경찰관은 특유의 권위에 따라 일반인에게는 불가능한 방식으로 어떤 장소나 사람들을 들여다볼 수 있다. 경찰차 옆에서 같이 달리다 빨간 신호등에 걸려 멈춘 적 있는가? 경찰차 안을 슬쩍 들여다보라. 경찰관이 돌아보거나 당신과 눈이 마주치면 당신은 얼른 시선을 피하고 다시 앞만 쳐다볼 것이다. 그러나 반대의 경우에는 사정이 달라진다. 경찰관이 당신의 차 안을 들여다보고 당신과 시선을 마주칠 때 경찰관은 시선을 피하지 않고 계속 쳐다본다. 당신은 얼른 시선을 돌리면서 상대가 차를 세우라고 명령할 이유를 찾지 말아주기만을 바랄 것이다. 상대는 경찰의 권위로 당신을 쳐다보고 당신의 차 안을 들여다볼 수 있다. 그러나 당신도 상대와 똑같이 나갔다가는 사회적 파문을 일으킬 위험을 감수해야 한다.

금지된 공간을 마음대로 들여다보는 행동은 위장경찰이 신분을 노출시키는 가장 흔한 비언어적 '표식'이다. 가령 어떤 경찰이 유명한 마약상들의 단골 술집에 은밀히 들어가서 그들과 친해지고 마약을 구입하는 임무를 수행한다고 해보자. 처음 술집에 들어설 때 평소대로 잠시 멈춰서 실내를 천천히 훑어보면서 위협이 될 요인을 찾고 안쪽으로 걸어 들어가 술을 주문한다. 경찰의 권위에 따라 시선으로(똑바로 쳐다보기) 다른 사람들의 공간을 침범하는 데 익숙한 태도다.

그러나 보통 사람들은 술집에 처음 들어갈 때, 특히 수상한 술집에 들어갈 때 이렇게 행동하지 않는다. 보통 처음 술집에 들어갈 때는 누구와도 눈을 마주치지 않고 곧장 바나 테이블로 가서 앉는다. 일단 자리에 앉아 주문한 술이 나온 다음에야 슬쩍슬쩍 주위를 둘러본다. 반면에 단골 술집에 들어갈 때는 타인의 사적인 공간을 침범할 수도 있고, 주위를 둘러보며 아는 얼굴이 들어오는지 살필 수도 있다. 아주 미묘한 비언어적 단서지만 늘 체포될까봐 전전긍긍하고 사람들을 읽는 데 능통한 범죄자들에게는 쉽게 눈에 띈다.

눈 굴리기

상대에게 눈을 굴리는 행동은 더 이상의 대화를 차단하는 '적 신호'다. 상대가 어리석다고 생각하거나 상대의 행동이 부적절하다고 생각한다는 뜻이다. 예를 들어 사람들이 많이 모인 자리에서 황당한 소리를 하는 사람을 보면 눈을 굴릴 수 있다. 당사자가 눈을 굴리는 당신을 보면 당신에게 부정적으로 반응할 것이다. 모르는 사람이든 아는 사람이든 같은 반응을 보일 것이다.

회의 중에 눈 굴리는 사람이 있는지 찾아보면 시간을 지루하지 않게 보낼 수 있고, 구체적인 사안별로 사람들의 입장을 파악할 수 있다. 사람들은 어떤 의견이나 제안에 동의하지 않을 경우, 그 의견이나 제안을 한 사

| 눈 굴리기

람들이 뒤돌아서 있거나 노트를 내려다볼 때 몰래 눈을 굴린다. 이런 비언어적 신호를 보면서 회의에서 나온 의견이나 주장을 누가 받아들이지 못하는지 파악할 수 있다.

어떤 의견을 낼 때 눈 굴리는 사람이 보이면 그 사람을 집중 공략해 당신의 의견에서 장점에 대해 설득하라. 다시 말하지만 당신의 의견에 동의하듯 고개를 끄덕이고 몸을 앞으로 내밀고 미소를 짓는 사람들을 설득하는 데 시간을 허비해서는 안 된다.

▌미간 찌푸리기

미간 찌푸리기

미간을 찌푸리는 행동은 진지하게 집중할 때 생기는 표정과 다르다. 못마땅하거나 믿지 않거나 화가 났다는 뜻의 적신호다.

눈을 가늘게 뜨기

눈을 가늘게 뜨는 행동은 다른 적 신호만큼 강렬하지는 않지만, 개인적인 관계를 식히는 효과가 있다. 밝을 곳을 보면서 눈을 가늘게 떠도 자칫 오해를 살 수 있다.

경직된 표정

턱 근육이 굳어지고 눈과 눈 사이가 좁아지며 미간을 찌푸린 표정은 적 신호의 범주에 들어가는 비언어적 행동이다. 멀리서도 눈에 띄고 만나려는 상대가 위협적인 존재일지 모른다고 경고하는 초기 경보 신호일 수도 있다. 적 신호를 보내면 특히 새로운 만남에서는 의미 있는 관계를 맺기 어려울 수 있다. 경직된 표정이 쉽게 오해받는 이유는 사람들이 직장이나 가정생활의 긴장을 일상의 만남에까지 끌어와서 새로운 친구든 오래된 친구든 긴장된 표정을 눈치채고 공연히 조심하고 신경 쓰기 때문이다.

공격적인 자세

다리를 넓게 벌리고 양손으로 허리를 잡고 선 자세는 적 신호다. 다리를 넓게 벌리고 선 자세는 몸의 무게중심을 낮추어 싸움을 준비한다는 의미다. 양손으로 허리를 잡는 자세는 우세함을 과시하기 위해 몸의 면적을 넓히는 행동이다.

공격 신호

공격하려는 사람은 주먹을 꽉 쥐고 다리를 안정적으로 벌리고 선 자세로 비언어적 신호를 보낸다. 다리를 벌리고 서면 싸움에 대비해 몸의 무게중심이 내려간다. 다리를 벌리고 양손을 허리에 댄 자세는 우세함을 과시

▍ 공격적인 자세

한다. 화가 난 사람은 산소를 들이마시는 양을 늘리기 위해 콧구멍을 '벌름거린다(넓힌다)'. 이것은 얼굴이 붉어지는 것과 같은 분노 신호일 수도 있다. 이런 적 신호는 물론 뇌에 잠재적 위험을 알리고 공격 신호를 받는 상대에게 '싸우거나 도망치기' 반응을 준비하도록 알린다. 긍정적인 친분이 싹틀 가망은 거의 없다.

모욕적인 몸짓

좋은 관계를 맺는 행동과 반대되는 공격적인 몸짓은 무수히 많다. 그중에 거의 보편적인 몸짓이 있다. 가령 가운뎃손가락을 들어 올리는 몸짓은 상대와 긍정적으로 소통하고 싶은 사람이라면 절대로 하지 않는다. 다만 어떤 문화에서는 '악의 없는(부정적인 함의가 전혀 없는)' 몸짓이 다른 문화에서는 매우 공격적인 몸짓으로 여겨질 수도 있다. 같은 단어가 문화에 따라 의미가 달라질 수 있듯이 비언어적 소통도 마찬가지다. 어떤 사람이 '뚜렷한' 이유도 없이 당신에게 싸늘한 반응을 보인다면 당신의 어떤 몸짓이 상대에게 공격적으로 받아들여졌을 가능성을 생각해봐야 한다.

코 찡그리기

다른 적 신호처럼 코를 찡그리면 상대가 당신을 좋게 생각할 가능성이 적고, 당신이 다가갈 때 마음을 열어줄 여지도 줄어든다.

옷차림, 액세서리, 기타 몸에 착용한 물건

"누군가의 바닥이 다른 누군가에겐 천장이다"라는 속담이 이런 적 신호에 적용된다. 예를 들어 당신이 해골과 대퇴골이 그려진 가죽 재킷을 입고 팔뚝에 문신을 잔뜩 새기고 뾰족뾰족한 목걸이를 걸치고 있다면 당신을 잘 모르는 사람은 어떻게든 당신을 피하고 싶어 할 수 있다. 당신의 외모가 적 신호로 작용한 탓이다. 하지만 당신이 데스메탈 콘서트에 와 있다면 중요한 친구 신호로 간주될 것이다. 따라서 당신의 옷차림이나 장신구가

| 코 찡그리기

당신이 다가가고 싶은 상대에게 친구 신호로 받아들여질지 적 신호로 받아들여질지는 상식에 비추어 판단해야 한다. 차림새가 다르다고 해서 자동으로 '신경을 꺼야 할' 사람인 것은 아니다. 다만 몸을 치장하는 방식이 전혀 다른 사람들 사이의 소통에 관해서는 '유유상종'이라는 말을 생각해 볼 필요가 있다.

  내 아들 브래들리가 의도치 않게 내게 사람들을 차림새로 평가하는 것에 관해 중요한 사실을 일깨워주었다. 브래들리는 고등학교 시절 남성 패션에 빠져 방과 후 아르바이트로 번 돈을 몽땅 옷과 액세서리에 쏟아부었다. 어느 날 나는 아들을 데리고 지갑을 사러 쇼핑몰에 갔다. 아들은 고급 의류매장에서 제일 값나가는 지갑을 집었다. 아들이 산 지갑은 150달러였다. 나는 무척 놀랐다. 나는 삼단으로 접는 반지갑을 꺼내 내 지갑은 세금 포함해서 20달러밖에 안 된다고 말했다. 그러자 아들이 이렇게 말했다. "아뇨, 아빠. 디테일이 다르잖아요. 비싼 옷과 비싼 신발을 신고도 20달러짜리 삼단 지갑을 꺼내면 남들이 '괜히 젠체하는 사람'으로 볼 거예요." 아들은 결국 그 시기를 빠져나와 이제는 낡은 청바지와 트레이닝 상의 패션으로 돌아왔지만 나는 그때 아들이 한 말을 아직도 기억한다.

그날부터 나는 세세한 부분을 신경 쓰게 되었다. 셔츠의 바늘땀 개수를 살핀다. 인치당 바늘땀이 많을수록 품질이 좋은 것이다. 좋은 셔츠에는 4밀리미터짜리 단추가 달려 있다. 어떤 사람이 고급 양복을 입고 싸구려 시계를 찼다면 그 사람은 자기가 아닌 다른 누군가인 척하고 있다는 뜻이다. 닦지 않은 구두도 '괜히 젠체하는 사람'이라는 걸 노출시키는 또 하나의 신호다. 허위 정보를 진짜로 믿게 하는 정보 조작에 잘 걸려드는 사람들은 대체로 어떤 사람이 진짜 자기를 드러내는 단서인 세세한 부분을 간과하는 편이다.

영역(사적 공간) 침범

인간이 주변 공간을 지배하는 방식, 곧 자기와 타인의 거리를 조절하는 방식에는 뚜렷한 일관성이 드러난다. 이렇게 공간을 지배하는 방식을 일컬어 **텃세**(territoriality)라고 하는데, 텃세는 인간에게나 하등동물에게나 똑

★ 마스크를 쓴 남자는 누구일까? ★

마스크는 주로 의료적 용도로 쓰지만, 특히 입과 코를 덮는 '수술' 마스크 같은 것은 의도와 상관없이 적 신호로 작용한다.

마스크를 쓴 사람은 강렬한 적 신호를 보낸다. 내가 아는 어떤 사람은 혼잡하기로 유명한 뉴욕 통근열차에서 좀 편하게 가려고 마스크를 이용했다. 그는 마스크를 쓴 채 창가 자리를 차지하고 앉아 옆자리까지 비워두려 했다. 누가 옆자리에 앉으려고 하면 그는 고개를 돌려 입과 코를 마스크로 가린 얼굴을 보여주었다. 그래서 객차 안의 다른 자리가 다 찰 때까지 옆자리가 비어 있을 때가 많았다.

그는 여기서 멈추지 않았다. 누가 옆에 앉으면 마스크 안에서 씰룩거리면서 아주 작게 웅얼거렸다. 이렇게만 해도 자리에 앉았던 사람이 얼른 일어나기 일쑤였다. 이 방법도 통하지 않으면 주머니에 손을 넣어 약국에서 산 것으로 보이는 약병을 꺼내 알약 하나를 꺼내 마스크를 들고 입에 털어 넣었다. 이렇게까지 했는데도 계속 남아 있는 사람은 거의 없었다.

그런데 업보라는 게 있는 모양이다. 어느 날 마스크 쓴 남자는 어떤 남자가 통로를 따라 자기 쪽으로 걸어오는 것을 보고 창문 쪽으로 고개를 돌렸다. 잠시 후 흘깃 보니 그 남자가 옆자리에 앉아 있었다. 그는 씰룩이며 웅얼거리기 시작했다. 그러나 옆자리 남자는 가만히 앉아 있었다. 결국 마스크 쓴 남자는 약병을 꺼내 약을 한 알 털어 넣었다. 그런데도 옆자리 남자는 꿈쩍하지 않았다.

마스크 쓴 남자는 수법이 통하지 않자 어리둥절했다. 대체 어떤 작자가 이런 위험한 상황에서도 계속 앉아 있는지 보려고 고개를 돌렸다.

> 그런데 옆자리 남자가 마스크를 쓰고 씰룩거리면서 처방받은 약병을 손에 들고 있는 게 아닌가! 더 볼 것도 없었다. 그는 주저 없이 창가 자리에서 벌떡 일어나 통로를 지나 옆 칸으로 옮겨갔다.

같이 나타난다. 텃세는 기본적으로 다양한 동물 종이 자기 공간의 정해진 양과 질을 유지하고 싶어 하고 유지하려는 시도다. 텃세라는 게 존재한다는 사실이 믿기지 않는다면 한 사람만 타고 있는 버스나 지하철에서 그 사람 바로 옆자리에 앉아보라. 다만 번잡한 엘리베이터나 스포츠 경기장처럼 다닥다닥 붙어 있어야 하는 곳에서는 사적 공간을 침범당해도 잘 참는 편이다.

타인의 영역을 '침범'하는 행위(거슬리게 눈을 마주치거나 너무 바짝 접근하는 행위)는 강렬한 적 신호다.

처음 만날 때 친구 신호를 보내는 목적은 상대에게 위협적이거나 포위당하는 느낌을 주지 않으면서 그의 영역에 들어갈 수 있도록 허락을 받아내는 데 있다. 상대가 당신을 친근하게 여긴다면 사적 공간에 들어와도 된다고 허락하고 싶어질 것이다.

물론 사적인 영역의 경계는 눈에 보이지 않고 사람마다 다르며 문화에 따라서도 다를 수 있다. 가령 신체적 학대를 당한 사람은 신체적 위협을 가하는 사람들로부터 자기를 보호하기 위해 사적 공간을 넓힌다. 마찬가지로 마음에 상처를 입은 사람은 다시 상처받을까봐 사적 공간에 누구를 들일지 신중히 결정한다. 신체적으로나 정서적으로 학대당한 경험이 있는 사람들은 극단적인 경우 스스로를 보호해 더 이상 고통받지 않으려고 아무도 뛰어넘거나 뚫고 들어오지 못하도록 높고 두꺼운 벽을 둘러친다.

영역의 경계는 또한 사는 곳의 영향도 받는다. 비좁은 공간에서 서로 붙어사는 사회에서는 어쩔 수 없이 개인의 경계가 줄어든다. 반대로 널찍널찍 떨어져 사는 사람들은 사적 공간도 넓어진다. 정신 건강도 사적 공간에 영향을 미칠 수 있다. 연쇄 소포 폭탄테러범 테드 카친스키는 몬태나의 외딴 오두막에서 살았다. 그는 오두막 주위로 800미터 이내에 들어오는 사람을 위협적인 존재로 인식하고 사적 공간을 침범하는 자들을 막기 위해 만반의 준비를 갖추었다.

사람마다 '자신의' 영역과 사적 공간으로 생각하는 범위가 천차만별이므로 낯선 사람과 친구가 되려고 시도할 때는 이 점을 고려해야 한다. 친구 신호를 보내고 상대에게도 비슷한 신호를 받았다면 조심스럽게 다가가 상대의 보디랭귀지를 관찰해야 한다. 상대가 물러서거나 못마땅한 표정을 짓는 등 스트레스 신호를 보내거나 부정적인 반응을 보인다면 더 이상 접근하지 말아야 한다. 상대가 말이나 행동으로 준비되었다는 신호를 보낼 때까지는 더 가까이 다가가면 안 된다.

사람들은 특히 주차 공간 같은 곳에서는 순순히 사적 영역을 내주려 하지 않는다. 차들이 빽빽이 들어찬 주차장에서 빙빙 돌다가 드디어 누군가 차를 빼는 것을 발견하면 당장 깜빡이를 켜고 당신의 영역을 표시한다. 이제부터 여기는 당신의 주차 공간이므로 다른 차들에게 물러서라고 알리는 것이다. 그리고 기다림의 게임이 시작된다. 차를 빼는 운전자는 여유 있게 계기판의 온갖 장치를 만지작거리면서 아주 천천히 안전벨트를 매고 백미러를 조정한다. 당신은 혼잣말로 "차 빼는 데 왜 저렇게 오래 걸려?"라고 투덜댄다. 하지만 상대는 아직 그 공간의 주인이므로 준비를 다 마칠 때까지는 자리를 내줄 생각이 없다. 재미있는 사실은 차를 대려고 기다리는 사람이 없을 때는 차를 더 빨리 뺀다는 것이다.

개의 입장에서 바라본 텃세

애완동물, 특히 개에게서 흥미로운 텃세 행동을 볼 수 있다. 두 사람이 친구 집에 처음 방문한다고 해보자. 한 사람은 개를 끔찍이 좋아하고 다른 사람은 개를 싫어한다. 개를 좋아하는 사람은 개한테 관심을 보이고 눈을 마주치고 몸을 숙여 개를 쓰다듬는다. 그러나 의외로 개는 그 사람에게 이빨을 드러내며 으르렁거린다. 반면에 개를 싫어하는 사람은 개와의 접촉과 눈 맞춤을 꺼린다. 그런데 무섭게도 개는 그 사람에게 다가가서 코를 킁킁거리고 관심을 끌려고 안달한다.

이렇게 두 사람에 대한 개의 반응을 텃세라는 관점에서 보면 지극히 합리적이다. 개를 좋아하는 사람은 개에게 다가가 개의 물리적 공간을 침범할 뿐 아니라, 심지어 개와 눈높이를 맞춰 눈을 똑바로 쳐다보았다. 개든 사람이든 빤히 쳐다보는 행위를 위협적인 몸짓(적 신호)으로 받아들인다.

개는 개를 좋아하는 사람을 실제적 위협이나 잠재적 위협을 주는 존재로 여겨 자신의 영역을 지키기 위해 공격적으로 반응한다. 개를 좋아하는 사람은 특유의 친근감으로 결국 개에게 받아들여진 반면에, 개를 싫어하는 사람은 개를 무시한 덕에 개의 영역을 침범하지 않는다. 실제 위협이나 잠재적 위협이 없는 상황에서 개는 낯선 사람에게 흥미를 보였다. 개는 타고난 호기심(블라디미르가 나와 대화를 나누고 갈매기가 FBI 요원 찰스에게 관심을 보이게 된 '미끼')을 충족시키기 위해 자기를 싫어하는 사람에게 더 접근했다.

사람들이 모인 곳에 끼어들기 전에 발의 메시지 읽기

이제 당신은 친구 신호와 적 신호에 관한 실질적인 지식을 갖추어 낯선 사람에게 다가가거나 피하고 싶을 때 어떤 몸짓을 보이고 또 상대에게서 어떤 몸짓을 관찰해야 하는지 이해했을 것이다. 어쩌면 거울 앞에서 비언어적 신호를 연습했을지도 모른다. 실제로 남들과 **대화**를 시작하기 전에 고려할 사항이 하나 더 있다. 혼자가 아니라 이미 여럿이 대화를 나누고 있는 상황에서 어떻게 끼어들어 섞여야 할까? **언제** 끼어들어 대화를 시작해야 할까?

이 두 가지 질문에 답하지 못할 때가 있다. 가령 사람들이 테이블 주위에 둘러앉아 있거나 비즈니스 회의나 사교 모임에서 한창 대화를 나누는 중에 자연스럽게 끼어드는 것이 어려울 수 있다. 하지만 두 사람 이상이 서서 대화를 나눈다면 **발의 움직임**을 보고 접근해도 될지, 아니면 나중에 접근하는 편이 나을지 판단할 수 있다. 발의 위치도 새로운 사람을 반기는 집단인지, 아니면 꺼리는 집단인지 단서를 얻을 수 있다.

여러 사람이 반원을 이루고 발끝을 반원의 열린 쪽으로 향하게 서 있다면 새로운 사람을 받아들일 의향이 있다는 뜻이다. 그러나 사람들이 닫힌 원의 형태로 서 있다면 새로운 사람을 받아들일 용의가 없다는 뜻이다.

| 사적인 대화

| 발이 비스듬히 열려 있다면 다른 사람이 대화에 끼어들어도 좋다는 뜻이다.

두 사람이 마주 보고 서 있다면(발이 서로를 향해 있다면) 둘만의 사적인 대화가 오간다는 메시지를 보내는 것이다. 이럴 때는 물러서야 한다. 남이 끼어드는 것을 원하지 않는다는 뜻이기 때문이다. 반대로 두 사람이 마주 보고 있긴 하지만 발이 비스듬히 열려 있다면 '틈'을 열어두어 새로운 사람이 들어와도 좋다는 메시지를 보내는 것이다.

세 사람이 마주 보고 서 있고 발이 닫힌 원 안쪽으로 향해 있다면 새로운 사람을 받아들일 생각이 없다는 뜻이다.

반면에 세 사람이 마주 보고 서 있긴 하지만 넓은 원을 이루어 공간을 열어두었다면 다른 사람이 끼어들어도 된다는 뜻이다.

따라서 새로운 사람에게 열려 있어 접근해도 되는 집단을 찾아보면 된다. 다만 그 집단에 다가가기 전이나 다가가는 동안 친구 신호를 보내야 한다. 앞서 말했듯이 우리의 뇌는 환경에서 끊임없이 친구 신호나 적 신호를 탐색한다. 당신이 적 신호를 보내면서 다가가면 그 집단의 사람들은 위협이 될 수도 있는 상황에 대처해 스스로를 보호하려 하고 당신의 침입에 적대적인 반응을 보일 것이다. 그러나 당신이 눈썹을 찡긋하거나 고개를 기울이거나 미소를 지으면서 다가간다면 사람들은 이런 친구 신호를 긍정적으로 해석해 당신을 따뜻하게 맞아줄 것이다.

어떤 집단을 선택하고 접근할 때는 자신 있게 빈 공간을 찾아서 들어가야 한다. 소심한 사람보다는 자신 있는 사람이 호감을 살 가능성이 높다. 자신 없어도 자신 있는 척해야 한다. 물론 자신감과 오만함 사이의 적정선을 넘으면 안 된다!

▎ 닫힌 대화

▎ 사람들의 발이 비스듬히 놓여 있으므로 새로운 사람이 들어와도 된다는 뜻이다.

일단 빈 공간을 찾아서 들어갔다면 잠시 대화의 흐름을 파악하면서 기다렸다가 끼어든다. 대화를 듣는 동안 고개를 조금씩 끄덕여준다. 고개를 끄덕여주면 남들이 하는 얘기에 동의하고 관심 있다는 뜻이 전달되고, 나아가 당신이 오만한 사람이 아니라 자신감 넘치는 사람이라는 메시지가 전달된다. 오만한 사람은 남의 말을 잘 듣지 않는다. 새로운 사람을 기꺼이 받아들인 집단이라도 대화의 흐름에 무례하게 끼어드는 사람은 반기지 않는다. 대화가 자연스럽게 끊기는 순간 자기를 소개하거나 진행 중인 대화에 말을 보태면 된다.

당신이 끼어든 집단 구성원들과의 공통점을 찾아본다. 공통점(비슷한 관심사, 배경, 직업 등)을 찾는 방법은 친근감을 쌓고 친구를 빠르게 사귀기 위한 지름길이다. 친근감을 빨리 형성하는 기법에 관해서는 나중에 자세히 다룰 것이다. 무역박람회나 회담에 참석하면 그 자리에 모인 사람들 사이에 공통 관심사가 있으므로 당장 공통점이 생긴다. 공통 관심사가 없었다면 애초에 그런 자리가 만들어지지도 않았을 것이다.

공통점이 보이지 않으면 음악 애기를 꺼낸다. 음악은 누구나 좋아한다. 꼭 같은 장르를 좋아하지 않아도 된다. 장르 사이의 유사점과 차이점이 대화에 생동감을 더하면서도 논쟁을 야기하지 않는다. 강렬한 감정을 유발하고 갈등을 조장할 여지가 있는 주제는 사람들을 편 가르고 이제 막 시작된 우정을 발전시키는 데 방해가 되므로 꺼내지 않는 편이 낫다.

이렇게 안면을 튼 사람들을 그 행사에서 나중에 다시 만나면 이름을 불러준다. 상대에게는 큰 의미로 느껴질 것이다. 그 의미에 대해 데일 카네기는 이렇게 말했다. "어떤 언어에서든 사람의 이름은 그 사람에게 그 무엇보다 다정하고 소중하게 들린다."

사람들은 기억되기를 좋아한다. 누군가의 이름을 기억해주면 그 사람을 소중히 생각하고 인정해주며, 그 사람에게 관심이 있다는 뜻이다. 소중한 것은 기억하는 법이다.

대화의 다리

한번 만난 사람을 다시 만날 때는 이전의 대화를 <u>연결하는</u> 다리를 이용할 수 있다. 이전에 나누던 대화의 일부를 다시 활용하는 방법이다. 대화의 다리는 이전 대화에서 오간 의견이나 농담이나 몸짓이나 그 대화만의 고유한 요소가 될 수 있다. 대화의 다리를 이용하면 당신이 그 사람의 친구나 지인들 집단에 새로 들어간 사람이 아니라는 미묘한 메시지가 전달된다. 서로에게 관심 있는 익숙한 사람이 되는 것이다. 대화의 다리를 이용하면 친구로 발전하는 동안 이전 대화를 이어서 시작할 수도 있다. 그러면 처음부터 다시 시작하지 않고도 친구로 발전할 수 있다.

혼자 있는 사람의 발 행동

혼자 서 있는 사람의 발이 문 쪽으로 향해 있다면 그 자리에서 나가려 하지만 아직 행동으로는 옮기지 않은 상태일 가능성이 높다. 그 사람에게는 접근해도 된다는 뜻이다. 친구 신호를 보내면서 다가가 "일어설 참인가 보네요"라거나 "파티가 지루한가보죠?"라는 식의 공감 어린 말(다음 장에서 논의할 것이다)을 건넨다. 그저 당신이 본 상대의 태도를 묘사한 말이고 그 태도에 상대의 기분이 드러나므로 이런 정도의 말은 건네도 된다. 혹은 상대에게 다가가서 단순히 "오늘 혼자 오셨나보네요. 여기 분위기 어때요?"라고 물을 수도 있다. 다행히 상대가 대답해준다면 그 대답을 토대로 대화를 이어가면서 대화가 어떻게 흘러가는지 지켜보면 된다.

반딧불에서 우정으로: 다음 단계

친구 신호나 적 신호는 처음 만난 순간부터 주로 시각적으로 나타난 뒤 줄곧 나타난다. 이 장에서는 우리가 남에게 보내는 비언어적 신호를 소개하고 그 신호가 관계에 미치는 영향을 살펴보았다. 대체로 서로를 본 다음에 대화를 시작한다. 따라서 비언어적 신호는 영화의 '예고편'이나 '트레일러'처럼 상대에게 본편에는 어떤 내용이 나오는지 맛보기로 보여주어 시간을 들여서 볼지 말지 결정할 수 있게 해준다.

조명효과를 주의하라!

친구 신호를 효과적으로 활용하면 원활한 소통의 장이 마련된다. 상대의 관심을 끄는 동시에 상대가 당신을 좋게 봐주게 만드는 단계는 친구로 발전하는 과정에서 중요한 첫 단계지만 주목받는다는 생각을 떨쳐내야 한다. 의도적으로 친구(혹은 적) 신호를 보내려면 연습이 필요하다. 우리는 무의식중에 이런 비언어적 신호를 아주 능숙하게 보낸다. 이제껏 이런 신호에 관해 읽고 이해했으니 앞으로는 사람들이 이런 신호를 주고받는 모습을 알아채고 때로는 당신이 남들에게 신호를 보내는 모습을 자각할 수 있을 것이다.

무의식중에 진심에서 우러나 자연스럽게 보내는 신호를 **의식적으로** 모방하려면 남들의 시선을 받는다는 생각 때문에 필요 이상으로 남의 시선을 의식하는 **조명효과**(spotlight effect)를 극복해야 한다. 조명효과는 어떤 일을 몰래 하려고 할 때 나타난다. 당신이 남들의 행동에 영향을 미치려고 의식적으로 노력하다보면 남들이 당신의 행동을 알아챌 거라고 생각하는 것이다. 따라서 자연스럽게 행동하기 어려워져 자신 있게 행동하지 못하고 의심스럽고 신뢰가 가지 않는 행동을 하게 된다.

조명효과의 예를 거짓말하는 사람들에게서 찾을 수 있다. 거짓말하는 사람은 상대가 거짓말을 눈치채지 못하는데도 거짓말을 꿰뚫어 볼 거라고 생각한다. 그래서 실제로 거짓을 노출시키는 언어적, 비언어적 단서를 보내 결과적으로 상대가 거짓을 알아채거나 적어도 말의 진위를 의심하게 만든다.

처음으로 친구 신호를 모방하려 할 때도 같은 현상이 나타난다. 평생 친구 신호를 잘 보내던 사람도 막상 사람들에게 다가가 의식적으로 고개를 기울이고 눈썹을 찡긋해보려 하면 처음 몇 번은 상대가 당신이 어색해하는 것을 눈치챌 거라고 생각한다. 조명효과가 나타나는 것이다. 그러면 '억지로' 친구 행동을 하게 되고(고개를 기울이고 눈썹을 찡긋하는 행동이 어색해진다) 실제로 당신의 의도가 노출되어 자기 충족적 예언이 실현돼 결국 친구를 사귀는 데 실패한다. 조명효과를 피하려면 우선 조명효과라는 현상이 존재한다는 것을 알아야 한다. 이제 안다.

비언어적 신호의 두 단계

FBI 시절 나는 각종 회의와 파티에 참가했다. 한번은 행동분석팀 동료와 공식 회의 전에 열린 '식전 파티'에 참석했다. 파티가 지루해서 우리는 '비언어적 경주'를 벌이기로 했다.

게임은 이렇게 진행되었다. 각자 문에서 같은 거리만큼 떨어져 있는 사람을 하나씩 골랐다. 그리고 각자 선택한 사람이 뭘 하는지 자각하지 못한 채 문지방을 넘게 만들기로 했다. 우선 상대와 일정한 거리만큼 떨어져서 일상적인 잡담을 나누었다. 우리는 사람들이 무의식중에 대화하는 상대와 편안한 거리를 유지하려 한다는 점을 이용해 상대가 눈치채지 못하게 서서히 다가갔다. 거리가 줄어들면 상대는 무의식중에 편안한 사적 공간을 확보하기 위해 뒤로 물러섰다. 이렇게 상대가 문지방을 넘을 때까지 반복했다. 상대를 먼저 넘긴 사람이 이기는 게임이었다. 한번은 내가 선택한 사람을 호텔 로비까지 밀어낸 적이 있다. 그 사람은 문득 자기가 어디에 있는지 깨닫고 깜짝 놀라며 "어머! 우리가 어떻게 여기에 나왔죠?"라고 물었다. 나는 그저 미소를 띠고 어깨를 으쓱했다.

친구(혹은 적) 신호를 모방하는 첫 단계에서는 남들이 어떻게 신호를 보내는지 관찰하고 자기가 어떻게 신호를 보내는지도 관찰한다. 친구 신호를 모방할 때는 자연스럽게 친구 신호를 보내던 순간의 감각을 모방해본다.

거리와 쇼핑몰, 기타 공공장소는 연습하기에 좋다. 당신 쪽으로 다가오는 사람에게 고개를 기울이고 눈을 맞추고 미소를 지어보라. 그리고 그 사람의 반응을 관찰하라. 그 사람이 마주 웃으면서 눈썹을 찡긋하면 당신이 친구 신호를 제대로 내보냈다는 뜻이다. 하지만 그 사람이 황당하다는 표정을 짓거나 '꺼져, 미친놈아'라고 말하는 듯한 표정을 짓는다면, 어쩌다

★ 실수하면 인간답게 느껴져 더 호감을 갖게 된다 ★

나는 강의를 처음 시작할 때, 내 신망에 흠집을 내지 않을 정도의 실수를 몇 가지 범한다. 단어를 잘못 발음하거나 화이트보드에 철자를 틀리게 적는 식이다. 그러면 참가자들은 당장 나의 사소한 실수를 바로잡아준다. 나는 당황하는 척하면서 그들의 지적을 고맙게 받아들이고 그들의 집중력을 칭찬해준다.

이런 기법에는 몇 가지 목적이 있다. 첫째, 실수를 바로잡아준 참가자들은 기분이 좋아져서 나와 친근감과 우정을 쌓는다. 둘째, 참가자들이 강사 앞에서 어리석어 보일까봐 겁내지 않고 수업시간에 자유롭게 소통할 가능성이 높아진다. 강사도 벌써 몇 번 실수했으니 자기네가 실수해도 괜찮다고 생각하는 것이다. 셋째, 사소한 실수는 나를 인간답게 만들어준다. 사람들은 전문가이면서도 그들과 비슷하게 인간적인 면모를 갖춘 강사를 좋아한다(유사성의 법칙, 5장에서 다룬다).

늘 기분이 안 좋은 사람을 잘못 골랐거나 아직 연습이 부족한 탓일 수 있다. 시간이 지나면 돌아오는 반응이 나아질 것이다. 더 연습하면 당신이 친구 신호를 보내고 있다거나 당신이 어떻게 보일지 아예 생각하지 않고 신호가 자동으로 전달될 것이다.

'주목받으면서' 새로운 기술을 습득하거나 오래된 기술을 진실하게 보이도록 만들려면 많은 연습이 필요하다. 신호를 완벽하게 전달하려고 애쓰는 사이 좌절감이 들기도 하고 창피하거나 새로운 기술을 당장 완벽하게 습득하지 못하거나 실망스러워서 도중에 포기할 수도 있다. 정상적인 반응이다. 새로운 기술을 습득하는 과정에 관한 연구에 따르면 대다수가 초반에 '자유낙하' 기간을 거치는 것으로 나타났다. 아직 새로 익힌 기술을 능숙하게 다루지 못해 제대로 쓸 줄 모르면 좌절하거나 당황하게 마련이다. 그래서 연습을 게을리하고 포기하게 된다.

이렇게 되지 말자! 장담컨대 자유낙하 단계를 견디고 시간과 노력을 쏟으면 언젠가는 기술을 능숙하게 써먹을 날이 올 것이다. 새로운 기술을 습득할 때 좌절감이 몰려오고 불편하더라도 언젠가는 성공적인 관계를 맺어 좋은 결과로 돌아올 테니 나름 의미가 있는 셈이다.

그러면 의식적이든 자연스럽든 미소를 짓는 것이 <u>아주</u> 쉬워질 것이다!

관찰하고 배우기

이어폰을 귀에 꽂고 휴대전화로 문자를 보내면 친구 신호를 보내거나 받지 못한다. 사람들과의 개인적인 소통이 부족하면 사회적 기술을 연습하거나 남들을 관찰하면서 배울 기회가 줄어든다.

남을 보고 배우는 데는 노력이 많이 들지 않는다. 그냥 음식점에 가서 사람들을 관찰하기만 하면 된다. 사람들은 음식을 먹으면서 대화할 때 편안함을 느낀다. 가까운 자리에 앉은 남녀 한 쌍의 비언어적 신호를 관찰해 관계의 상태와 강도를 판단해보라.

낭만적 사랑의 관계

두 사람이 음식점에 들어올 때 그들의 비언어적 행동을 관찰하면 연인인지 아닌지 알 수 있다. 손을 잡았으면 연애 감정이 있다는 신호다. 깍지를 끼지 않았다면 깍지를 낀 사람들보다는 친밀하지 않다는 뜻이다.

연인들은 테이블이나 칸막이 자리에 앉은 뒤에는 대체로 다음과 같은 행동을 보인다. 1) 테이블 가운데 놓인 장식물이나 메뉴 스탠드나 양념통을 한쪽으로 치운다. 2) 서로 눈썹을 찡긋거린다. 3) 주위의 다른 사람들보다 서로를 더 오래 바라본다. 4) 미소를 짓는다. 5) 고개를 한쪽으로 기울인다. 6) 서로를 향해 몸을 기울인다. 7) 서로의 자세를 따라 한다. 8) 손을 잡는다. 9) 대화하면서 자유로이 다양한 몸짓을 보인다. 10) 속삭이거나 목소리를 낮추어 둘만의 대화가 사적이므로 끼어들지 말아달라는 신호를 보낸다. 11) 음식을 나눠먹는다.

이와 같은 일련의 행동이 정해진 순서대로 나타나는 것도 아니고 중간에 종업원이 끼어들기도 한다. 그래도 식사 중에 언제든 이와 같은 비언어적 단서 중 몇 가지 또는 모두가 나타난다.

금이 간 관계

두 사람의 사이가 좋지 않다면 좋은 관계에서 흔히 나타나는 비언어적 단서가 보이지 않으므로 어색한 관계가 금세 드러난다. 예를 들어 연인끼리 서로를 바라보지 않는다. 억지 미소를 짓는다. 한쪽이나 양쪽 다 접시를 보면서 말할 때가 많다. 고개를 한쪽으로 기울이지 않고 똑바로 세운

▎ 남자는 여자에게 관심이 있다는 뜻의 비언어적 단서를 보이지만 여자는 아니다.

다. 시선이 음식점 안을 이리저리 배회하면서 다른 자극을 찾는다. 서로의 자세를 따라 하지 않는다. 서로를 향해 몸을 기울이지 않는다. 몸을 뒤로 젖혀 서로에게서 멀어진다.

깨진 관계

연인 사이에서 둘 중 한쪽은 상대에게 관심이 있지만 상대는 관심이 없다는 것을 보여주는 비언어적 신호를 발견하기란 어렵지 않다. 상대에게 관심 있는 사람에게는 앞서 소개한 연인 관계의 비언어적 단서가 모두 나타난다. 그러나 상대에게는 부정적인 비언어적 단서(적 신호)가 보인다.

조용한 위로

오래 함께 지낸 연인이나 부부에게는 흔히 좋지 않은 관계나 금이 간 관계를 암시하는 비언어적 단서가 나타난다. 그렇다고 꼭 관계가 나쁘다는 뜻은 아니다. 함께 지낸 시간이 길면 상대가 관계에 충실할 거라고 믿는다. 끊임없이 관계를 일깨워주는 신호가 없어도 된다. 배신당하거나 버림받을까봐 두려워하지도 않고 관계 안에서 여유롭고 편안하다. 이 단계에 이른 연인이나 부부가 서로를 대하는 모습을 관찰하면 경이로울 정도다.

협상을 벌이는 사업가나 누군가를 유혹하는 사람이나 가볍게 식사를 하거나 술을 마시러 나온 친구들도 이런 관찰 기법으로 관계를 평가할 수 있다. 사람들을 관찰하는 연습을 하는 이유는 관찰력을 갈고닦아 자연스러운 소통 방식을 이해하고 관찰한 정보를 정확히 해석하는 능력을 기르기 위해서다. 충분히 연습하면 관찰력과 인간 행동을 평가하는 능력이 자동으로 작용해 더 능숙하게 소통할 수 있다.

Chapter_03

관계의 시작

> 두 해 동안 남들에게 관심을 받으려고 애쓰기보다 두 달 동안 남들에게 진지하게 관심을 기울여주면 친구를 더 많이 사귈 수 있다.
> _ 데일 카네기(Dale Carnegie)

2장에서 살펴본 비언어적 친구 신호는 상대와 긍정적인 관계를 시작하기 위해 기초를 닦는 작업이다. 스타가 등장하기 전에 관객의 호응을 끌어내는 바람잡이 코미디언의 역할과 같다. 관심 있는 상대에게 친구 신호를 적절히 보내놓은 뒤 다가가서 말을 걸면 상대가 당신에게 순순히 마음을 열 것이다. 실제로 당신이 누군가와 친해지기로 마음먹었다고 해보자. 어떻게 해야 할까? 그 사람과 '결정적 순간'에 이르렀다.

'결정적 순간'을 성공적으로 만들기

여러 해 전에 사업가 얀 칼슨(Jan Carlzon)은 당시 한창 고전 중이던 스칸

디나비아항공사(SAS) CEO로 임명되어 반드시 수익을 내야만 하는 막중한 임무를 떠안았다. 결국 그는 단시일 안에 임무를 완수해 부실기업 회생 우수 경영 사례로 손꼽힌다.

그는 어떻게 성공했을까? 일선 직원들에게 상사와 먼저 상의하지 않고 즉석에서 고객 서비스 문제를 해결하는 권한을 부여한 덕분이었다. 그러자 고객 만족도는 물론 직원들의 사기와 기업의 이윤이 크게 향상되어 이익이 모두에게 돌아갔다.

칼슨의 비즈니스 철학과 전략에서 우리의 주제와 관련해 눈에 띄는 부분은 그가 두 사람 사이의 접촉 지점에 부여한 중요도다. 그는 이 지점을 '결정적 순간'이라고 불렀다. 바로 이 순간에 고객이 기업을 바라보는 시각이 형성되어 고객이 SAS 서비스를 구입하기로 결정하는 데 도움이 되기 때문이다. 칼슨은 이렇게 말했다. "지난해 우리 고객 천만 명이 SAS 직원 다섯 명 정도와 접촉했습니다. 이런 5천만 번의 '결정적 순간'이 궁극적으로 SAS라는 기업의 성패를 가르는 순간입니다. 고객들에게 SAS가 최선의 선택이라는 걸 입증해야 하는 순간이기도 하고요."

누군가를 처음 만나는 순간이 바로 그 사람과의 관계가 발전하는 과정에서 결정적 순간이다. 그 사람이 당신을 친구로 대할까, 아니면 적으로 간주하고 피할까? <u>우정의 황금률</u>(사람들이 당신을 좋아하게 만들고 싶으면 기분 좋게 해줘라)은 상대가 당신을 어느 쪽으로 분류할지 결정하는 순간 중요한 역할을 할 수 있다.

우정의 황금률은 우리가 앞으로 살펴볼 일부 기법들처럼 오래 지속할 관계를 원할 때만 적용되는 것이 아니라, 단기간이든 중기간이든 장기간이든 모든 관계를 맺는 데 중요한 열쇠다.

친구를 사귈 때 우정의 황금률 효과와 중요성을 과소평가해서는 안 된다. 나는 FBI 특수요원으로서 각양각색의 사람들을 만나 민감한 정보를 털어놓거나 스파이가 되거나 갖가지 범죄를 자백하도록 설득해야 했다. 이런 막중한 임무를 수행하기 위한 열쇠는 바로 사람들이 나를 좋아하게 만들 뿐 아니라 나를 믿고 그들의 목숨을 나한테 맡기게 만드는 데 있었다. 신참 특수요원들에게 가장 어려운 과제는 사람들이 그들을 좋아하게 만드는 기법을 연마하는 것이다. 특수요원들이 나를 찾아와 사람들이 그들을 좋아하게 만드는 기법을 가르쳐달라고 청하면 나는 모두에게 똑같이 알려주었다. "사람들이 자네를 좋아하기를 바란다면 그 사람들을 기분 좋게 만들어주게."

친해지고 싶은 사람에게는 관심을 기울여야 한다. 간단해 보이지만 노련한 요원들에게도 연습이 필요하다. 누군가를 기분 좋게 만들어주면 그 사람은 그런 좋은 감정이 들게 해준 사람이 당신이라고 생각할 것이다. 누구나 자기를 행복하게 만들어주는 사람에게 끌리고 고통스럽거나 불편하게 만드는 사람을 피하려 한다.

만날 때마다 기분 좋게 만들어주면 그 사람은 좋은 감정을 다시 느끼고 싶어서 당신을 꼭 다시 만나려 할 것이다. 다만 그 과정에서 내 동료들이 걸려 넘어진 걸림돌에 누구나 걸려 넘어질 것이다. 자존심이라는 걸림돌이다. 자존심이 우정의 황금률을 이행하는 과정을 방해한다. 누구나 세상이 자기를 중심으로 돌고 세상의 관심을 한 몸에 받아야 한다고 생각한다. 하지만 남에게 친절하고 매력적인 사람으로 다가가고 싶다면 자존심을 버리고 다른 사람과 그 사람만의 고유한 욕구와 상황에 관심을 가져주어야 한다. (당신이 아니라) 사람들에게 관심을 보이면 사람들이 당신을 좋아할 것이다.

잘 생각해보라. 누군가에게 매력적인 사람으로 보이는 동시에 그 사람을 기분 좋게 만들어줄 수 있는 이런 효과적인 방법을 제대로 써먹지 못한다면 안타까운 일이다. 온통 자기에게만 관심이 가 있어서 만나는 사람들에게는 관심을 보이지 못한다. 자신의 필요와 욕구를 다른 사람들의 필요와 욕구보다 먼저 해결하려고 한다. 그런데 얄궂게도 남들이 당신을 좋아하기만 하면 그들이 먼저 당신의 필요와 욕구를 채워주겠다고 나설 것이다.

사람들을 기분 좋게 만들어주는 기법: 공감의 말

공감의 말을 건네면 대화의 초점이 당신이 아니라 계속 상대에게 향한다. 사람들을 기분 좋게 만들어주는 가장 확실한 방법이다. 관심의 초점을 상대에게 맞추기란 쉽지 않다. 인간은 본래 자기중심적이고 세상이 자기를 중심으로 돈다고 생각하기 때문이다. 그럼에도 사람들과 대화할 때 항상 그들을 기분 좋게 해준다면 우정의 황금률이 작용해서 그들이 당신을 좋아할 것이다.

"오늘 뭐 안 좋은 일이 있나봐요"라거나 "오늘 행복해 보여요"라는 공감의 말을 건네면 상대에게 당신이 그의 말을 귀담아듣고 있고 그의 행복에도 관심이 있음을 알리게 된다. 누구나 이런 관심을 받으면 기분 좋아지고 관심을 보여준 사람에게 호감을 느낀다.

공감 어린 말은 대화의 한 주기를 마무리한다. 우리는 어떤 말을 하고 나서 그 말의 취지가 제대로 전달되고 이해되는지 확인하기 위해 상대의 반응을 살피고 싶어 한다. 따라서 상대의 말을 비슷한 표현으로 다시 말해주면 대화의 한 주기가 마무리된다. 사람들은 자기가 하려는 말의 취지가 제대로 전달되면 기분이 좋아진다.

공감 어린 말을 구성할 때는 우선 상대의 말에 귀를 기울여야 한다. 상대의 말을 경청하면 상대에게 진심으로 관심 있고 상대가 하는 말을 이해한다는 의미가 전달된다.

공감의 말에는 "그래서 ~인가봐요"라는 문구가 기본으로 들어간다. 공감 표현을 만드는 방법은 여러 가지가 있지만 이런 기본 문구를 넣어주면 대화의 초점이 계속 상대에게 가 있고 당신에게서 멀어진다. 간단한 공감 표현으로는 "그래서 오늘 일이 잘 풀려 좋으신가봐요"라거나 "그래서 오늘 기분이 좋으신가봐요"와 같은 표현이 있다. 흔히 "당신이 어떤 기분인지 안다"는 식으로 말하는 경향이 있다. 그러면 상대는 속으로 '아니, 당신은 내 기분이 어떤지 몰라. 당신은 내가 아니니까'라고 생각한다. 이때 "그래서 ~인가봐요"라는 표현으로 공감해주면 대화의 초점이 계속 상대에게 향한다. 예를 들어 엘리베이터를 탔는데 행복한 듯 미소를 띤 사람이 보이면 자연스럽게 "그래서 오늘 좋은 일 있나봐요"라는 말을 건네면서 그 사람의 비언어적 단서를 반영해줄 수 있다.

공감 어린 말을 건네 우정의 황금률을 적용할 때, 상대의 말을 토씨 하나 안 빼고 따라 하면 안 된다. 이런 식으로 말하는 사람은 거의 없으므로, 만약 누군가 이렇게 말한다면 상대의 뇌에서 이상한 행동으로 처리되어 방어 반응이 나올 것이다. 공감 어린 말을 건네 얻으려던 효과와 정반대 결과가 돌아오는 셈이다. 상대의 말을 앵무새처럼 따라 하면 괜히 잘난 척하고 거들먹거리는 것처럼 들릴 수도 있다.

공감 어린 말은 대화의 초점을 상대에게 맞추고 상대를 기분 좋게 만들어준다. 공감 표현은 사람들이 당신과 친구가 되고 싶게 만드는 간단하면서도 효과적인 방법이다. 사람들이 당신과 친구가 되고 싶어 하는 이유는 당신과 대화할 때마다 괜히 기분이 좋아지기 때문이다. 어쨌든 그들은 당신이 이런 기법을 쓰는 줄 모른다. 원래 스스로를 관심받아 마땅한 사람으로 생각한 터라 당신의 행동을 일상적인 반응 범주에서 벗어난 것으로 간주하지 않는다(아무런 관심을 끌지 않고 상대의 영역 스캔을 통과한다). 기본 문구를 넣어 공감 표현을 만드는 연습을 했으면 이제 "그래서 ~인가봐요"를 빼고도 좀 더 정교하게 공감 표현을 만들 수 있다.

벤과 비키의 공감 표현 모험

앞서 설명한 기법을 대화에 적용하면서 대화가 어떻게 흘러가는지 살펴보자. 벤이 친구 신호를 보내면서 바 옆에 친구들과 함께 서 있는 비키를 유혹한다. 비키가 벤의 유혹을 비언어적 단서로 호응해준다. 벤이 비키에게 다가가는 동안 비키가 미소를 짓고 친구들과 웃는다.

    벤: 안녕, 내 이름은 벤이에요. 당신은?
    비키: 안녕, 내 이름은 비키예요.
    벤: 그래서 오늘 밤 정말 즐겁나봐요.(기본적인 공감 표현)
    비키: 맞아요, 이렇게 밤에 나와서 놀고 싶었거든요.

    기본 문구를 넣어서 공감 표현을 만들었으면 이번에는 "그래서 ~인가봐요"를 빼고 좀 더 정교한 공감 표현을 만들어볼 수 있다. 기본 문구 대신 정교한 공감 표현을 주고받는 벤과 비키의 대화를 살펴보자.

    벤: 안녕, 내 이름은 벤이에요. 당신은?
    비키: 안녕, 내 이름은 비키예요.
    벤: 오늘 밤 정말 즐거워 보여요.(정교한 공감 표현)
    비키: 맞아요, 이렇게 밤에 나와서 놀고 싶었거든요.
    벤: 요즘 많이 바빴나봐요.(정교한 공감 표현)
    비키: 네, 3주 동안 프로젝트에 매달려 있느라 일주일에 60시간씩 일했거든요.

두 대화를 보면 벤은 비키가 미소를 짓고 친구들과 웃는 등 즐거워하고 있다는 두 가지 신체적 신호를 알아챘다. 벤은 비키의 기분을 반영해주는 공감의 말을 건넸다. 그리고 몇 가지 목적을 달성했다. 첫째, 비키에게 그녀의 감정에 관심 있다는 뜻을 전달했다. 둘째, 대화의 초점을 비키에게 맞추었다. 셋째, 비키의 반응을 보고 대화의 방향을 어느 쪽에 맞출지 알아냈다. "맞아요, 이렇게 밤에 나와서 놀고 싶었거든요"라는 말에는 비키가 그 주나 최근에 스트레스를 많이 받았다는 뜻이 담겨 있다. 벤은 어떤 스트레스인지는 모르지만 다시 공감의 말을 건네 선을 넘지 않고 비키가 스트레스받은 이유를 알아볼 수 있다.

이렇게 벤은 대화의 초점을 비키에게 맞추면서 계속 비키와 그녀의 감정에 관심 있다는 것을 알린다. 그러나 비키는 벤이 계속 공감 표현을 건네는 것을 의식하지 못한다. 비키의 뇌에서는 이런 행동을 '정상 행동'으로 간주해 의심이나 방어 반응을 일으키지 않기 때문이다. 게다가 비키는 무의식중에 자기가 관심의 초점이 되어야 한다고 생각해(누구나 그렇다!) 벤이 그녀에게 관심을 쏟는 데 기뻐한다. 결국 비키가 기분이 좋아져서 우정의 황금률에 따라 벤을 좋아할 가능성이 높아진다.

공감 어린 말로 대화를 이어가기

공감 어린 말은 대화를 채워주는 효과적인 방법이기도 한다. 상대가 말을 끝냈지만 딱히 할 말이 떠오르지 않을 때 어색한 침묵이 흐르면 무척 괴롭다. 딱히 할 말이 없을 때는 공감 표현을 건네보라. 상대가 한 마지막 말을 기억해 그에 맞는 공감 표현을 건네기만 하면 된다. 그러면 상대는 대화를 다시 이어나가면서 당신이 의미 있는 말을 생각해낼 시간을 줄 것이다. 할 말이 떠오르지 않을 때는 괜히 부적절한 말을 꺼내느니 공감의 말을 건네는 편이 훨씬 낫다. 명심하라. 당신과 대화를 나누는 상대는 당신이 공감 표현을 쓰는지 인지하지 못할 것이다. 상대의 뇌에서 '정상' 반응으로 처리해 알아채지 못하기 때문이다.

아첨 혹은 칭찬

아첨과 칭찬은 종이 한 장 차이다. **아첨**이라는 말에는 **칭찬**이라는 말보다 부정적인 함의가 담겨 있다. 아첨은 대개 이기적인 이유에서 남을 이용하고 조종하는 데 쓰이는 진실하지 않은 칭찬이다. 반면에 칭찬의 목적은 남들을 높이 평가하고 성과를 인정해주는 데 있다. 두 사람의 관계가 발전하면서 서로의 유대를 강화하는 과정에서 칭찬의 역할이 점점 중요해진다. 칭찬을 들으면 상대가 당신과 당신이 잘하는 일에 계속 관심 있다는 뜻이 전해진다.

새로운 관계에서 칭찬할 때는 상대가 진심으로 하는 말인지 알지 못한다는 위험이 따른다. 진실하지 않은 칭찬과 아첨은 매한가지고, 거짓 칭찬을 받은 상대는 당신을 오히려 좋지 않게 볼 수 있다. 남에게 조종당하거나 서셋발을 듣고 싶은 사람이 누가 있겠는가. 사람들은 자신이 무엇을 잘하고 무엇에 취약한지 잘 안다. 당신이 누군가에게 어떤 일을 잘한다고 칭찬하지만 상대가 스스로 잘하지 못한다는 걸 안다면, 당신의 칭찬과 상대가 <u>실제로</u> 얻은 성과의 격차로 인해 상대는 당신의 저의를 의심할 것이다.

누군가를 칭찬할 때 훨씬 괜찮은 방법이 있다. 남을 칭찬할 때의 함정을 피하면서 그들이 스스로를 칭찬하도록 유도하는 것이다. 이 방법을 쓰면 진실하지 않아 보일 위험을 비켜갈 수도 있다. 사실 스스로를 칭찬할 때는 진실성이 중요하지 않다. 누구나 기회만 주어지면(편리하게도 당신이 그 기회를 제공한다면) 웬만해서는 스스로를 칭찬할 기회를 놓치지 않으려고 한다.

사람들이 스스로를 칭찬하도록 유도할 때는 우선 그들이 자신의 자질이나 성과를 인정하고 조용히 스스로를 칭찬하게 만들 만한 대화를 구성해야 한다. 사람들은 스스로를 칭찬하면 기분이 좋아진다. 그리고 기분 좋게 만들 기회를 제공한 사람이 바로 당신이라는 이유에서 우정의 황금률에 따라 당신을 좋아한다.

이제 막 시작된 벤과 비키의 관계로 돌아가보면 벤이 비키에게 스스로 칭찬할 기회를 줄 수 있다.

> 벤: 요즘 많이 바빴나봐요.(정교한 공감 표현)
>
> 비키: 네, 3주 동안 프로젝트에 매달려 있느라 일주일에 60시간씩 일 했거든요.
>
> 벤: 그렇게 큰 프로젝트에 몰두하려면 대단한 헌신과 결단력이 필요하죠.(비키에게 스스로 칭찬할 기회를 주는 표현)

비키: (생각에 잠긴 듯) 큰 프로젝트를 진행하느라 많은 걸 희생했어요. 내가 생각해도 아주 잘해냈고요.

사실 벤은 비키를 헌신적이고 결단력 있는 사람이라고 생각한다고 직접 말하지 않았다. 그래도 비키는 자연스럽게 자신의 자질을 인정하고 직장의 상황에 적용할 수 있었다. 비키가 스스로를 헌신적이고 결단력 있는 사람으로 생각하지 않는다고 해도 시작하는 두 사람의 관계에는 아무런 피해가 가지 않을 것이다. 비키가 스스로를 어떻게 평가하든 벤의 칭찬은 그 자체로 진실이므로 기껏해야 주목받지 못하고 넘어가는 정도이고, 잘하면 비키를 기분 좋게 만들 수 있다. 비키가 사실은 헌신적이지도 않고 결단력이 없다고 해도, 인간의 본성에 따라 비키는 자기에게 이런 좋은 자질이 있다고 믿고 싶을 것이다. 남들 앞에서, 자기 자신에게는 더더욱 헌신적이고 결단력 있는 사람이 아니라고 인정하고 싶은 사람은 거의 없을 것이다.

제3자의 칭찬

친해지고 싶은 상대를 칭찬할 때 제3자를 거치면 (직접 칭찬하지 않고도) 상대를 기분 좋게 만들어준 '공'을 차지할 수 있고, 나아가 상대가 당신에게 좋은 감정을 갖게 만들 수도 있다. 상대를 대놓고 칭찬하면, 특히 그 당사자(예를 들어 데이트 상대나 상사나 친구)가 당신에게 뭔가 꿍꿍이속이 있어서 아첨을 부려 영향력을 행사하려 한다고 의심해 당신의 칭찬을 있는 그

대로 받아들이지 않을 수도 있다. 그러나 제3자를 거치면 이런 의심이 줄어든다.

제3자를 통해 칭찬하려면 우선 당신과 상대가 둘 다 아는 친구나 지인을 찾아야 한다. 게다가 당신이 선택한 제3자가 당신이 원하는 상대에게 칭찬을 전달해줄 의사가 있는지도 파악해야 한다. 칭찬이 제대로 전달되면 다음에 만날 때 상대가 당신에게 호감을 느낄 것이다. 다음 대화에서 마크의 입장이 되어보라.

마이크: 저번에 마크를 만났어. 걔가 너 정말 똑똑하다더라. 실은 자기가 아는 사람 중에 너처럼 문제를 척척 해결해내는 사람은 못 봤다고 하더라.
소냐: 어머, 정말? 그런 말을 다 했어?
마이크: 그랬다니까.

소냐는 당신(마크)이 직접 칭찬할 때보다 마이크에게 전해 들은 칭찬을 더 순순히 받아들일 것이다. 게다가 마이크는 당신이 한 말을 거르지 않고 소냐에게 전달할 수 있다. 사실 관계가 막 시작된 단계에서는 이런 정도의 칭찬이 허용되지 않을 수도 있다. 그러나 당신은 마이크를 통해 간접적으로 소냐가 스스로 칭찬할 기회를 주었다. 덕분에 소냐는 그녀 자신에게든 당신에게든 좋은 감정이 들어 마이크에게 칭찬을 전해 들은 시점에 당신을 이미 만났든 아니든 당신에게 호감을 느낄 수 있다.

직장에서 제3자 칭찬을 이용하기

연애가 아닌 직장에서도 제3자의 칭찬이 매우 효과적일 수 있다. 예를 하나 들어보자. FBI에서는 작전을 수행하기 위한 자금을 확보하려는 경쟁이 치열하다. 작전 제안서를 제출했다고 해서 무조건 자금이 할당되는 것은 아니다. 나는 제안서가 채택될 가능성을 높이기 위해 제3자 칭찬을 이용했다.

새로 온 부국장이 내 제안서를 검토하기로 한 날짜에서 몇 주 앞서 나는 FBI에서 남 얘기 잘하기로 둘째가라면 서러워할 인물을 찾아 지나가는 말로 FBI에 드디어 일을 제대로 하는 분이 왔나보다고 말했다. 그리고 새로 온 부국장은 명석한 분이라 작전을 예리하게 꿰뚫어 보는 것 같다고 덧붙였다. 소문 퍼뜨리는 걸 좋아하는 사람에게는 정보가 돈이다. 그들 눈에는 자기가 들은 정보에 관심을 가질 사람들에게 퍼뜨리면 돈이 되는 걸로 보인다. 아니나 다를까, 내가 흘린 칭찬은 곧 '소문을 타고' 부국장 귀에 들어갔다. 부국장은 내게 직접 듣지 않고 제3자를 통해 들어서 칭찬을 더 진심으로 받아들일 가능성이 높았다. 게다가 마침 나는 현장에 나가 있어서 부국장에게 접근할 수도 없었다.

부국장은 내 제안서를 검토할 시점에 내가 그를 어떻게 생각하는지 이미 알고 있어서 좀 더 호의적이었다. 나는 부국장을 기분 좋게 만들어 그의 의심을 사지 않고 우정의 황금률을 충족시킬 수 있었다. 이렇듯 제3자 칭찬은 인간의 정상적인 행동 범위에 속해 아무런 경보를 울리지 않고 상대의 '영역 스캔'을 통과한다. 나로서는 잃는 것이 없었다. 설사 내 전략이 실패한다 해도 어차피 자금이 나오지 않았을 제안이므로 가능 손실액은 0달러다. 그리고 내 전략이 통한다면 원하는 목표를 달성해서 그것대로 좋은 것이다. 실제로 나는 제안서의 자금을 거의 다 받아냈다.

제3자와 '초두효과'

말로 현실을 바꾸지는 못해도 현실을 <u>지각하는 방식은</u> 바꿀 수 있다. 말은 사람들이 주위의 세계를 바라보는 필터가 된다. 말 한마디로 누군가를 좋아할 수도, 싫어할 수도 있다.

예를 들어보자. 캘빈이라는 친구가 당신이 아직 만난 적 없는 새 이웃 빌에 관해 이야기한다. 캘빈은 이렇게 말한다. "빌이라는 친구를 만나게 될 텐데 썩 믿음이 가는 사람이 아니야. 그 친구하고 악수할 때 자네 손가락 떼어가지 않는지 잘 살피게." 이럴 경우 당신이 빌을 소개받는다면 그를 어떻게 바라볼까? 당신은 행동과학자들이 '초두효과(primacy effect)'라고 부르는 현상에 의해 이미 빌을 못 믿을 사람으로 **예단한다**. 누군가가 당신이 처음 만날 사람을 못 믿을 사람이라고 설명한다면 당사자의 실제 신뢰성과 무관하게 당신은 그 사람을 믿지 못할 사람으로 생각한다. 그리고 그 사람이 하는 말과 그 사람의 행동을 미덥지 않은 눈으로 보게 된다.

반대로 캘빈이 당신에게 새로운 이웃 빌이 "아주 다정하고 사교적이며 유머 감각이 뛰어나…… 자네도 그 친구를 좋아할 거야"라고 말했다면 당신은 빌을 어떻게 바라볼까? 빌의 다정한 정도와 무관하게 다정한 사람으로 생각할 가능성이 높다.

어떤 사람에 관해 다른 사람(특히 존경하거나 좋아하는 사람)에게 전해 들은 말로 인해 생긴 부정적이거나 긍정적인 인식을 극복하기란 쉽지 않지만 또 불가능한 것도 아니다. '믿을 만하지 않은' 빌을 만나서 못 미더운 일을 당하지 않는 횟수가 늘어날수록 빌을 믿을 만한 사람으로 바라보게 되어 초두효과로 생긴 처음의 부정적인 이미지를 극복할 가능성이 커진다. 하지만 어떤 사람에게 '믿을 만하지 않다'는 꼬리표가 붙으면 애초에 그 사람을 다시 만나고 싶은 마음이 생기지 않기 때문에 그 사람에게 꼬리표가 잘못 붙은 거라고 입증할 기회가 줄어든다.

반대로 '다정한' 빌을 몇 번 만나도 다정한 일면을 발견하지 못한다고 해도 다정하지 않은 모습을 눈감아주게 된다. 그리고 '무슨 좋지 않은 일이 있었을 거야'라거나 '그 사람이 곤란한 순간에 마주친 걸 거야'라는 식으로 애써 이유를 찾으려 한다. 원래는 다정하지 않은 사람이지만 처음에 다정한 사람으로 묘사되면 초두효과의 혜택을 톡톡히 볼 수 있다. 다정하지 않은 행동을 여러 번 보고도 그에게 다정한 면모를 보여줄 기회를 계속 주기 때문이다.

초두효과는 워낙 강력해서 누군가와 친해지고 싶거나 그 사람에게 내가 원하는 모습으로 비치고 싶을 때 유용하게 써먹을 수 있다. 우리가 초두효과를 활용할 때는 누군가에게 다른 누군가를 우리가 원하는 모습으로 보도록 주문하는 메시지를 전달하는 셈이다.

초두효과 확인하기

나는 용의자를 심문할 때 초두효과를 자주 이용했다. 한번은 은행 강도 용의자를 취조했다. 취조실에서 다른 FBI 요원과 함께 용의자를 만났다. 내 파트너가 초반에 전화할 데가 있다고 양해를 구한 뒤 자리를 떴다. 사실은 나와 용의자 단둘만 남겨 대화를 나누게 해주기 위한 전략이었다.

나는 용의자에게 이렇게 말했다. "당신 이번에 내 파트너를 만나 운 좋은 줄 알아. 아주 정직하고 공정한 친구거든. 아무런 편견 없이 당신 말을 들어줄 거야." 그리고 나는 의자에 기대앉아 파트너가 돌아오기를 기다렸다. 잠시 후 파트너가 들어오기 직전에 이렇게 덧붙였다. "내 파트너 말이야, 그 친구는 여유가 있어서 공정한가 싶기도 해. 인간 거짓말탐지기거든. 도대체 어떻게 하는진 모르겠는데 누가 거짓말을 하면 귀신같이 알아채지. 주제가 뭐든, 누구든 상관없이 솔직히 털어놓지 않으면 귀신같이 집어내." 나는 마지막 말로 용의자가 내가 원하는 대로 내 파트너를 보도록 필터를 만들어준 셈이다. 초두효과를 통해 용의자에게 내 파트너의 능력에 대한 평가를 심어준 것이다.

취조실로 돌아온 파트너는 내가 용의자에게 "당신이 은행을 털었나?"라고 물을 때까지 가만히 있어야 한다는 것을 알고 있었다. 용의자가 "아니다"라고 답하면 내 파트너가 "장난치지 마"라고 경고하듯이 의심스러운 눈길을 던지기로 작전을 짜두었다.

그래서 어떻게 됐을까? 나는 용의자에게 "당신이 은행을 털었나?"라고 물었고, 용의자는 "아니다"라고 답했다. 내 파트너가 의심스러운 표정으로

"뭐라고?"라고 한마디 툭 던지자(정말이다!) 용의자는 손을 들어 탁자를 탁 치고는 "제기랄, 저 양반 정말 대단해!"라고 말하고는 범행을 술술 털어놓았다.

편견에 치우쳐 행동하게 만드는 초두효과를 경계하라

초두효과를 이용해 남들에게 영향을 미치는 것이 유용할 수도 있지만 두 가지 상반된 결과가 나올 수도 있다는 점에서 유의해야 한다. 초두효과를 신중히 이용하지 않으면 자칫 편견에 사로잡힌 채 사람들을 대하고, 결국에는 사람들의 행동에 관해 잘못된 믿음을 형성할 수 있기 때문이다.

FBI 시절 초반에는 나도 초두효과에 잘못 걸려든 적이 있다. 한번은 동료가 네 살짜리 여아를 유괴한 용의자라고 말한 남자를 취조해야 했다. 동료의 말이 필터로 작용해 나는 용의자를 직접 만나기도 전에 이미 그가 유괴범이라고 심증을 굳혔다. 용의자가 하는 말과 행동이 모두 나의 '필터'에 걸러져 유죄의 증표로 보였다. 그러나 사실 무죄를 입증하는 증거도 많았다.

용의자를 압박할수록 그는 점점 더 긴장했다. 정말로 죄를 지어서가 아니라 내가 믿어주시 않자 저지르지도 않은 죄로 감옥에 들어갈까봐 두려워서였다. 용의자가 긴장하면 할수록 그가 유괴범이라는 확신이 더 굳어졌다. 취조가 통제 불능으로 흘러가는 건 어찌 보면 당연했다. 그러다 진범이 잡혔을 때 나는 무척 당혹스러웠다.

면접을 진행하거나 새 동료를 처음 만나거나 새로 나온 제품을 구입할 때는 그 사람이나 제품에 관한 인상이 어떻게 형성되었는지 꼼꼼히 따져봐야 한다. 초두효과로 형성된 인상일 가능성이 높다.

인사이동으로 새로 오는 직원을 어떻게 맞이하는지는 주로 그 사람이 오기 전에 들은 평판에 달려 있다. 마치 새로 산 치약이 좋다고 믿는 이유가 치과의사 다섯 명 중 네 명이 그 브랜드를 추천했기 때문인 것과 같다.

초두효과는 강력하다. 그러니 현명하게 활용해야 한다.

부탁하기

100달러짜리 지폐에 찍힌 벤저민 프랭클린은 동료에게 부탁하면 부탁하지 않을 때보다 그 동료가 더 좋아해줄 거라고 말했다. 이런 현상을 (물론) '벤저민 프랭클린 효과'라고 부른다.

상식적으로 이해가 가지 않는 현상처럼 보인다. 부탁하는 사람보다 부탁을 들어준 사람을 더 좋아해야 하지 않을까? 사실은 그렇지 않다. 남의 부탁을 들어주면 기분이 좋아진다. 우정의 황금률에 따르면, 내가 누군가를 기분 좋게 만들어주면 그 사람이 나를 좋아한다. 따라서 누군가에게 부탁할 때는 나만 중요한 행위가 아니다. 내 부탁을 들어준 그 사람에게도 중요하다.

다만 주의할 점이 있다. 이 방법을 남용해서는 안 된다. 실제로 벤저민 프랭클린도 "손님은 생선처럼 사흘만 지나면 냄새가 나기 시작한다"고 말했다(부탁을 너무 많이 하는 사람도 마찬가지다).

다시 벤과 비키의 만남으로 돌아가자. 벤이 비키와 대화를 나누면서 '부탁하기' 기법을 활용할 수 있다.

> 벤: 그렇게 큰 프로젝트에 몰두하려면 대단한 헌신과 결단력이 필요하죠.(비키에게 스스로 칭찬할 기회를 주는 표현)
>
> 비키: 그래요. (생각에 잠긴 듯) 난 정말 헌신적이고 결단력이 있어요. 큰 프로젝트를 진행하느라 많은 걸 희생했네요. 내가 생각해도 아주 잘해냈고요.
>
> 벤: 비키, 부탁 좀 들어줄래요? 화장실 다녀오는 동안 내 술 좀 봐줄 수 있어요?(부탁하기)
>
> 비키: 네, 그럼요.

벤은 비키의 이름을 불러주고(사람들은 자기 이름을 불러주는 것을 좋아하고, 누군가 이름을 기억해주는 걸 좋아한다) 사소한 일을 부탁한다. 이런 사소한 행동으로 벤은 비키에게 호감을 산다. 누구나 남의 부탁을 들어주면 기분이 좋아지기 때문이다.

여러 우정의 기법을 결합해 친구를 사귀거나 관계를 유지하는 효과 높이기

이 책에서 소개한 기법을 상황에 맞게 한 가지나 몇 가지 섞어서 친구를 사귈 수 있다. 몇 가지 기법을 혼합하면 여러 가지가 섞이면서 발생하는 효과를 누릴 수 있다. 예를 들어 미군이 초두효과와 우정 공식과 제3자의 소개라는 세 가지 기법을 섞어서 미국을 경계하거나 적대적이기까지 한 사람들을 친구로 포섭하는 과정을 살펴보자.

어떤 나라에 주둔한 외국 군대가 군사작전을 펼치면서 그 나라 사람들의 마음을 얻기란 결코 쉽지 않다. 남의 나라에 주둔한 전투 병력은 임무 특성상 제임스 '매드독(미친개)' 매티스 장군이 강조한 전략을 써야 한다. "예의 바르고 프로답게 행동하면서도 만나는 사람을 모두 처치할 계획을 마음에 품어야 한다." 한마디로 적일 수도 있는 사람과 친구가 되기란 여간 어려운 일이 아니다.

우리 팀은 아프가니스탄 사람들의 마음을 얻기 위한 시도로 "우리 애들(미군)에게 위협적으로 다가가지 않는 동시에 전쟁터라는 사실을 잊지 않을 방법을 가르쳐달라"는 임무를 받았다.

몸에 걸친 것이 모두 무시무시하고(전투장비, 전투모, 탄약 벨트) 현지인을 만나면 무섭게 노려보라고('결연한 표정'을 지으라고) 배운 병사들이 친근해 보이려면 어떻게 해야 할까? 병사들이 이런 위협적인 분위기를 풍기면서 마을에 들어간다면 마을 사람들은 이들을 보자마자 적 신호를 감지하고 방어막을 둘러칠 것이 뻔했다.

우리는 미군 병사들에게 전투장비를 착용하고 만일의 공격에 대비해 전투력을 제대로 갖춘 채 마을에 들어가되 다음과 같이 행동하라고 가르쳤다.

1. **우정 공식을 활용하라.** 마을에 들어가서 아무것도 하지 말고 지내라. 그냥 가만히 있어라. 그러면 근접성이 충족된다. 다음으로 마을을 방문하는 횟수(빈도)와 마을에서 보내는 시간(기간)을 조금씩 늘려라. 마지막으로 아이들이 좋아할 만한 선물을 주어서 관계의 강도를 높여라(이 점에 관해서는 잠시 후 자세히 다룬다).
2. **'적' 신호가 아니라 '친구' 신호를 보내라.** 결연한 표정을 짓되 가면을 써라. 한마디로 웃어라. 성난 얼굴을 지워라.
3. **마을 사람들이 위협적이지 않은 모습에 익숙해지면 트럭에 축구공을 가득 싣고 아이들이 있는 마을로 들어가라.** 어떻게 될까? 군인들이 친구 신호를 보내기 때문에 아이들은 군인들을 위협적인 존재로 여기지 않을 것이다. 게다가 호기심이 발동해서(강도) 트럭에 다가와 "저 공은 누구 줄 거예요?"라고 물을 것이다. 아이들에게 "너희 거야!"라고 말하면 된다. 그리고 나서 공을 나눠준다.

이제 어떻게 될까? 아이들이 미군 병사들을 좋아한다. 그리고 집에 돌아가 부모에게 미군 대신에 제3자로서 미군을 소개한다. "미국 사람들을 봤어요. 우리한테 축구공을 줬어요. 좋은 사람들이에요." 이제 부모들은 아이들이 만들어순 조두효과의 필터로 걸러진 미군을 보게 되고 '적'이 아니라 친구로 생각할 가능성이 커진다.

만약 미군 병사들이 우정 공식에 따르지 않고(근접성, 빈도, 기간, 강도를 높이려 하지 않고), 친구 신호가 아닌 적 신호를 보내고, 제3자의 소개를 통한 초두효과도 활용하지 않은 채 무턱대고 마을에 들어가 마을 장로에게 자기네는 위협적인 존재가 아니라고 말했다면 어떻게 됐을까? 신뢰를 얻기 힘들었을 것이다. 마을 사람들 모두가 병사들을 거짓말쟁이로 생각했을 것이다.

우정의 기법을 이용해 얼마나 손쉽게 사람들의 행동에 영향을 미칠 수 있는지 놀라울 따름이다. 한 가지만 쓰든 여러 가지를 섞어서 쓰든 만나는 사람들을 기분 좋게 해주고 그들이 다시 당신을 기분 좋게 해주도록 유도할 수 있다. 우정의 황금률을 이용하면 호혜성이 발생한다. "당신이 나를 행복하게 해주면 나도 당신을 행복하게 해주고 싶다." 다시는 만나지 않을 사람과의 만남에서도 이런 호혜성이 작동한다.

일등석에 타고 갈 것인가, 괜한 심술로 공항에서 기다릴 것인가

몇 년 전 독일 프랑크푸르트를 경유한 적이 있다. 갈아탈 항공편의 비행이 전혀 기대되지 않았다. 중간 좌석인 데다 비행 시간이 8시간이나 되었다. 나는 미리 비행기에 앉아 있고 싶지 않아 남은 한 시간을 요긴하게 쓰기로 했다.

우선 고등학교에서 배운 독일어 단어를 전부 떠올리면서 발권 직원에게 다가갔다. 그러면서 눈썹을 찡긋하고 미소를 짓고 고개를 기울이는 등 주요 친구 신호를 보냈다. 카운터 앞에 이르러서 "Guten tag……"라고 인사를 건네자 우리 사이에 아주 작은 '공통점'이 생겼다(4장 참조). 발권 직원은 내가 서툰 독일어로 말을 건네려고 애쓰는 걸 보고 빙긋 웃으며 답하고는, 영어로 "무엇을 도와드릴까요?"라고 물었다.

나는 딱히 용건이 있는 건 아니라고 답하고는 그를 대화에 끌어들였다. 공감의 말을 건네면서 상대가 말하도록 유도하고 상대를 기분 좋게 해주었다. 그러자 나의 간단한 공감의 말에 고무된 그가 대화를 거의 주도했다. 인간은 세상이 자기를 중심으로 돈다고 생각하게 마련이라, 그 역시 그가 대화를 주도하는 줄 인지하지 못했다. 내 행동이 인간의 기본 바탕을 벗어나지 않아 그의 뇌에서 '경보' 반응을 일으키지 않았다. 나는 그에게 말할 구실을 주었고, 실제로 그가 말하도록 부추겨 기분 좋게 해주었다.

이제 그가 나를 좋아하게 되었다.

우리의 '대화'가 끝날 즈음 그가 내게 왜 탑승하지 않았느냐고 물었다. 나는 중간 좌석이라 끼여 앉아 있는 시간을 최대한 줄이고 싶었다고 말했다. 그뿐이었다.

20분쯤 지나 발권 직원이 마지막 탑승 안내 방송을 내보냈다. 탑승교로 향하는데 그 직원이 독일어로 나를 부르는 소리가 들렸다. "헤어 셰이퍼 (Herr Schafer, 셰이퍼 씨)." 나는 걸음을 멈추었다. 그가 내 쪽으로 다가와서 탑승권이 있느냐고 물었다. 나는 고개를 끄덕이고 탑승권을 보여주었다. 그는 내 탑승권을 가져간 뒤 다른 탑승권을 건넸다.

"즐거운 여행 되십시오, 헤어 셰이퍼."

탑승권에는 좌석이 비즈니스석으로 업그레이드되어 있었다. 나는 "고마워요. 정말 고맙습니다"라고 말했다.

"별말씀을요, 별거 아니에요." 그는 이렇게 대답한 뒤 어서 탑승하라고 손짓했다.

또 언젠가는 항공기가 연착해서 승객들이 몹시 분개한 적이 있다. 탑승 카운터 앞으로 늘어선 줄에서 내 앞에 있던 남자가 잔뜩 화가 나서 발권 직원에게 환승편을 놓치게 생겼다면서 악을 써댔다. 발권 직원은 그 승객에게 다른 방법이 없다면서 오후 5시 30분에 출발하는 항공편에 넣어줄 수밖에 없다고 말했다.

이어서 내 차례가 되었다. 당황해서 정신이 없는 직원을 보고 나는 아무것도 기대하지 않았다. 그저 그녀의 기분을 조금 풀어주고 싶었다. 그녀는 내가 내민 항공권을 받아 들고 이렇게 말했다. "죄송합니다만, 환승편을 놓치실 것 같습니다. 오후 5시 30분에 출발하는 항공편을 예약해드릴 수 있습니다."

나는 그녀의 눈을 보고 인상을 쓰면서 "안 되겠는데요"라고 말하며 앞의 승객을 흉내 냈다. 그녀가 눈을 들어 나를 쳐다보자, 나는 "그럼 이제 소리 지를 차례인가요?"라고 덧붙였다. 그녀는 안 된다면서 다시 오후 5시 30분 항공편이 가능하다고 말했다.

나는 다시 "이제 소리 질러도 돼요?"라고 물었다. 그제야 그녀가 키득거렸다. 나는 "그럼 전 언제 **소리 지를 수 있어요?**"라고 물었다. 이제 우리 둘 다 환하게 웃으면서 농담을 주고받았다. 잠시 후 그녀가 "저기요……

방금 오후 2시 40분 항공편에 자리가 하나 났네요"라고 말하고는 컴퓨터에 내 이름을 입력했다. 내가 물었다. "궁금해서 그러는데, 아까 앞에 분한테는 오후 2시 40분 항공편에 자리가 없다고 했던 거 같은데요." 그러자 그녀가 "저한테 소리 지르는 사람한테 돌아갈 자리는 없어요. 아직도 소리 지르고 싶으세요?"라고 말했다. 나는 소심하게 "아뇨, 고맙습니다"라고 말했다.

흥미롭게도 나는 발권 직원에게 다가갈 때 더 이른 항공편이 있는지 알아볼 생각이 없었다. 그저 그 직원의 기분을 풀어주고 싶었을 뿐이다. 남을 기분 좋게 해주면 결국 내게도 좋은 일이 생길 때가 많다.

나는 이런저런 고객 서비스 담당자에게 이런 식으로 "화를 터뜨려요"라고 부추겼고, 예외 없이 그들의 화를 식히고 기분을 풀어주는 효과를 보았다. 한번은 해외여행 중에 중국 단체여행 승객들이 홍콩으로 가는 환승편을 놓치자 게이트 직원을 괴롭히는 장면을 보았다. 그 직원은 승객들을 좋게 대하려고 애썼지만 아무 소용이 없었다. 결국 승객들이 난동을 피우자 경찰까지 출동해 상황을 진정시켜야 했다.

하필 중국인 승객들 바로 뒤에 서 있던 나는 차례가 되어 발권 직원 앞으로 나갔다. 나는 카운터로 가서 말했다. "오늘 문제가 좀 있었나봐요."(공감 표현)

담당자는 차갑게 잘라 말했다. "네."

"화가 많이 났나봐요." 내가 말했다.(공감 표현)

"네, 저 사람들한테 막 소리를 지를 수 없어서 너무 짜증 나요. 화를 풀 수가 없어서요."

나는 그 직원에게 이해한다는 듯 고개를 끄덕였다. "그럼 이렇게 해볼래요. 제가 지금 다시 뒤로 갔다가 돌아와서 그쪽한테 서비스에 관해 불만을 터뜨릴게요. 그냥 제가 하는 말을 듣고 나서 그쪽이 담아둔 말을 다 터뜨려버리세요."

그녀는 미심쩍은 표정을 지으면서도 "좋아요"라고 답했다.

그래서 나는 다시 뒤로 갔다가 카운터로 돌아왔다. 나는 그녀에게 삿대질을 하면서 "당신이 저분들 대하는 태도가 맘에 안 들어요. 무례하고 경솔하고……." 그러고는 더 말을 잇지 못했다. 그녀가 내게 닥치라고 말하고는 속에 담아둔 말을 쏟아냈다.

그 직원이 열변을 토하자, 나는 무척 화나고 실망스럽다고 말했다.

그녀는 숨을 고르고 물었다. "어떻게 해드려야 화가 풀릴까요, 손님? 좌석 업그레이드라도 해드리면 되겠어요?"

나는 고개를 끄덕였다. "그래요, 그거면 될 것 같군요."

"좋아요. 일등석으로 업그레이드해드리죠."

"고마워요." 그리고 우리는 둘 다 웃음을 터뜨렸다.

탑승이 시작되자 그 직원이 비행기 안까지 들어와 '기분을 풀어줘서' 고맙다고 말했다.

내게는 늘 있는 일이다. 사람들이 날 위해 뭔가를 해준다. 부탁하지도 않고 언질을 주지도 않았는데 말이다. 가만히 생각해보면 먼저 남들을 기분 좋게 해주면 우정의 황금률에 따라 그들이 내게 호감을 가질 뿐 아니라 혜택까지 주는 것 같다. 그들도 나를 기분 좋게 해주고 싶은 것이다. 나는 날마다 이런 일을 겪는다.

이런 '혜택'을 받은 비행기 여행 경험이 또 있다. 일리노이 주의 멀린에 있을 때, 내가 타야 할 항공편이 취소된 적이 있다. 오도 가도 못하는 신세로 시간을 때우기 적당한 장소는 아니었다. 사람들이 고함을 치고 욕을 했다. 내 앞에 서 있던 여자는 팔까지 휘두르며 발권 직원에게 고함을 질러댔고, 그 직원은 폭발하지 않으려고 꾹꾹 누르는 듯 보였다. "손님, 다음 항공편은 내일 오전에 있습니다." 내 앞의 여자는 이 말에 더 큰 소리로 욕을 하고 씩씩거리면서 가버렸다.

내 차례가 되었다. 나는 금방이라도 폭발할 것 같은 직원에게 다가가서 말했다. "거참, 요란한 사람이네."(공감 표현)

"그래요, 맘에 들지 않아요."

"아까 뒤에서 들으니 내일 아침까지 항공편이 없다면서요."

"아뇨, 한 시간 뒤에 하나 있어요."

내가 무슨 말을 하려고 입을 벌리자 직원이 불쑥 말했다. "저 여자 싫어요. 내일까지 기다리라죠. 손님은 마음에 드니 오늘 타세요."

우정의 기법 활용하기: 무한한 가능성

마지막으로 소개할 비행기 여행 일화에서도 우정의 기법이 어떻게 작동하는지 볼 수 있다. 나는 어느 도시에서 출발하는 마지막 항공편을 탔다. 도중에 환승 시간이 90분이라서 그동안 항공사 직원들을 만나 고객 서비스와 고객 행동의 관계를 어떻게 생각하는지 알아보기로 했다.

발권 카운터에 직원이 한 명 있었다. 나는 친구 신호를 보내면서 그 직원에게 다가갔다. 그녀의 호기심을 건드릴 만한 '미끼'가 필요했다. 그녀가 내게 어디로 가느냐고 묻자 나는 수사를 마무리하러 시카고에 가는 길이라고 말했다. 그녀는 내게 직업이 뭐냐고 물었고, 나는 "FBI에서 일합니다"라고 답했다. 내 대답이 그녀의 주의를 끌었고, 그녀는 FBI에서 어떤 일을 하느냐고 물었다.

"사람들을 훈련시킵니다."

"뭘 훈련하나요?"

"사람들에게 친절하게 대해서⋯⋯ 적정 수준 이상으로 뭔가를 얻어내는 방법요."(호기심 미끼)

그녀가 웃었다. "어떤 거요?"

"좌석 업그레이드 같은 거요."

여기서 우리 둘 다 웃었다. 내가 말했다. "제가 그냥 여기 와서 업그레이드해달라고 하면 어떻게 하실 것 같아요?"

"안 되죠. 승객들이 항상 하는 부탁이지만 안 된다고 말해요."

"그럼 업그레이드해줄 때가 있기는 해요?"

"네, 마음에 드는 분들한테는요."

이걸로 됐다.

아프가니스탄에서나 애틀랜타에서나, 이 책에서 소개하는 기법을 하나씩 적용하든 몇 가지를 섞어서 적용하든 효과를 볼 수 있다. 이 책의 기법을 활용하면 처음에는 당신을 적으로 보던 사람들과도 친구로 발전할 가능성이 커진다. 어쩌면 좌석 업그레이드를 받을 수도 있다.

Chapter_04

끌어당김의 법칙

> 친구를 찾아 나서면 친구가 거의 없다는 걸 알게 된다.
> 친구가 되어주려고 하면 어디서든 친구가 나타날 것이다.
> _ 지그 지글러(Zig Ziglar)

이 장에서는 우정의 기법을 몇 가지 더 소개하겠다. 바로 '끌어당김의 법칙'이다. 여기서 '법칙'은 두 사람이 서로에게 끌려서 소통할 때 긍정적인 결과가 나올 가능성을 높여주는 요인을 말한다. 이런 법칙은 인간관계에서 결정적인 역할을 하므로, 누구나 이런 법칙을 관계 안에서 녹여낼 수 있다면 만나는 사람들과 친구가 될 방법이 주어질 것이다.

끌어당김의 법칙을 관계의 효과를 높이기 위한 방법으로 삼아라. 그렇다고 법칙을 모두 적용해야만 친구를 사귈 수 있는 것은 아니다. 사실 그럴 필요가 없는 것이, 각자의 성격에 맞지 않는 법칙도 있을 수 있고, 단기간의 관계에 맞는 법칙도 있고, 장기적인 관계에 맞는 법칙도 있기 때문이다(판매원과의 만남처럼 한 번 스치는 만남도 있고 지속적인 우정을 다지는 만남도 있다). 자기에게 가장 잘 맞는 법칙을 골라 관심 있는 사람을 만날 때 적용해보라.

유사성의 법칙('공통점')

비슷한 관점과 태도로 비슷하게 활동하는 사람들끼리 친밀한 관계로 발전하는 경향이 있다. '유유상종'이라는 말도 있지 않은가. 서로 관심사가 같은 사람들끼리 끌린다. 비슷한 사람들끼리 어울리는 현상은 인지부조화를 피하고 싶은 욕구로 설명할 수 있다. 사람들은 두 가지 상충하는 생각이나 신념을 가질 때 부조화를 일으킨다. 실재하거나 지각된 차이에서 불안이 야기된다.

관점이 비슷한 사람들끼리는 서로의 생각을 북돋워 서로에게 호감을 느낄 가능성이 높다. 유사성에 의해 생각이 비슷한 사람들이 다시 만날 가능성도 커진다. 이렇게 서로가 서로를 강화하면서 자존감을 유지하거나 높여준 덕에 결국 안녕감과 행복감도 더 커진다.

원칙과 신념이 비슷하면 부조화를 거의 일으키지 않아 서로의 동질감 안에서 안전함을 느낀다. 세상을 비슷하게 지각하므로 갈등도 적다. 동질감에 의해 행복감을 더 많이 느끼고 서로에게 이해받는다는 느낌을 받는다. 처음 만날 때 동질감을 인지하기만 해도 서로에게 더 많이 끌린다.

초록은 동색

FBI 초년병 시절에 나는 FBI 요원들이 대체로 외모도 비슷하고 생각도 비슷하다는 걸 알았다. 유사성과 끌어당김의 심리 법칙으로 설명되는 현상이었다. FBI 인사위원회의 요원들은 자기네와 비슷한 신입을 선발하는 경향이 있다. 또 이렇게 선발된 요원들이 연차가 쌓여 신입을 선발하는 입장이 되면 무의식중에 그들과 비슷한 신입을 선발했다. 이렇게 수십 년 사이 FBI는 생각이 비슷하고 차림새도 비슷하고 생김새도 비슷한 사람들로 채워졌다.

차별철폐 조치가 도입되면서 FBI에도 여자와 소수 민족 출신이 더 많이 유입되었다. 이들이 조직의 상부로 올라가고 인사위원회에 들어가면서 역시 자기네와 비슷한 지원자들을 선발하는 경향을 보였다. 이렇게 유사성과 끌어당김의 심리 법칙이 작용한 결과, 현재 FBI와 미국의 사업계에는 미국 인구의 다양성이 고스란히 반영된다.

공통점은 사람들은 연결한다. 서로에게서 공통점을 발견하면 금세 친근감이 생기고, 친구로 발전하기 위한 비옥한 토양이 마련된다. 아리스토텔레스는 이렇게 말했다. "우리는 우리와 닮고 우리와 같은 일을 하는 사람들을 좋아한다…… 우리는 우리와 같은 것을 갈망하는 사람들을 좋아한다." 상내에서 공통점을 발견하면 관계를 발전시키기가 수월하다. 사람들은 본래 남들도 자기와 같은 생각을 한다고 믿고, 처음 만날 때는 더 그렇게 믿는다. 그래서 처음 만날 때는 이런 인간의 본성에 따라 서로의 유사섬을 찾으려 한다.

누군가를 일정한 거리에서 평가할 때 공통점을 찾아보라. 가령 옷차림에서 공통점을 찾을 수도 있다. 스포츠 팀 로고가 찍힌 셔츠를 입는 사람은 그 팀에 잠깐이라도 관심을 가져본 적이 있을 것이다. 서로 같은 팀을 좋아하지 않더라도 당신이 스포츠에 관심이 있다면 스포츠 팀 셔츠라는 정보를 토대로 대화를 시작할 수 있다.

어떤 사람이 무엇을 하는지 보고 공통점을 찾을 수 있다. 상대가 개를 산책시키거나 책을 읽거나 유모차를 밀고 있다면 이런 활동은 대화를 시작할 화제나 비슷한 관심사를 찾기 위한 중요한 정보가 된다.

문신도 관심사를 드러내는 단서가 될 수 있다. 문신은 몸에 영구히 남는다. 문신을 새길 때는 대개 자신의 생각을 담아 원하는 문신의 유형을 정하고 문신을 새길 신체 부위도 신중히 고른다. 누군가 눈에 잘 띄는 부위에 조그만 마리화나 잎을 새겼다면 그의 고집스러운 태도를 드러낸 것이다. 만약 당신이 마리화나를 적극 반대하는 사람이라면, 그냥 다른 데 가서 좀 더 수긍이 가는 신념을 가진 사람을 찾는 편이 낫다.

사람들과 소통하는 방식도 그 사람의 성격을 드러내는 단서가 될 수 있다. 의자에 푹 파묻혀 앉아 남들과 대화를 잘 나누지 않는 사람은 등을 똑바로 펴고 앉아 주위 사람들과 잘 어울리는 사람과는 분명 성격이 다를 것이다. 당신의 성격이 맞은편의 사람과 많이 다르다면 친밀한 관계로 발전할 가능성이 크게 줄어든다.

처음 만난 사람의 말을 경청하면 그 사람이 무엇을 좋아하고 무엇을 싫어하는지 단서를 얻을 수 있다. 서로의 공통점에 관해 대화를 나눠보라.

공통의 경험이나 관심사, 취미, 직업, 그 밖에 다양한 공통 주제에 관해 대화를 나누면 친근감이 생기고 친구로 발전할 가능성도 커진다. 타인에게서 얼마나 빨리 공통점을 발견할 수 있는지 보여주는 예를 몇 가지 들어보자.

동시성의 경험

동시성의 경험이란 방금 만난 상대와 당신이 같은 관심사나 태도를 공유한다는 뜻이다. 예를 들어 시카고 화이트삭스 팀의 로고가 찍힌 셔츠를 입은 사람을 봤는데, 당신도 마침 화이트삭스 팬이라면 그 팀에 대한 동시성의 관심사를 갖는 셈이다. 하지만 화이트삭스 셔츠를 입었다는 이유만으로 그 사람이 자동으로 화이트삭스 팬인 것은 아니다. 친근감을 쌓고 공감 표현을 건네서 방금 만난 상대에 관한 관찰이나 가설을 탐색할 수 있다. 다음 대화를 들어보자.

브라이언: 안녕, 내 이름은 브라이언이에요. 이름이 뭐예요?

크리스틴: 크리스틴요.

브라이언: 화이트삭스 팬인가봐요.(공감 표현)

크리스틴: 일생을 화이트삭스 팬으로 살아왔죠.

브라이언: 나도요.

브라이언은 공감 표현을 건네 자기와 크리스틴이 둘 다 화이트삭스를 무척 좋아한다는 사실을 알아냈다. 공통점을 발견했으면 이제 그 주제에 집중할 수 있고 자연스럽게 대화를 이어갈 수 있다. 만약 브라이언이 화이트삭스 팬이 아니라면 야구에 대한 전반적인 관심으로 대화를 이어갈 수도 있다.

브라이언: 안녕, 내 이름은 브라이언이에요. 이름이 뭐예요?

크리스틴: 크리스틴요.

브라이언: 화이트삭스 팬인가봐요. (공감 표현)

크리스틴: 일생을 화이트삭스 팬으로 살아왔죠.

브라이언: 나도 야구를 좋아하는데, 난 컵스 팬이에요.

크리스틴: 어머, 전 마이너리그는 안 챙겨봐서요.

(참고로 크리스틴은 유머 감각이 있는 사람이다. 같은 시카고의 야구팀으로 그녀가 좋아하는 팀과 라이벌 관계인 팀을 깔보는 농담을 던진 것으로 보인다.) 크리스틴과 브라이언은 둘 다 야구에 관심이 있지만 서로 좋아하는 팀이 다르다. 따라서 브라이언이 두 팀의 장단점을 따지는 식으로 대화를 생생하게 이끌어갈 수 있다.

동향 출신들은 특히 고향에서 멀리 떨어진 타지에서 만나면 금방 친해질 수 있다. 직업에 대한 관심, 정치적 입장, 종교적 신념, 함께 아는 친구들, 유사한 경험은 모두 서로의 공통점을 탐색하는 데 좋은 소재가 된다.

공통점을 찾기 어려우면 음악 얘기를 꺼내보라. 앞에서도 말했듯이 음악은 누구나 공통점을 발견할 수 있는 주제다. 음악은 중립적이라서 좋아하는 음악이 서로 달라도 대화를 이어가기 좋다.

특정 시기의 경험

같은 학교에 다녔거나 같은 부대에서 군 생활을 했거나 같은 지역에서 산 것처럼 시기는 달라도 같은 경험을 한 적이 있다면 친구가 될 가능성이 커진다. 꼭 같은 시기에 경험하지 않았어도 시간을 뛰어넘어 공통점을 발견할 수 있다.

간접 경험

간접 경험은 상대가 밝힌 정보를 통해 어떤 생활양식이나 활동을 체험할 때의 경험이다. 대화 중인 주제에 관해 사실상 거의 아는 게 없다고 해도 간접 경험을 통해 상대와 공통점을 발견할 수 있다. 이 방법이 특히 효과적인 이유는 관심을 갖는 상대가 자신에 관해서나 가장 관심 있는 주제에 관해서 말하게 해주기 때문이다. 상대는 이렇게 자신의 이야기를 꺼내다보면 기분이 좋아지고 좋은 기분이 들게 해준 사람이 바로 당신이라는 이유로 당신을 좋게 볼 것이다.(우정의 황금률) 이것은 세일즈맨들이 선호하는 기법이기도 하다. 고객이 무슨 이야기를 하는지 몰라도 가만히 듣다보면 고객과의 공통점을 발견할 수 있다. 이런 식이다.

자동차 세일즈맨: 무슨 일 하세요?

고객: 제빵사예요.

자동차 세일즈맨: 정말요? 저희 아버지가 빵 만드는 일을 하세요.

아버지가 제빵사라고 해서 제빵에 관해 잘 아는 것은 아니다. 그래도 누군가를 처음 만날 때 이런 식으로 공통점을 발견할 수 있다.

오드리: 무슨 일 하세요?

수전: 재무설계사예요.

오드리: 재밌네요, 저희 언니가 회계사인데.

상대와 같거나 유사한 직업을 가진 가족이나 친척이 한 명쯤 있을 것이다. 오드리의 언니가 재무설계사와 비슷한 직업인 회계사다. 관심 있는 상대와 같거나 비슷한 분야에 종사하는 사람이 가족이나 친척 중에 없다면 유사한 직종에 종사하는 친구를 찾아보라. 간접 경험 기법은 관계를 다지려 할 때 언제나 유용하다. 다만 주의할 것이 있다. 처음 만나는 사람에게 거짓말을 해서는 안 된다. 관계가 깊어지면 거짓말이 들통날 수 있다. 관계가 시작될 때부터 신뢰가 깨지면 호감 스위치가 곧바로 꺼질 수 있다.

귀인오류의 법칙

친구를 사귈 때 단순히 때와 장소가 관건인 경우가 있다. 사람들은 기분이 좋은데 왜 좋은지 정확한 이유를 찾지 못하면 때마침 근처에 있는 사람에게서 이유를 찾으려 한다. 마침 그 옆에 당신이 있다면 당신은 어떤 행동이 아니라 '귀인오류' 덕에 호감을 살 수 있다. 부수적 피해가 아니라 부수적 혜택을 보는 셈이다.

예를 들어보자. 운동을 하면 뇌에서 엔도르핀이 분비된다. 엔도르핀이 분비되면 전반적으로 행복해진다. 엔도르핀의 효과가 운동과 직접 연결되지 않아 마침 근처에 누가 있다면 좋은 기분이 그 사람과 결부되는 경향이 있다. 이것을 '부수적 혜택'이라고 하자. 좋은 기분이 근처에 있는 사람에게 '잘못 귀인'되므로 무의식중에 그 사람이 좋은 기분을 일으킨 사람으로 보이고, 그래서 더 매력적으로 느껴진다.

이런 현상을 이용해 누군가가 우리를 좋아하게 만들 방법이 있을까? 이런 현상을 활용할 방법은 아주 많다. 몸이 좋고 건강하다면 운동 모임을 만들거나 헬스클럽에 다니거나 스포츠 팀에 들어갈 수도 있다('재미'가 있든 없든 모여서 걷거나 달리다보면 귀인오류가 작동할 가능성이 커진다).

귀인오류로 데이트 승낙 받아내기: 여러 가지 선택을 '연습'하라

관심 있는 상대에게 데이트를 신청해서 승낙을 받아내고 싶다고 해보자. 귀인오류를 이용해서 성공할 수 있다. 상대가 조깅이나 운동을 자주 한다는 정보를 입수하면 상대가 운동하는 동안이나 운동을 마친 직후에 '우연한 만남'을 가장한다. 대화를 나눌 필요는 없다. 같은 공간에 있기만 해도 귀인오류가 작동해 당신이 더 매력적으로 보일 것이다. 당신과 상대가 둘 다 운동을 좋아한다면 운동시간을 상대의 시간에 맞춘다. 운동할 때 가까이 있으면 앞서 언급한 부수적 혜택이 발생할 것이다. 만나고 싶은 상대가 직장 동료이고 운동을 좋아하는 사람이라면 그 사람이 운동을 마치고 직장으로 돌아올 때 그 사람의 사무실이나 책상 근처에서 얼쩡거린다. 또 상대가 운동을 마치고 매일 카페에 간다는 정보를 입수했으면 그 사람이 카페에 도착할 때 카페에 있는다.

우리는 지금 귀인오류를 이용해 운동으로 분비된 엔도르핀에 의한 좋은 기분에 결부되어 상대에게 더 매력적인 사람으로 비치고 싶다. 이 목적을 달성하려면 엔도르핀이 분비되는 중이나 직후에 실제로 상대의 근처에 있어야 한다.

한편 귀인오류는 무서운 일이나 비극적인 사건을 경험할 때도 나타난다. 사람들은 무섭거나 비극적인 경험을 함께한 사람을 더 가깝게 느낀다. 참혹한 전쟁터에서 살아남은 병사들이 끈끈한 전우애를 느낀다. 경찰관들은 파트너와 비극적인 사건을 함께 겪은 후 더 친밀해진다. 여학생 클럽과 남학생 클럽에서 신입생들을 괴롭히는 문화가 허용되던 시절에는 시련을 견디고 살아남은 학생들끼리 더 돈독해지고 오랜 친구로 남았다.

무서운 영화도 같은 반응을 끌어낼 수 있다. 누군가와 무서운 영화를 같이 보면 무서운 경험을 함께 나누면서 귀인오류가 발생하고, 결국 둘이 서로에게 끌리는 마음이 커진다. 따라서 첫 데이트 때 무서운 영화를 같이 보는 것도 좋다. 서로에게 끌릴 가능성이 높아지기 때문이다. 마찬가지로 오랜 사이가 시들해지면 스카이다이빙이나 번지점프를 하러 가거나 롤러코스터를 타거나 위험을 느끼게 해줄 만한 여러 가지 활동을 시도해보라. 무서운 경험을 함께 나누면서 친밀감이 싹트고, 친구 사이든 연인 사이든 새로운 활력을 얻을 것이다.

호기심의 법칙

호기심을 '미끼'로 던지는 방법으로 관계의 강도를 높이고(우정 공식) 상대가 당신에게 관심을 갖게 만들 수 있다. 자극에 기계적으로만 반응하는 수준 이상의 모든 생명체에는 호기심이 있다. 호기심은 자기보존과 생식과 탐욕의 욕구로 인한 생물학적 명령이다. 인간은 모든 것을 알고 싶어 한다. 우리는 누구이고, 다른 사람들은 누구이며, 우리는 어디서 왔고, 언제 왔으며, 저 산 너머에는 무엇이 있고, 쿼크(quark, 양성자나 중성자 같은 소립자를 구성한다고 여겨지는 기본 입자—옮긴이)부터 우주에 이르기까지 모든 것의 모양과 크기, 구성, 수명, 거리를 알고 싶어 한다.

원시적인 수준 이상의 동물들은 살아남기 위해 자기가 사는 환경을 알아야 한다. 나아가 환경의 변화에 적절하고 효과적으로 반응하려면 모든 변화를 발견해야 한다. 개체는 오로지 자신의 생존에만 관심이 있기 때문에 근처의 변화(개체에 직접 영향을 미치는 변화)를 아는 것이 무엇보다 중요하다.

변화를 포착하기 위한 가장 좋은 방법은 관찰이다. 풀숲에서 소리가 나면 고양이가 그쪽에 관심을 기울이고 몰래 접근한다. 먹잇감의 소리일 수도 있고, 포식자의 소리일 수도 있고, 스프링클러가 자동으로 켜지는 소리일 수도 있다. 호기심이 있어야 먹이를 구할 수 있고, 제때 도망칠 수도 있으며, 뜻하지 않게 물을 흠뻑 뒤집어쓸 수도 있다. 어떤 결과가 나오든 일단 살펴봐야 한다.

우리가 상대의 호기심을 끌어내는 방향으로 행동하면 상대가 호기심을 채우려고 우리와 대화하고 싶어 할 가능성이 커진다. 따라서 '호기심 미끼'는 관심 있는 사람을 만나 친구로 발전하게 해주는 효과적인 도구다. 나는 FBI 시절에 호기심의 법칙을 이용해 외국 국적의 사람들을 스파이로 포섭하는 성과를 올렸다. 한번은 북한 사람이 내 관할권으로 이주했다. 그를 북한의 정부 요원으로 의심할 만한 근거가 있었고, 나는 그를 이중 스파이로 포섭하라는 임무를 받았다. 그때 그가 일하는 사진관에 들어가서 "FBI에서 나온 잭 셰이퍼요, 같이 좀 걸을까요?"라고 말한다면, 그는 겁먹고 도망칠 것이었다. 그래서 나는 호기심 미끼를 던져 그를 낚아 올리기로 했다.

우선 그가 자리를 비운 걸 확인하고 사진관에 들어가 쪽지에 '만나지 못해서 유감입니다'라고 적은 뒤 '잭 셰이퍼'라고 서명했다. 세 번에 걸쳐 똑같은 쪽지를 남겼다. 세 번째 쪽지에는 전화번호도 남겼다. 쪽지는 그의 호기심을 끌기 위한 미끼였다. '잭 셰이퍼가 누구이고, 왜 나한테 연락하고 싶어 하지?' 이것이 내가 의도한 결과였다. 나는 그가 궁금해하면서 새로 쪽지를 받을 때마다 호기심이 더 커지기를 원했다. 효과가 있었다. 그는 내 전화번호가 적힌 쪽지를 받자 당장 전화를 걸어 그 주에 만날 수 있는지 물었다.

호혜성의 법칙

누가 무언가를 주거나 친절을 베풀면 상대와 비슷하거나 더 큰 방식으로 갚아주려 하는 것이 사회적 규범이다. 자선단체에서는 우편으로 답신 주소가 적힌 라벨이나 달력이나 그 밖에 작은 장신구를 끼워 넣어 기부를 요청하는 방식으로 호혜성의 법칙을 이용한다. 이렇게 하면 사람들은 뭔가를 받았으니 순순히 요청에 응하고 비슷하게 갚아주어야 한다고 생각할 가능성이 높아진다.

호혜성의 법칙은 친구를 사귈 때 매우 효과적이다. 우리가 누군가에게 미소를 지으면 상대도 우리에게 미소를 지어주어야 할 것처럼 느낀다. 미소는 수용과 호감의 신호다. 우리는 사람들에게 호감을 사고 싶어 한다. 호혜성의 법칙은 누군가가 자기를 마음에 들어 하는 걸 알아채는 순간에 작동한다. 상대가 자기를 좋아하는 것 같으면 상대를 더 매력적으로 보기 시작한다. 우리는 남이 베푸는 감정을 갚아주려 한다. 호혜성은 양쪽 모두가 서로에게 좋은 첫인상을 갖거나 상대에게 자연스럽게 좋은 감정을 느낄 때 가장 극적인 효과를 거둔다.

"별 말씀을요" 대신에……

누군가 당신에게 어떤 일로 고마워하면, "별 말씀을요"라고 답하지 마라. 그 대신 "당신도 그렇게 해주실 텐데요"라고 말하라. 이 말은 호혜성을 끌어낸다. 상대는 이제 당신에게 부탁을 받으면 당신을 도와주게 된다.

자기 개방의 법칙

호혜성은 대화의 개방성과도 연결된다. 누군가에게 사적인 정보를 많이 공개하면 보답으로 상대에게도 비슷한 수준의 정보를 얻을 가능성이 크다. 대화를 나누는 사람들의 관심사가 같으면 이런 현상이 더 많이 나타난다.

자기를 개방하면 매력적으로 보인다. 우리는 취약한 면모와 내밀한 생각과 자기에 관한 사실을 밝히는 사람들에게 친밀감을 느낀다. 사실이 아닌 감정을 드러내면 친밀감은 더 커진다. 사적인 감정을 공개하면 그 사람에 대한 호감도가 상승하기 때문이다.

일반적인 정보만 공개하면 개방성이 줄어들어 친밀감과 호감이 오히려 줄어든다. 그렇다고 너무 내밀한 정보를 쉽게 공개하면 그 사람의 성격적인 결함이 두드러져 호감이 반감된다. 관계에서 너무 일찍부터 내밀한 정보를 밝히는 사람은 불안정하다는 느낌을 주어 호감도가 더 감소한다. 따라서 친구나 연인으로 오래 남고 싶은 사람을 만날 때는 관계 초기에 내밀한 정보를 공개하는 데 신중을 기해야 한다.

자기 개방은 두 단계를 거친다. 첫째, 너무 일반적이지도 않고 너무 내밀하지도 않은 정보를 공개해야 한다. 둘째, 상대가 사적인 정보를 공개하면 공감과 보살핌과 존중으로 반응해야 한다. 상대가 진심으로 자기 이야기를 꺼낼 때 부정적인 반응을 보이면 당장 관계가 끝날 수 있다.

자기 개방에는 호혜성이 작용한다. 한 사람이 자기를 공개하면 상대도 비슷한 수준으로 자기를 공개해서 갚아주려 할 수 있다. 사적인 정보를 주고받으면 관계에서 친밀감이 생긴다. 한쪽에서는 사적인 정보를 공개하는데 상대는 계속 피상적인 정보만 준다면 관계가 더 이상 발전하지 않고 끝날 수 있다.

관계의 수명을 늘리고 싶은가?

헨젤과 그레텔의 방법을 써보자. 동화 속의 헨젤과 그레텔은 숲속으로 들어가면서 나중에 나올 길을 표시하려고 빵부스러기를 떨어뜨렸다. 당신에 관한 정보를 공개할 때는 '빵부스러기' 접근법을 활용하라. 어떤 관계든 시간이 지나면 시들해지게 마련이다. 관계의 수명을 연장하려면 오랜 시간에 걸쳐 조금씩 자기를 공개해야 한다.

사람들은 일단 믿을 만한 사람을 만나면 삼정의 수문을 열어젖혀(너무 일찍 너무 많은 것을 털어놓아) 상대를 질리게 만드는 경향이 있다. 오랜 시간에 걸쳐 서서히 자기를 공개해 관계의 강도와 친밀감을 조금씩 키워나가야 한다.

헨젤과 그레텔이 빵부스러기를 한 번에 하나씩 떨어뜨렸듯이 자기에 관한 정보를 일정한 수준으로 조금씩 꾸준히 공개하면 서로에게 끊임없이 친밀감을 느끼기 때문에 관계가 오래 지속될 수 있다.

서로가 자기를 공개하면 신뢰가 싹튼다. 사적인 이야기를 꺼내면 그 이야기를 들은 상대에게 취약해진다. 하지만 둘 다 자기 이야기를 꺼내면 둘 사이에 안전지대가 조성된다. 각자 자신의 취약한 부분을 꺼내놓은 터라 서로가 창피해하지 않도록 모든 정보를 보호하기 위해 신뢰를 깨트리지 않기 때문이다.

소셜 네트워크에서는 직접 만나 대화할 때 주고받는 언어적, 비언어적 단서를 보지 못하기 때문에 내밀한 이야기를 더 많이 공개해 친밀감을 쌓으려고 시도하는 사람들이 많다. 온라인에서 주고받는 정보는 진실성이 의심스럽기 때문에 온라인에서는 서로에 관한 정보를 검증하는 데 시간이 더 많이 걸린다. 그리고 일단 진실하다고 판명되면 실제로 만나지 않는 탓에 내밀한 정보를 더 많이 공개하고, 결과적으로 더 친밀하다는 착각을 일으킬 수 있다.

개인적인 매력의 법칙

매력은 매력을 가진 사람에게는 실질적인 장점이다. "미의 기준은 보는 이에 따라 다르다"고 말하지만, 사실상 모든 문화에서 '매력적'이라고 인정받는 기준이 존재한다. 세월이 흐르면서 기준이 조금씩 달라질 수는 있지만 한 문화의 구성원 대다수는 아름답거나 잘생긴 것으로 여겨지는 당대의 지배적인 기준을 내면화한다.

매력은 '절대적'이지 않다. 매력적인 사람이 되려고 노력하면 더 매력적인 사람이 될 수 있다. 『몸짓을 알면 대화가 즐겁다(Teach Yourself Body Language)』의 저자 고든 웨인라이트(Gordon Wainwright)에 따르면, 누구나 눈을 잘 맞춰주고 밝게 행동하고 옷을 잘 입고 옷장에 약간의 색을 더하고 남의 말을 잘 들어주면 더 매력적인 사람으로 보일 수 있다. 웨인라이트는 자세와 태도의 중요성도 강조하면서 일주일 동안 꼿꼿이 서고 아랫배를 집어넣고 고개를 들고 누구를 만나든 미소를 지어보라고 제안한다. 그러면 수많은 실험에서 밝혀졌듯이 사람들에게 따스한 대접과 존경을 받고 더 많은 사람에게 매력적으로 다가갈 거라고 예견한다.

다만 매력적인 사람들이 긍정적인 자질을 더 많이 가진 것으로 보인다. 잘생긴 남자나 예쁜 여자는 대체로 남보다 재능이 뛰어나고 친절하고 정직하고 똑똑한 사람으로 비친다. 통제 연구에서 동성이든 이성이든 매력적인 사람을 도와주려고 각별히 애쓰는 것으로 나타났다. 아름다운 사람에게 호감을 사거나 받아들여지고 싶어 하기 때문이다.

매력은 돈과도 관련 있을 수 있다. 매력적이지 않은 사람부터 매력적인 사람까지의 척도에서 매력이 떨어지는 사람들은 평균 수준의 외모를 가진 사람들보다 5에서 10퍼센트 적게 벌고, 외모가 평균 수준인 사람들은 아름다운 사람들보다 3에서 8퍼센트 적게 번다. 또 매력적인 학생이 교사에게 관심을 더 많이 받고 성적도 좋다는 연구도 있다. 아름다운 환자는 의사에게 특별한 치료를 받고, 매력적인 범죄자는 다른 범죄자보다 형량을 가볍게 받는다. 할리우드만 봐도 아름다운 영화배우들이 미국의 사법제도에 미치는 영향을 확인할 수 있다.

유머의 법칙

사회적 만남에서 유머를 구사하는 사람들은 호감을 더 많이 사는 경향이 있다. 게다가 직접 만날 때 쾌활하게 다가가면 신뢰와 매력이 모두 높아진다. 적재적소에서 유머를 구사하면 불안을 줄여주고 편안한 분위기를 조성해 관계를 더 빠르게 진전시킬 수 있다. 이성에게 접근하면서 외설적인 농담을 가미하면 친밀감을 높이는 데 도움이 될 수 있다. 모든 대화가 그렇듯이 단어, 여기서는 유머를 적절히 구사해야 상대에게 모욕감을 주지 않는다.

유머의 또 하나의 혜택은 웃으면 엔도르핀이 분비되고 기분이 좋아진다는 점이다. 그리고 우정의 황금률에 따라 다른 사람들을 기분 좋게 해주면 그들이 당신을 좋아할 것이다. 여자들은 좋아하는 남자가 농담을 던지면 아무리 시시하더라도 이성으로 관심이 덜 가는 다른 남자가 농담을 던질 때보다 더 자주 더 많이 웃어준다. 이 현상이 우정의 황금률을 더 뒷받침해준다.

낯익음의 법칙

자주 만나서 대화도 많이 나눈 사람들과 친해질 가능성이 더 크다. 행동과학자 리언 페스팅거(Leon Festinger)와 동료들은 2층짜리 작은 아파트에서 관계를 연구했다. 아파트 주민들 사이에는 옆집 사는 사람들끼리 친해질 가능성이 가장 높았다. 다른 층에 사는 주민들끼리는 친구가 될 가능성이 매우 적었다. 1층 계단과 우편함 근처에 사는 사람들은 1층과 2층에 사는 사람들 모두와 친해졌다.

낯익음의 법칙은 **근접성**(우정 공식의 한 요소)이 관계에 미치는 중요성을 설명해준다. 같은 공간에서 생활하는 사람들은 서로에게 끌릴 가능성이 높다. 근접성은 정식으로 인사를 나누기도 전에 상대에게 좋은 감정을 갖게 해준다.

교실의 좌석 배치도를 보면 학생들 사이에서 누가 누구에게 끌릴지 예측할 수 있다. 내 강의실에서도 가까이 앉은 학생들이 멀리 떨어져 앉은 학생들보다 친구가 될 가능성이 높은 것으로 나타났다. 직장에서도 옆자리에 앉은 사람이 누구인지 보고 연인과 친구 관계를 예측할 수 있다.

"곁에 없으면 더 애틋해진다"는 옛말이 꼭 맞는 것은 아니다. 약혼한 남녀가 멀리 떨어져 살면 파혼할 가능성도 커진다.

어울림의 법칙

사람들이 큰 집단과 어울릴 때 외부에서는 집단 전체의 인상에 따라 개

별 구성원을 평가하는 경향이 있다. 따라서 매력이 떨어지는 사람이 좀 더 매력적으로 보이고 싶다면 매력적인 사람들과 어울려야 한다. 역으로 매력적인 사람도 매력적이지 않은 사람들과 어울리면 덜 매력적으로 보일 수 있다.

어른들의 세계도 고등학교 시절과 크게 다르지 않은 듯하다. '인기 있는' 사람이 되고 싶으면 인기 있는 사람들과 어울려야 한다. 비즈니스 세계에서는 항상 '친구의 수준을 높여야 하고' 친구의 수준을 떨어뜨리지 않도록 노력해야 한다. 누구와 어울리는지가 중요하다. 성공한 사람처럼 보이고 싶다면 성공한 사람들과 어울려야 한다.

한편 한 개인이 큰 집단에서 어울리는 것이 아니라 한두 명과 어울릴 때는 어떻게 비교되고 인식되는지에 중점을 둔 연구에서는 어울림의 법칙이 다르게 작동하는 것으로 나타난다. 한두 명과 어울릴 때 매력적으로 보이고 싶다면 덜 매력적인 사람과 같이 있어야 한다. 사람들이 모델하우스에 방문할 때 보이는 행동과 유사하다. 아침에 집을 나설 때만 해도 자기 집에 만족한다. 그러나 온종일 모델하우스를 둘러보고 귀가하면 갑자기 자기 집이 초라해 보인다. 그날 본 근사한 모델하우스와 비교하면 자기 집의 매력이 떨어지는 것이다.

자존감의 법칙

사람들은 자존감이 높은 사람과 어울리고 싶어 한다. 따라서 자존감이 높은 사람은 남들을 잘 끌어당겨 친구로 만든다. 자존감이 높은 사람은 자신감이 넘치고 남들의 관심을 부담스러워하지 않는다. 이들은 또한 스스럼없이 자기를 공개한다. 자기를 개방하는 태도는 친밀한 관계를 맺기 위한 필수 요소다.

자존감이 높은 사람은 거절당해도 살다보면 있을 수 있는 일 정도로 생각하지, 자신의 가치를 심각하게 고민하지 않는다. 반면에 자존감이 낮은 사람은 개인적인 정보를 잘 공개하지 않는다. 비판과 거절을 피하기 위한 일종의 방어기제다. 자기 공개는 친밀한 관계로 가는 길이다. 그러나 자존감이 낮은 사람은 '잘 가지 않는 길'이기도 하다. 자기가 노출될까봐 겁내는 태도야말로 얄궂게도 자존감이 낮은 사람이 어떻게든 피하고 싶어 하는 거절을 불러올 수 있다.

자존감과 오만은 종이 한 장 차이다. 오만한 사람은 남보다 우월하다고 지각하고 자기를 남과 분리해서 생각하려 한다. 이런 이유로 오만한 사람들은 '다르게' 지각된다. 그래서 비슷하게 오만한 태도를 보이는 사람들 말고는 양쪽 모두가 서로에게 끌릴 가능성이 현저히 낮다.

미국 사회에서는 남자와 여자가 자존감을 정의하는 방식이 다르다. 일반적으로 남자들은 돈을 벌고, 여자들에게 강한 인상을 남기며, 좋은 차와 좋은 집 같은 고가의 재산을 보유한 능력에서 자존감과 사회적 지위를 찾는다. 반면에 대졸자 여성이 남자들보다 많아지면서 미국 시장에 대대적인 변화가 일어났는데도 여전히 다수의 여자들은 아름다운 외모와 젊음과 타인과의 관계에서 자존감과 사회적 지위를 찾는다. 가령 게임쇼 진행자가 도전자들에게 간단히 자기소개를 하라고 부탁할 때 남녀의 차이가 확연히 드러난다. 남자 도전자들은 대체로 직업으로 자기를 소개하는 반면에("저는 전기기사예요"), 여자들은 관계로 소개한다("전 아내이고 세 아이의 엄마예요"). 집 밖에서 일하는 여자가 늘어나면서 여자들도 점차 관계가 아니라 직업으로 자기를 소개할 수 있다.

단기간이든 장기간이든 남녀가 만나는 관계에서는 지위가 높은 여자(젊고 매력적인 여자)는 지위가 높은 남자(돈을 많이 버는 남자)와 짝을 이루는 경향이 있다. 이런 배우자 선정 양상은 전형적인 짝짓기 전략과 유사하다. 남자들은 젊고 매력적인 여자를 선택해서 출산을 보장받고, 여자들은 가처분소득이 높은 남자를 선택해서 자녀 양육을 위한 안전한 환경을 확보하려 한다. 자존감이 낮은 남자는 외모가 떨어지는 여자를 선택하고, 자존감이 낮은 여자는 소득이 적어 가처분소득이 적은 남자를 선택하는 경향이 있다.

간혹 지위가 낮은데도 '분에 넘치는' 사람을 만나기 위해 지위가 높은 척하는 사람도 있다. 예를 들어 남자가 여자에게 고가의 선물을 안겨주고, 자기 형편으로는 감당하지 못할 차를 몰고, 돈이 없으면서 돈을 물 쓰듯 해서 돈을 많이 버는 것처럼 가장할 수도 있다. 이런 전략이 일시적으로는 통할지 몰라도 시간이 흐르면 자기 계략을 감당하지 못해 가면이 벗겨지고 진짜 모습이 드러날 것이다.

기대하지 마라

한 학생이 내게 친구들이 밤에 놀러 나가서 자주 쓰던 속임수를 한 가지 들려주었다. 술집에 가는 길에 대형 은행의 ATM에 들러 버려진 영수증을, 특히 큰 금액이 찍힌 영수증을 주워 주머니에 넣어두었다가 그들보다 경제력이 뛰어난 여자를 만나면 주운 영수증 뒷면에 전화번호를 적어서 준다. 부자 행세를 하기 위한 속임수다.

가용성(희소성)의 법칙

사람들은 쉽게 얻지 못하는 사람이나 물건에 끌린다. 가령 형편에 맞지 않는 탐나는 물건에 더 끌린다. 그러나 막상 원하던 물건을 손에 넣으면 그 물건에 끌리던 마음이 급격히 줄어든다. 크리스마스 선물에서 이 현상을 볼 수 있다. 1년 내내 갖고 싶던 장난감이라도 크리스마스트리 아래 선물상자에서 꺼내면 며칠 만에 버려진다.

가용성의 법칙은 또한 인간관계에서 특히 관계의 초기 단계에 꼭 들어맞는다. 흔히 말하는 데이트 규칙은 과학적으로도 의미가 있다. 오래 만나고 싶은 사람은 아무 때나 선선히 만나주면 안 된다. 어느 정도 만나기 어려운 사람이 되어야 신비감도 커지고 도전할 마음을 불러일으킨다.

머리말에서 소개한 블라디미르라는 스파이를 기억하는가? 내가 같이 앉아서 말없이 신문만 본 지 며칠 지났을 때 블라디미르가 내게 왜 매일 자기를 찾아오느냐고 물었다. 나는 신문을 덮고 그를 바라보며 "당신과 얘기하고 싶으니까요"라고 말했다. 그러고는 다시 꼿꼿이 앉아 신문을 펼치고 그를 무시한 채 여전히 신문만 보았다. 이런 행동이 그의 호기심을 자극하고 희소성을 만들었다. 마침내 블라디미르가 내게 말하기로 마음을 정한 뒤에도 나는 계속 그를 무시하면서 나와 말하고 싶은 욕구를 더 부추겼다.

하지 말라고 하면 더 하고 싶어지는 심리의 법칙

부모들은 이 법칙을 잘 안다! 어떤 것을 하지 말라고 말하면 아이는 더 하고 싶어 안달한다.

내 딸은 사춘기 시절에 아내와 나를 시험에 들게 하곤 했다. 한번은 어떤 청년을 집에 데려와 우리에게 소개했다. 머리에 젤을 발라 10센티미터 높이로 갈기를 세우고 옷으로 가려지지 않은 맨살에는 거의 문신이 새겨져 있었다. 게다가 우리 집 앞에 오토바이까지 세워두었다. 나는 그 청년을 반갑게 맞이했다. 속으로 그를 어떻게 생각했고, 내 딸의 남자 보는 눈에 얼마나 실망했는지는 입에 올리지 않았다.

이튿날 딸이 내게 그 청년을 어떻게 생각하느냐고 물었다. 다시는 만나지 말라고 말하고 싶은 마음이 굴뚝같았지만 만나지 말라고 하면 더 만나고 싶어 하는 법이라 다른 전략을 택했다. 그래서 우리는 딸에게, 엄마와 아빠가 너를 좋은 판단을 하도록 키웠으니 네 결정을 믿는다고 말할 것이다. 그러면서 딸에게 그 청년이 네 인생에서 만나도 좋을 사람이라고 생각한다면 우리는 네 결정을 존중해줄 거라고 덧붙였다. 우리는 그 청년을 두 번 다시 보지 못했다.

10년을 건너뛰어 딸이 스물여섯 살이 되었을 때, 우리는 주방에 앉아 딸의 10대 시절 이야기를 나누었다. 딸이 불쑥 그 청년 얘기를 꺼냈다. 딸은 엄마와 아빠가 자기에게 지금은 기억나지 않는 어떤 잘못을 해서 엄마와 아빠를 화나게 하려고 일부러 그 청년을 데려온 거라고 털어놓았다. 게다가 내가 딸에게 그녀의 판단을 믿고 옳은 결정을 내렸을 거라고 생각한다고 말했을 때 속으로 찔렸다는 말도 했다. 그때 딸은 그 청년이 자기한테 어울리지 않고, 우리를 괴롭히려고 그 청년을 집에 데려온 것도 잘못된 행동이라는 걸 깨달았다고 말했다.

부모를 화나게 하려고 벌인 일이지만 결과적으로는 자기가 죄책감에 시달렸던 것이다. 내 전략이 적중한 사실을 10년이 지나서야 알았다. 그리고 그 사실을 알게 되어 안도했다.

우여곡절의 법칙

특히 연애할 때는 첫 만남에서 서로 끌리지 않다가 서서히 가까워지는 사람들이 첫눈에 반해서 사귀는 사람들보다 나중에 더 친밀한 관계로 발전한다. 로맨틱 코미디 영화에 자주 나오는 설정이기도 하다. 로맨틱 코미디의 흔한 시나리오에서는 우선 남자와 여자가 만난다. 남자가 여자를 좋아하지 않고 여자도 남자를 좋아하지 않는다. 영화가 끝나기 전에 두 사람은 사랑에 빠진다. 연애에서는 우여곡절이 있으면 더 뜨거운 관계로 발전한다.

상사에게 아부하는 새로운 전략: 아부하지 않는 전략

한번은 우리 부서에 새 상사가 배정되었다. 나는 다른 동료들처럼 두 팔 벌려 환영하지 않고 일부러 거리를 두고 무심하거나 약간 삐딱한 태도로 대했다. 이후 상사와 대화를 나누면서 점차 긍정적인 비언어적 단서를 보내기 시작했다. 몇 달 후 나는 상사에게 훌륭한 상사라고 생각하며 강력한 통솔력을 높이 산다고 말했다. 드디어 180도 달라진 지점에 도달한 것이다. 그날부터 우리는 내가 처음부터 상사를 받아들였을 경우보다 더 친해졌다. 그러자 부족한 수사 인력이나 휴가나 기타 여러 가지를 요청할 때 내게 확실한 혜택이 돌아왔다.

성격의 법칙

학술서와 일반 서적에서 제시하는 성격의 '유형'이나 '특성'은 그야말로 수백 가지에 달한다. 성격이란 개인이 일상에서 드러내는 일관된 행동 양상을 말한다. 누군가 "그 사람은 나하고 안 맞아"라고 말할 때 그 사람의 외모나 신념(종교적 신념이나 정치적 신념)을 두고 하는 말일 수도 있다. 하지만 대개는 그 사람의 성격을 두고 하는 말이고, 성격은 한 개인 안에서도 일관되지 않는다.

　가장 일반적인 두 가지 성격 유형으로 외향성과 내향성이 있다. 잠깐 만나는 사이든 오래 만날 사이든 관계를 발전시키는 단계에서 두 가지 성격 유형에 특히 관심이 있다.

　외향적인 사람은 내향적인 사람에 비해 사교적이고 자신감 넘치는 것처럼 보여 더 매력적으로 느껴진다. 만남을 시작하기 전에 상대가 외향적인지 내향적인지 알면 도움이 된다. 상대가 어떻게 나올지 예측할 수 있기 때문이다.

　당신은 외향적인 사람이고 당신이 만나고 싶은 상대는 내향적이라면 서로가 세상을 지각하는 방식에서 본질적인 차이를 보일 것이다. 외향적인 사람은 사람들과 어울리면서 에너지를 얻고 환경에서 자극을 찾는다. 외향적인 사람은 대체로 생각하지 않고 입에서 나오는 대로 말한다. 거침없이 결정하고 시행착오를 거친다. 반면에 내향적인 사람은 사람들을 만나고 나면 혼자만의 시간을 갖고 재충전해야 한다. 내향적인 사람은 내면에서 자극을 찾고 생각하지 않고 말할 때가 거의 없다. 내향적인 사람은 어떤 결정을 내리기 전에 주어진 선택을 신중히 따져본다.

　외향적인 사람은 다양한 사람들과 폭넓은 관계를 맺는다. 다만 깊이가 얕은 편이다. 반면에 내향적인 사람은 관계의 폭은 좁아도 깊이가 깊다. 내향적인 사람은 외향적인 사람과 데이트하면서 더 친밀한 관계를 원하지만 외향적인 사람은 그 관계에만 몰두하고 싶어 하지 않는다. 이처럼 관계에 대한 몰입도가 달라 서로의 차이가 두드러지고, 결국에는 서로에게 느끼는 매력도 반감된다.

외향적인 사람은 의식의 흐름에 따라 말한다. 생각나는 대로 말하는 것이다. 이런 즉흥성 때문에 말썽이 생길 때가 많다. 특히 내향적인 사람은 생각한 다음에 말하는 편이라 둘만의 사적인 이야기라고 생각해서 한 말을 외향적인 상대가 무심결에 꺼낼 때 당황하기 때문에 갈등이 생긴다. 내향적인 사람이 외향적인 사람을 만날 생각이라면 상대의 입에서 무슨 말이 흘러나올지 예측할 수 없는 순간에 대비해 마음의 준비를 해둬야 한다.

내향적인 사람과 외향적인 사람은 사람들을 만날 때 서로 다르게 행동한다. 외향적인 사람은 모르는 사람이 많을 때 더 외향적으로 행동한다. 반면에 내향적인 사람은 모르는 사람이 많을 때 불편해한다. 하지만 내향적인 사람도 친구들과 같이 있거나 편안한 분위기에서는 (적어도 한동안은) 외향적인 사람만큼 활달해질 수 있다.

어떤 사람이 외향적인 사람인지 알아보는 방법이 있다. 어떤 말을 꺼냈다가 일부러 잠시 말을 끊어보라. 외향적인 사람은 대개 대신 나서서 그 말을 완성한다. 그러나 내향적인 사람은 그렇지 않다. 같은 방법으로 내향적인 사람과 친근감이 생겼는지도 판단할 수 있다. 내향적인 사람도 편안한 분위기에서는 외향적인 사람처럼 대신 말을 완성한다. 다만 상대가 내향적인지 외향적인지 몰라도 이 방법으로 외향적인 사람을 판별할 수 있다. 그러나 이 방법으로 내향적인 사람과 친근감이 생겼는지 알아볼 때는 우선 상대가 내향적인 사람인지 판단해야 한다.

내가 몇 달에 걸쳐 수사하던 사건이 하나 있다. 용의자의 성격 유형을 파악하기 위해 번거롭지만 개인 정보와 이력을 충분히 수집했다. 그 정보를 토대로 용의자의 성격에 적합한 수사 전략을 세웠다. 작전에 성공하기 위한 열쇠는 우리 비서에게 있었다. 비서가 용의자에게 전화를 걸어서 작전을 개시해야 했다. 비서 역할에 익숙해질 때까지 내가 같이 연습했다. 그러나 용의자가 당장 미끼를 물지는 않았다.

나는 비서에게 용의자와 가벼운 잡담을 나누면서 용의자를 안심시켜주도록 지시했다. 가벼운 대화가 오가고 용의자가 마음을 놓은 것까지는 좋았는데, 그만 우리 비서까지 마음을 놓아버렸다. 용의자가 비서에게 어디서 일하느냐고 묻자, 비서가 무심결에 "FBI에서 일해요"라고 대답한 것이다. 그걸로 위장수사는 끝났다. 비서가 외향적인 사람답게, 생각하지 않고 말해버린 것이다.

성격과 구매

당신이 세일즈맨이라면 물건을 팔려고 고객을 설득하기 전에 고객이 외향적인지 내향적인지 확인해야 한다. 내향적인 고객에게는 제안한 다음 생각할 시간을 주어야 한다. 내향적인 사람은 정보를 듣고 곰곰이 생각해본 다음 결정하는 편이다. 내향적인 사람에게 빨리 결정하라고 재촉하면 즉흥적으로 결정하는 것이 불편해서 거절할 수도 있다. 반대로 외향적인 사람은 충동적으로 결정하는 편이라 어느 정도는 '지금 당장' 구입하라고 밀어붙여도 된다.

완전히 외향적이거나 완전히 내향적인 사람은 없다. 외향성과 내향성의 연속선상 어딘가에 위치한다. 어떤 사람은 외향적인 성격과 내향적인 성격을 거의 비슷하게 드러낸다. 하지만 대다수는 어느 한쪽에 치우치고 그에 맞게 행동한다.

내향적인 사람도 필요에 따라서는 외향적인 사람처럼 행동할 수 있다. 예를 들어 내향적인 사람이라고 해도 직업상 활달하고 사교적으로 행동해야 한다면 외향성을 타고난 사람보다 힘을 들여야 하긴 하지만 외향적으로 행동할 수는 있다. 그러나 그 직업을 그만두면 원래의 내향적인 사람으로 돌아간다. 보통은 직업 세계와 개인 세계가 잘 겹치지 않으므로 두 가지 다른 생활양식이 거의 충돌하지 않는다.

그러나 이런 현상이 사적인 관계에도 나타난다고 볼 수는 없다. 내향적인 사람이 처음 누군가를 만날 때 외향적인 사람처럼 굴었다면 관계가 계속 이어져 내향적인 사람의 '정상적인' 행동으로 돌아갈 때 상대가 놀랄 수 있다. 누군가와 건강하고 단단한 관계를 이어가고 싶다면 처음 만날 때 지킬 박사와 하이드 씨로 접근하는 것보다는 자신의 진짜 성격을 보여주는 편이 훨씬 낫다.

칭찬의 법칙

누구나 칭찬받는 걸 좋아한다. 칭찬받으면 기분이 좋아지고 우정의 황금률에 따라 칭찬해준 사람을 좋게 생각한다. 결과적으로 친구가 되거나 원래의 친구 관계가 돈독해진다.

  칭찬으로 효과를 거두려면 진실하고 적절해야 한다. 진심에서 우러나온 칭찬이 아니거나 상대가 이룬 성과가 아니라면, 공허한 칭찬으로 좋은 관계를 망치고 거짓말하게 된다.(신뢰의 반대)

  작가 스티브 구디어(Steve Goodier)는 이렇게 말했다. "진실한 칭찬은 비용을 들이지 않고도 많은 것을 얻을 수 있다. **어떤** 관계에서든 진실한 칭찬은 생기를 불어넣는 박수갈채다."

  기회가 될 때 칭찬하라. 칭찬은 효과적이고 강력한 우정의 기법이 된다.

Chapter_05

언어의 온도

> 결혼이든 우정이든 모든 동료애를 이어주는 끈은 결국 대화다.
> _ 오스카 와일드(Oscar Wilde)

    2장에서 **비언어적 소통**으로 친구를 사귈 수 있다고 설명했다. 어떻게 보면 '친구 신호'는 관심 있는 사람에게 다가가 좋은 첫인상을 남기는 길을 열어주는 제설기와 같다. 그러나 미소를 짓든 고개를 기울이든 한 가지 신호만으로는 관계를 이어가기 어렵다. 관계를 지속시키려면 직접 대화를 나누어야 한다. 우리가 한 말과 들은 말은 친구를 사귀는 데 중요한 역할을 할 뿐 아니라, 친구가 된 이후 관계의 수명과 강도에도 영향을 미친다.

    언어로 소통하면서 친구를 사귈 때 기억해야 할 한 가지가 있다. **상대가 말을 많이 하게 해줄수록, 상대가 하는 말을 많이 들어주고 공감을 표현하고 상대의 말에 긍정적으로 반응해줄수록, 상대의 기분이 좋아져** (우정의 황금률에 따라) **당신을 좋아할 가능성이 커진다.** 가령 내가 당신과 친구가 되고 싶다면, 당신이 하는 말에 관심 있고 그 말을 할 시간을 충분히 주겠다는 의사를 전달해야 한다.

훌륭한 의도, 좋은 의도, 잘못된 언급, 격렬한 충돌

세상의 모든 조직에서 언제든 벌어질 수 있는 상황을 예로 들어보자. 언어적 소통이 관계의 효과를 결정하는 데 어떤 역할을 하는지 보여주는 사례다. 또 대화에서 쓰는 표현이 친구를 사귀고 목적을 달성하는 과정에서 어떻게 성공과 실패를 가를 수 있는지 잘 보여주는 사례이기도 하다.

대학을 갓 졸업한 스테이시는 일류 화학회사에서 원하던 자리에 들어갔다. 열정과 능력을 다해 맡은 일을 해나갔다. 해당 분야의 발전상을 꾸준히 살피면서 회사의 비용 절감을 위한 새로운 기술을 찾아 회사의 재정을 보강하려 했다.

어느 날 스테이시는 어떤 약품의 제조비를 절감할 수 있는 혁신적인 방법을 발견했다. 결정적인 돌파구였다. 스테이시는 당장 그 방법을 보고하려고 상사를 찾아갔다. 흥분을 감추지 못한 채 상사의 사무실에 들어가서 자리에 앉기도 전에 좋은 소식을 쏟아냈다. "부장님(당신)은 지금까지 이 약품을 잘못된 방법으로 제조하신 거예요. 제(나)가 저렴하게 제조할 수 있는 새로운 방법을 찾았어요!"

실망스럽게도 상사는 손을 저으며 스테이시의 보고를 묵살하고 맡은 일이나 열심히 하라고 면박을 주었다. 상사에게 크게 혼난 스테이시는 자기

자리로 돌아와 다시는 혁신적인 방법 같은 건 찾아보지 않겠다고 씩씩댔다.

안타깝게도 스테이시는 상사에게 보고한 제안이 왜 거절당했는지 끝내 알지 못했다. 의도는 좋았지만 아이디어를 전달하는 태도가 사려 깊지 못하고 적절하지 않았다. 소통은 단지 아이디어를 전하는 과정이 아니다. 실제 상황에서 아이디어를 전달하는 방식도 중요하다. 스테이시는 소통에 성공하기 위한 기본적인 심리 원칙을 고려하지 못했다. 상사에게 보고하면서 몇 가지 소통의 오류를 범했기 때문에 거절당한 것이다.

1. **"내가 옳다면 당신은 틀린 거야."** 사람들은 "내가 옳다"거나 "내 방법이 낫다"는 말의 단정적인 의미를 거의 고려하지 않는다. 내가 옳다면 상대는 자동으로 틀렸다는 뜻이 된다. 내 방법이 낫다면 상대의 방법은 자동으로 부족하다는 뜻이 된다. "나는 옳고 당신은 틀렸다"라는 식으로 말하면 상대는 자존심이나 체면을 지키기 위해서든 다른 이유에서든 방어적인 자세를 취하게 된다. 상대는 이런 단정적인 표현에 반응해 방어적인 자세를 취하게 되어 새로운 제안을 채택하기는커녕 고려할 가능성도 낮다.

2. **우리와 그들의 대립, 혹은 나와 당신의 대립.** 스테이시는 당신과 나라는 대명사로 말했다. 이런 대명사는 적대적인 상황을 만든다. 당신과 나의 구도는 한 사람을 다른 사람과 대립시킨다. 스테이시는 의도치 않게 상사와 대립 구도를 형성했다. 대립 관계에서는 승자와 패자가 생긴다. 승자는 정복한다. 패자는 상처를 핥아야 한다.

대립 관계는 경쟁 구도를 만드는 동시에 부정적인 감정도 불러내고, 부정적인 감정은 효과적인 소통에 바람직하지 않다.

3. **인지부조화.** 한 개인이 동시에 두 가지 이상 대립하는 신념을 가질 때 인지부조화가 발생한다. 인지부조화가 생기면 유쾌하지 않다. 좌절감이 들고 화가 나고 심리적으로 불안정해진다. 앞에서 스테이시는 의도치 않게 상사에게 인지부조화를 유발했다. 스테이시가 옳다면 상사가 틀린 것이 된다. 스테이시가 옳다면 스테이시가 똑똑하고 상사는 그만큼 똑똑하지 않다는 뜻이 된다. 인지부조화를 일으킨 사람에게는 부조화를 바로잡기 위한 몇 가지 선택이 있다. 우선 스테이시의 상사는 스테이시가 옳고 자기가 틀렸다고 인정할 수 있었다. 혹은 스테이시에게 그의 방법이 옳고 스테이시의 방법은 현실적으로 불가능하다고 설득할 수도 있었다. 아니면 스테이시의 제안을 노골적으로 묵살하면서 의도는 나쁘지 않지만 미숙하고 분수를 모르는 직원으로 치부할 수도 있었다. 스테이시의 상사는 인지부조화를 해소하기 위해 마지막 방법을 택했다. 인지부조화가 일어날 때는 긍정적인 결과가 나오지 않는다.

4. **자존심.** 사람들은 본래 자기중심적이다. 세상이 자기를 중심으로 돌아간다고 생각한다. 스테이시는 '나'라는 대명사를 말해 초점을 자기에게 맞추었다. 자기를 상사보다 앞세워 의도치 않게 상사의 자존심을 건드리고 말았다. 상사가 부하직원의 이런 도전을 받고 속으로 어떻게 생각했을지 예상할 수 있다. '나는 20년이나 관리

자로 일했어. 이제 막 대학을 졸업해서 경험도 없고 콧대만 높은 풋내기가 하늘 높은 줄 모르는군. 나더러 20년 동안 잘못해왔다고 말하다니. 저런 애는 고생을 좀 해봐야 돼. 제자리로 돌아가서 내가 시키는 일이나 해야 돼.' 상사의 자존심이 상식을 앞서고, 무엇보다 중요한 회사의 이익을 앞섰다. 자존심은 생각보다 훨씬 많은 사람에게 상처를 주고 훨씬 많은 좋은 아이디어를 사장시킨다.

자기를 내세우지 않는 법 배우기

스테이시는 "부장님(당신)이 지금까지 이 약품을 잘못된 방법으로 제조하신 거예요. 제(나)가 저렴하게 제조할 수 있는 새로운 방법을 찾았어요!"라는 식으로 말하지 말고, 건강한 심리 원리를 적용해 대화를 이끌었어야 한다. 획기적인 방법을 상사에게 알리기 위한 적절한 방법이 있다.

"부장님, 회사가 수익을 올릴 방법에 관해 부장님의 조언을 구하고 싶습니다."

여기서 스테이시는 겸손한 표현으로 말하면서 상사를 윗사람으로 존중한다는 뜻을 밝힌다. "조언을 구하고 싶습니다"라는 말로 다섯 가지 목적을 달성한다. 첫째, 포용하는 분위기를 조성한다. 상사는 스테이시의 제안에 포함된 느낌을 받는다. 둘째, 인지부조화를 일으키지 않아서 상사가 열린 마음으로 새로운 아이디어를 수용할 가능성을 높인다. 셋째, 상사가 그에게 초점이 맞춰신 것처럼 작각하게 만든다. 상사는 이렇게 생각할 것이다. '스테이시는 내 조언을 구하는 거야. 내가 똑똑하고 20년이나 이 일을 해왔으니까.' 넷째, 멘토와 멘티의 관계가 강화될 수 있다. 이런 관계가 돈독해지면 스테이시의 성공이 곧 상사의 성공이 된다. 다섯째, 상사를 존중하는 마음을 보여주고 상사의 전문성을 인정해주면 상사의 기분이 좋아진다. 그리고 우정의 황금률이 작동한다. '다른 사람의 기분을 좋게 해주면 그 사람이 당신을 좋아할 것이다.'

상대가 당신을 좋아하면 당신의 제안을 받아들일 가능성도 커진다. 스테이시는 또한 '우리 회사'라는 말로 조직에 정서적으로 연결되어 있고 부서의 일원으로 일하고 있다는 마음가짐을 전달한다. "우리 회사의 수익을 올릴 만한"이라는 말은 매우 인상적이다. 수익이 올라갈 때 그 공이 상사에게 돌아간다면 더 그렇다. 상사는 조언을 해주면서 스테이시가 제안한 아이디어나 프로젝트에 관해 지분을 일부 얻는 셈이다. 사람들은 좋은 아이디어나 프로젝트에 기여한다는 생각이 들면 더 열심히 추진한다.

영광 나누기

스테이시가 이상의 제안대로 상사에게 보고한다면 영광도 상사와 나누어야 한다는 단점이 따른다. 스테이시 입장에서는 자기가 아이디어를 냈으니 (당연히) 모든 영광을 독차지해야 할 것 같고 상사와 영광을 나누는 것이 공정하지 않아 보여 내키지 않을 수도 있다. 그러나 영광을 나누고 주어지는 호의를 감안해야 한다. 영광은 유통기한이 짧지만 호의는 길다.

좋은 아이디어는 큰 접시를 만들어 여러 조각으로 나눌 수 있다. 인심 좋게 한 조각씩 떼어주면 사람들에게 호감도 사고 부채감도 심어주어 훗날 더 크게 성공하는 데 도움을 줄 동지가 생길 수 있다.

고양이와 쥐와 메트로놈

상대의 말을 경청하는 것이 외향적인 사람에게는 특히 어려울 수 있다. 외향적인 사람은 하고 싶은 말을 생각하느라 상대의 말을 끊거나 다른 생각을 하느라 상대의 말을 제대로 듣지 않는다. 그러나 물론 상대의 말을 듣고 메시지를 처리하지 않으면 적절히 반응하지 못한다. 그런데 과연 상대의 말을 '차단'하고 듣지 않는 것이 가능할까? 가능하다. 반세기도 더 전에 실시한 한 실험에서 입증된 사실이다.

심리학자들은 간혹 동물을 데리고 괴이하고 도덕적으로도 문제가 있는 실험들을 실시한다. 이 실험에서는 고양이의 뇌에서 청각 영역에 전극을 심었다. 그리고 며칠 동안 먹이를 주지 않으면서 배를 곯렸다. 고양이에게 전극을 심고 굶긴 뒤에는 규칙적으로 딸깍거리는 메트로놈이 있는 방에 들여보냈다. 그 안에는 오실로스코프라고 소리를 화면에 표시해주는 장치도 있었다. 심장박동을 종이 위에 뾰족한 선으로 표시해주는 장치와 유사하다.

무슨 일이 벌어졌을까? 메트로놈이 딸깍거릴 때마다 그 소리가 고양이의 뇌에 심은 선극으로 늘어가는 동시에 오실로스코프 화면에 선으로 표시되었다. 해석하자면 고양이가 딸깍 소리를 들었다는 뜻이다. 별거 아니라고 생각할지도 모르겠다. 고양이를 굶겨서 이런 조작을 하는 것이 그리 의미 있는 일로 보이지 않을 수도 있다.

하지만 여기서 끝나는 것이 아니라, 이 실험을 흥미롭게 만들어주는 지점이 있다. 고양이가 들어간 방에 쥐를 넣어준 것이다. 고양이는 당장 먹잇감에 관심을 돌리면서 쥐의 모든 동작을 예의주시했다. 그런데 놀라운 상황이 벌어졌다. 오실로스코프 화면에 일직선이 그려진 것이다! 메트로놈은 계속 딸깍거리고 소리가 고양이의 귀에 들어간 것은 맞지만, 어찌 된 일인지 고양이의 뇌에서 그 소리를 차단해버린 것이다. 고양이는 사실상 메트로놈의 딸깍 소리를 더 이상 듣지 않았다. 쥐에 정신이 팔려 '들리는' 소리를 차단할 수 있었다.

인간도 고양이와 마찬가지다. 우리도 누군가 하는 말을 차단할 수 있다. 그래서 이런 결과가 나온다. 어떤 사람이 누군가에게 말한다고 해서 그 사람이 꼭 그 말을 듣는 것은 아니다.

상대가 하는 말을 제대로 듣기 위해 상대의 말에 집중하는 방법이 있다. 이것을 <u>적극적 경청</u>이라고 하고, 언어적 소통으로 새 친구를 사귀고 싶을 때 활용할 수 있다.

언어 행동을 통해 친구를 사귀고 관계를 발전시킬 때는 <u>**LOVE**[경청(Listen), 관찰(Observe), 말하기(Vocalize), 공감(Empathize)]</u>에서 단서를 얻어야 한다. 이 네 가지 규칙에 따르면 대화로 친구를 사귈 가능성을 최대로 높일 수 있다.

규칙 1. 경청(Listen): 사람들이 말할 때 집중해서 듣고 무슨 말인지 온전히 이해하라.

경청은 단지 상대가 말할 때 입을 다물고 있다는 뜻이 아니다. 상대의 말에 온전히 집중한다는 뜻이다. 우리는 말보다 네 배 정도 빠르게 생각할 수 있기 때문에 다른 생각으로 흘러가고 싶은 유혹에 빠진다. 이런 유혹을 떨쳐내야 한다.

사람들은 상대가 듣지 않는 순간을 알아챈다. 상대의 말에 집중하는 동시에 이쪽에서 집중하고 있다는 메시지를 전하는 가장 좋은 방법은 눈 맞춤이다. 눈 맞춤은 친구 관계를 굳건히 다지는 데 도움이 되는 친구 신호이기도 하다. 그렇다고 상대를 빤히 쳐다보라는 뜻은 아니다. 상대가 말하는 시간의 3분의 2에서 4분의 3 정도 눈을 맞추어 적절한 수준의 연결성을 유지해 상대의 말에 집중하고 있다고 알리기만 하면 된다. 상대의 말을 끊지 않도록 노력해야 한다. 외향적인 사람은 특히 주의해야 한다. 이들은 상대가 말을 마치기도 전에 끼어들어 상대가 하던 말을 자기가 대신 마무리하면서 자꾸만 말하는 순서를 자기 쪽으로 가져가려 하기 때문이다.

사람들은 말할 기회를 양보하는 사람을 좋아한다. 특히 자기에 관해 말하게 해주면 더 좋아한다. 어느 작가는 이렇게 말했다. "친구란 당신이 어떤지 물어주고 대답을 기다려주는 보기 드문 사람이다." 현명한 조언이 아닌가!

공감의 말은 상대에게 듣고 있다고 알리는 완벽한 도구다. 공감 어린 말을 건네려면 우선 상대의 말을 귀담아듣거나, 상대의 감정이나 몸의 상태에 주목해야 한다. 상대의 말을 받아 비슷한 말로 바꿔 말해주면 상대에게 집중할 수 있다. 예를 들어 백화점에서 도움이 필요한데 판매원이 피곤해 보인다면 기대하는 만큼의 서비스를 받지 못할 수 있다. 좋은 서비스를 받을 가능성을 높이려면 "오늘 많이 바빴나봐요"라거나 "많이 바빴나봐요. 집에 갈 준비가 끝난 것 같네요"라는 식의 공감 어린 말을 건넬 수 있다. 이런 말을 건네면 당신이 일부러 짬을 내어 상대의 상태를 알아봐준 사실을 알리고 무엇보다 상대를 기분 좋게 만들어줄 수 있다.

사람들은 일상적인 대화에서 상대의 말에 귀를 기울이지 않는 편이다. 지루한 대화라도 공감의 말을 건네면 대화가 활기를 띨 수 있다. 예를 들어 동료가 주말에 호수에 다녀온 이야기를 신나게 떠든다고 해보자. 당신이 동료와 함께 호수에 다녀온 것이 아니라면 흥미를 느끼지 못할 수 있다. "여행이 정말 즐거웠나봐요"라는 식의 공감의 말을 건네면 상대에게 당신이 듣고 있고 그의 말에 관심 있다는 뜻이 전달된다. 공감의 말은 대화의 양념과 같다. 공감 어린 말을 건네는 습관을 들이면 남들의 말을 더 집중해서 들을 수 있다. 결과적으로 사람들의 기분이 좋아져 당신을 좋아하게 된다.

거듭 강조하지만 사람들은 자기 이야기를 하는 걸 좋아하고 자기 생각을 밝힐 때 누군가 들어주면 좋아한다. 결국 다시 우정의 황금률로 돌아간다. 누군가를 기분 좋게 만들어주면 그 사람이 당신에게 호감을 느끼고 친구로 받아줄 가능성이 높다.

10분도 안 되는 짧은 시간에 신뢰 쌓기

마취과 전문의 스콧 핀켈스타인(Scott Finkelstein)은 「10분도 안 되는 짧은 시간에 신뢰 쌓기」라는 논문에서 생사가 걸린 상황을 매일 마주하는 삶이 어떻고, 위기 상황에서 의사와 환자의 대화가 얼마나 중요한지 강조한다. 핀켈스타인은 이렇게 설명한다. "나는 모든 환자에게 온전히 집중한다. 환자와 눈을 맞춘다. 환자에게 귀를 기울인다. 환자의 기분을 인정해준다…… 그러면 두려움이 녹아내린다. 그리고 환자들이 나를 믿어준다. 채 10분도 안 되는 시간에 벌어지는 일이다."

상대에게 말할 기회를 주고 상대의 말을 끊지 않고 귀담아듣고 상대의 말에 관심 있다고 알리는 비언어적 신호를 보낸다면, 환자에게 신뢰를 얻고 싶든 누군가의 친구가 되고 싶든 엄청난 변화가 일어날 것이다.

규칙 2. 관찰(Observe): 어떤 대화에서든 정보를 받고 전달하기 이전과 이후에 상대를 관찰해야 한다.

대화는 두 가지 차원으로 오간다. 언어적 차원과 비언어적 차원이다. 말로 소통하기 이전과 중간과 이후에는 상대의 비언어적 신호와 보디랭귀지를 <u>관찰해야</u> 한다. 이런 단서는 대화가 적절한지, 대화가 얼마나 진행되었는지, 대화를 마치면 어떤 영향을 미칠지 평가하는 지표가 되기도 하고, 또 한편으로는 한쪽 당사자가 불편하게 생각하는 주제라면 그 점을 알려<u>주는 경고가 되기도 한다</u>. 상대가 몸을 뒤로 기댄 채 팔짱을 끼고 입을 꾹 다물고 있다면 대화가 제대로 받아들여지지 않고 있다는 뜻이다. 사람들은 보거나 듣고 싶지 않은 것과는 거리를 두는 경향이 있다. 몸을 앞으로 기대는 자세와는 정반대 신호다. 팔짱을 끼는 것은 차단하는 자세로서 보이거나 들리는 내용을 상징적으로나 물리적으로 차단하고 싶다는 뜻이다.

그 밖에도 대화에서 벗어나는 신호로는 주위를 둘러보거나, '시간이 다 됐다'는 듯 시계를 보거나, 발이나 몸통을 문이나 실내의 다른 쪽으로 돌리는 동작이 있다. 이렇게 상대가 대화에서 이탈하는 행동을 보이기 시작하면 화제를 바꾸어야 한다. 당신 혼자서만 말을 많이 하고 상대에게 관심을 두지 않았다는 뜻일 수도 있다.

대화를 시작하기 전에 비언어적 행동부터 관찰해야 한다. 물론 관찰의 중요성은 여기서 끝나지 않는다. 상대가 비언어적 행동으로 대화를 시작해도 된다고 알리면 시작해도 된다. 그렇다고 이것을 핑계로 관찰을 끝내서는 안 된다! 대화를 나누는 중에도 계속 관찰해야 자칫 모르고 지나칠 수 있는 문제를 발견할 수 있다.

'말의 지뢰'에서는 특히 관찰이 중요하다.

말은 말하는 상대에 따라 의미가 달라질 수도 있다. 말의 지뢰도 일반 지뢰처럼 잘못 밟으면 한창 발전하는 관계를 날려버릴 수 있다. 대화의 한쪽 당사자가 말의 지뢰에 공격당하면 대개는 불편한 마음을 털어놓지 않고 그냥 관계에서 멀어지거나 관계를 끝내려 한다. 하지만 비언어적 행동을 관찰해 불편한 말이 나온 순간을 감지할 수 있다. 상대가 움찔하거나 충격을 받거나 놀란 표정을 짓거나 한발 뒤로 물러날 수도 있다. 언어적 차원과 비언어적 차원에서 정보를 처리하면, 상대의 신호를 곧바로 알아 채고 상대에게 불쾌한 표현이 있었는지 물어보고, 사실은 그런 의도가 아니었다고 해명해 곤경에서 벗어날 수 있다. 불쾌한 말이 양쪽 모두에게 어떤 의미인지 잘 살피면 대개는 불쾌한 감정을 가라앉히고 대화를 좋은 방향으로 이끌어갈 수 있다. 말의 지뢰는 악의 없이 던진 말에 남들이 정서적으로 어떤 의미를 부여할지 모른다는 점에서 위험하다.

제가 그런 말을 했다고요?

내 친구 하나가 세미나에서 인터뷰 기법을 강의하고 있었다. 강의 중에 친구는 이렇게 말했다. "말을 하는 것보다 많이 들어야 합니다. 조물주가 우리에게 귀를 두 개 주고 입을 하나 주신 것도 다 말을 하는 것보다 두 배로 들으라는 뜻이에요."

점심시간에 강연 주최자가 연회장에 들어와서 내 친구에게 고용기회평등위원회에서 신고가 들어왔다고 알렸다. 주최자는 진상을 파악하기 위해 찾아온 터였다. 친구는 어리둥절했다. 누가 그런 신고를 했고, 왜 그랬는지 전혀 짐작이 가지 않았다.

나중에 밝혀진 바로는 세미나 참가자 가운데 선천적으로 귀가 하나인 아들을 둔 아버지가 있었는데, 내 친구가 "귀가 둘이고 입이 하나"라고 말할 때 자기 아들을 조롱하는 뜻으로 받아들였던 것이다.

내 친구는 그 상황을 전해 듣고 주최자에게 그 말을 하면서 누군가를 조롱할 생각은 추호도 없었다고 해명했다. 주최자는 단호했다. "선생님이 누군가에게 상처가 될 거라고 생각했든 안 했든 그분이 상처를 받았다면 저희로서는 그분의 입장을 배려해야 합니다."

내 친구는 황당했다. 자기는 잘못한 게 하나도 없고, 더구나 문제의 소지가 전혀 없다고 판단되는 말 한 마디 때문에 그 아버지에게 사과하고 싶은 마음이 없었던 것이다. 주최자는 내 친구의 입장을 인정하지 않았다. "앞으로도 컨설팅 강연을 계속하고 싶으면 그분께 사과하셔야 합니다."

내 친구는 이렇게 최후통첩을 받자 신중하게 접근하는 것이 더 용기 있는 행동이라고 판단해 결국 상처받은 아버지에게 사과했다.

모든 것이 선명하지 않을 때

강의실은 강사가 방심하다가 말의 지뢰를 밟기 딱 좋은 환경이다. 요즘은 학생들의 구성도 다양하고 학생의 수 자체가 많아졌다. 특히 인종 문제에 관해서는 강의 내내 신중해야 한다. 학생마다 다른 의미로 받아들일 수 있는 어구나 표현으로 말의 지뢰를 밟지 않도록 주의해야 한다.

어느 날 강의 중에 노트북이 켜지지 않았다. 뭘 눌러도 검은 화면만 나타났다. 그래서 나는 학생들에게 물었다. "이거 어떻게 켜는지 아는 사람 있습니까?" 한 학생이 고개를 끄덕이고 나와서 노트북을 만지작거리고는 내게 내밀었다. 그때 나는 이렇게 대꾸했다. "오, 화면이 흰색이네요. 흰색이 그나마 검은색보다는 낫군요."

그러자 흑인 학생 하나가 내 말을 불쾌하게 받아들였다. "흰색이 검은색보다 낫다고 하셨는데, 그건 인종 차별적 발언입니다."

나는 인종 차별적 발언을 할 생각이 추호도 없었다. 인종은 아예 머릿속에 들어 있지도 않았다. 나는 어서 노트북을 켜서 강의를 시작하고 싶을 뿐이었다. 노트북이 켜지는 걸 보고 한 말이었다. 검은 화면은 노트북이 켜지지 않았다는 뜻이고, 흰 화면은 노트북이 켜졌다는 뜻이었다. 그저 노트북이 켜지는 것이 켜지지 않는 것보다 낫다는 뜻으로 한 말이었다. 그러나 그 학생은 다른 관점에서 내 말을 듣고 강렬한 정서 반응을 일으켰다. 이것이 바로 말의 지뢰의 속성과 위험이다.

다른 강사도 비슷한 사례를 들려주었다. 그는 대학에서 국제경영을 가르쳤다. 그렇다보니 여러 나라에서 온 학생들이 강의를 들었다. 한 학기의 중반쯤이던 어느 날 강의가 시작될 때 한 미국 남학생이 다른 남학생에게 가서 "잘 지내니, 도그(dawg, 개, 친구)?"라고 인사를 건넸다. 인사를 받은 학생은 그 미국 학생의 얼굴에 주먹을 날릴 뻔했다. 그는 중동에서 온 학생이고, 중동에서는 사람에게 '개'라고 부르는 것을 엄청난 모욕으로 여겼던 것이다.

말의 지뢰다. 말의 지뢰가 매설되어 있는지 신중히 살피면서 상처 입은 관계를 빠르고 단호하게 치료해 손상을 최소화해야 한다. 다시 말하지만 말의 지뢰는 악의 없이 던진 한마디에 남들이 어떤 정서적 의미를 부여할지 모른다는 점에서 위험하다. 따라서 말을 하는 사람은 말의 지뢰가 언제 '터질지' 모른다. 앞서 언급했듯이 상대를 세심히 살피지 않으면 자기가 한 말이 상대에게 모욕이나 상처를 주는지 알아채지 못할 수 있다.

사람들은 대체로 상대가 부정적인 반응을 보이는 줄 알면서도 상황을 해결하려고 노력하지 않고, 예기치 못한 감정 분출에 방어적으로 대응한다. 그러면 상대의 감정은 더 격해질 뿐이다. 말의 지뢰를 밟고 화가 난 상대에게 방어적으로 반응하면 둔감하고 인정 없는 사람으로 비친다. 하지만 당사자는 사실 상대가 감정적으로 폭발할 때 어떻게 행동하고 무슨 말을 건넬지 모른 채 혼란에 빠진다.

말의 지뢰가 터질 때 최선의 대응은 공감 어린 말이다. 상대의 감정을 알아채고 비슷한 말로 그 감정을 반영해준다. 공감 어린 말을 건넨다는 것은 방어적으로 대응하지 않고 상대의 감정을 알아챈다는 것이다.

앞 장에서 보았듯이 공감 어린 말의 기본 공식은 "그래서 ~인가봐요"이다. 이렇게 말하면 관심의 초점이 상대에게 향하고, 말의 지뢰를 밟은 사람에게서 멀어진다. 사람들은 '당신이 어떤 기분인지 이해한다'는 식으로 말하는 경향이 있다. 그러면 상대는 자연히 '**아니, 당신은 내가 어떤 기분인지 몰라. 당신은 내가 아니니까**'라고 받아들인다.

공감 어린 말을 건네면 상대는 감정을 분출할 수 있다. 쌓여 있던 감정이 분출하면 정보를 주고받는 대화로 흘러갈 수 있다. 감정적인 상대와 격한 언쟁을 피하면 관계가 계속 살아남아 발전할 가능성이 커진다.

말의 지뢰를 밟았다면 그 경험에서 배워야 한다. 마음속으로 그 자리에 붉은 깃발을 꽂아두어 앞으로 그 지뢰를 피해야 한다. 안타깝게도 말의 지뢰는 가까운 미래에 사라지지 않을 듯하다. 오늘날 우리가 살고 있는 가상세계에는 위험한 말의 지뢰가 도처에 깔려 있다. 언제 말의 지뢰를 밟을지 아무도 모른다. 언어의 풍경에 말의 지뢰가 잔뜩 깔려 있다면 개인적인 관계를 시작하고 유지하기가 더 어렵다.

의사소통 문제는 앞으로 더 심각해질 것이다. 갈수록 문자 메시지와 이메일, 인터넷 게시물 같은 전자매체를 중심으로 소통하기 때문이다. 괄호, 마침표, 쉼표로 행복한 얼굴이나 윙크하는 얼굴이나 놀란 얼굴을 표현하는 기호가 문장에 끼어들어 대화의 진정한 의미를 전달하는 단서가 된다. 메시지를 명확히 전달하기 위해 감정을 이용하기도 한다.

문자가 널리 쓰이기 시작할 무렵 내가 딸에게 어떤 문자를 보냈다. 그러자 딸이 "LOL"이라고 답했다. 나는 "나도 널 사랑해"라고 답장을 보냈다. 그러자 딸이 "하하, LOL은 큰소리로 웃는다(Laugh Out Loud)는 뜻이에요"라는 답을 보내왔다. 나는 "아주 많이 사랑해(Lots of Love)인 줄 알았지"라고 답했다. 딸이 마지막에 "저도 많이 사랑해요, 아빠"라는 답을 보내왔다. 나와 딸 사이에 오간 의사소통의 실수는 웃음으로 끝났지만, 비언어적 단서 없이 대화를 나누면 소통의 오류가 발생할 수 있음을 보여준다. 전자매체로 소통하면서 소통의 오류를 피하고 싶다면 반어법이나 절제된 표현이나 이중 의미를 갖는 단어는 쓰지 말아야 한다.

말의 지뢰가 사방에 깔린 세상에서 제대로 소통하기 위한 최선의 방법은 다음과 같다.

- 어떤 단어를 말할지 생각하고 말한다. 제거하고 싶은 말의 지뢰가 있는지 미리 살펴야 한다.
- 말하면서 상대가 이상한 반응을 보이는지 관찰한다. 말의 지뢰를

밟았다는 뜻일 수 있다.
- 상대가 당신이 밟은 말의 지뢰에 흥분한다면(설령 당신은 그것이 있는 줄 몰랐다고 해도) 방어적으로 나가거나 화를 내서는 안 된다.
- 곧바로 상대가 불편해하는 이유가 말의 지뢰가 터진 탓인지 알아본다. 그렇다면 그런 말을 한 것을 사과하면서 상대가 부정적인 의미로 받아들일지 몰랐다고 해명하고, 다시는 그런 말을 하지 않겠다고 약속한다. 그리고 다시는 사용하지 말아야 한다.

입술 오므리기

누구도 타인의 마음을 읽을 수는 없지만 비언어적 표현을 세심히 관찰해서 비슷하게 짐작할 수는 있다. 개중에는 여느 단서보다 잘 읽히는 단서가 있다. 관찰하는 입장에서는 단서가 명확할수록 읽고 해석하기가 수월하다. 마찬가지로 명확한 단서가 통제하기도 쉬워 속마음을 감추는 데 이용할 수도 있다. 그러나 미묘한 단서는 통제하기도 쉽지 않고 보다 내밀한 정보를 드러낸다. 입술은 이런 미묘한 단서를 드러낸다.

입술을 오므린 표정은 거의 알아보기 힘들 정도로 미세해서 입술에 주름이 잡히거나 동그래진 정도로 보일 뿐이다. 입술 오므리기는 불만이나 반대를 의미한다. 입술을 오므린 정도가 두드러질수록 불만이나 반대 정도가 강한 것이다. 오므린 입술은 상대의 말이나 행동에 반하는 생각이 떠올랐다는 신호다.

대화할 때 상대가 무슨 생각을 하는지 알면 유리하다. 상대가 반박할

▌오므린 입술

기회를 얻기 전에 상대의 생각을 교묘히 바꿀 수 있다. 어떤 의견이나 결정이 일단 입 밖으로 나오면 일관성을 유지하려는 심리 원칙에 따라 생각을 바꾸기가 더 어려워진다. 의사결정은 긴장을 유발한다. 그리고 일단 결정한 다음에는 긴장이 풀린다. 결정을 내린 사람은 좀처럼 생각을 바꾸려 하지 않는다. 생각을 바꾸면 처음에 잘못된 결정을 내렸다고 자인하는 셈이 되어, 다시금 긴장이 일어나기 때문이다. 그래서 이미 입장을 밝힌 뒤에는 입장을 바꿔달라는 요구가 아무리 설득력 있다고 해도 기존 입장을 고수하는 것이 의사결정 과정을 다시 거치는 것보다 긴장을 덜 유발한다. 한마디로 사람들은 한번 입 밖에 꺼낸 말을 웬만하면 고수하려는 경향이 있다.

입술을 오므린 표정을 관찰하는 방법은 배우자나 동료나 친구들과 대화할 때도 유용하다. 입술을 오므린 표정은 생각에 잠긴 상태를 나타내는 보편적인 비언어적 단서이기 때문이다. 그렇다고 입술을 오므린 표정이 무조건 적 신호는 아니다. 누군가와 함께 있는 것이 즐거워도 입술을 오므릴 수 있다.

왜 입술을 오므린 표정을 관찰해야 할까? 상대가 당신의 아이디어나 제안에 "싫다"고 답하거나 부정적인 반응을 보일 기회를 얻은 이후에는 '일관성'의 원칙에 따라 생각을 바꾸고 의견을 번복하도록 유도하기가 무척 어려워진다. 상대에게서 입술을 오므린 표정을 보는 즉시 부정적인 반응이 나올 거라 예견하고, 그런 반응이 나오기 전에 막아서 당신의 아이디어나 프로젝트가 받아들여질 가능성을 높일 수 있다.

이런 비언어적 신호를 이용해 가정과 직장에서 언어적 소통 효과를 높일 수 있다. 예를 들어 아내에게 다음과 같이 말한다고 생각해보자.

"여보, 어떻게 하면 배스보트(여기에 당신이 사고 싶은 물건을 넣는다)를 사서 낚시하러 갈 수 있는지 설명해줄게."

당신이 돈 문제를 해결할 방법을 설명하는 동안 아내가 입술을 오므릴 수 있다. 머릿속으로 당신의 주장에 반박할 말을 생각하는 중이다(입술을 오므린 표정은 당신에게 그녀의 지갑에 손댈 생각 하지 말라는 경고다). 이제 아내가 반대의 뜻을 밝히기 전에 당신이 선수를 쳐서 당신의 주장을 입증해야 한다. 아내가 공식적으로 의사를 표명하고 나면 당신은 보트든 다른 고가의 물건이든 손에 넣기 어려워진다. 이 기법을 여자가 남자에게 써먹을 수도 있다.

상사가 입술을 오므릴 때

나는 FBI에서 항상 원하는 작전을 수행하기 위한 자금이나 인력을 확보하려고 최선을 다했다. 자금과 인력이 항상 부족한 터라 우리는 지원을 받으려면 경쟁을 해야 했다. 한번은 어떤 작전에 재정 지원이 필요한 이유를 설명하다가 상사의 입술이 오므라지는 모습을 보았다. 나는 상사가 내 제안에 반대할 말을 떠올리는 중인 걸 알고 상사가 거절하기 전에 그의 생각을 바꾸기로 했다. 그가 내 제안을 거절하는 의사를 밝히고 나면 그의 승인을 받아내는 것이 불가능해질 터였다.

나는 상사가 거절하지 못하도록 공감의 말을 건넸다. "국장님, 제 작전이 아무런 성과를 거두지 못할 거라고 생각하시는 줄 압니다. 하지만 성과가 나오는 이유를 설명할게요." 나는 상사에게 정확히 어떤 지점이 걸리는지 알고 있었다. 내가 작전을 설명하는 동안 상사의 입술이 오므라드는 순간을 포착했기 때문이다. 나는 상사에게 공감의 말을 건네면서 그에게 걸리는 부분을 해명해주고 그가 입장을 말하기 전에 내 작전의 가치를 설득할 시간을 벌었다. 일단 공개적으로 입장을 표명하면 번복하기 어렵다.

당신도 상사에게 프로젝트나 제안을 보고할 때는 입술이 오므라드는지 살펴보라. 상사의 입술이 오므라들면 이미 당신의 제안에 반박할 거리를 찾고 있다는 뜻이다. 그러면 공감의 말을 생각하라. "그래서 제 말이 설득력 없다고 생각하시나 봐요. 몇 가지 짚어드릴게요. 잘 들어보시면 제 제안이 최선의 방안이라는 걸 아시게 될 겁니다." 상사가 부정적인 의견을 밝히기 전에 반론을 펼쳐 상사의 생각을 바꾸어야 한다.

입술 물기

"상대의 마음을 읽는" 또 하나의 기법으로 입술을 무는 행동을 관찰할 수 있다. 입술 물기는 윗입술이나 아랫입술을 가볍게 물거나 당기는 것이다. 할 말이 있지만 여러 가지 이유에서 그 말을 할지 말지 망설이는 비언어적 행동이다. 그러니 "입술을 물다"라는 말이 입을 닫고 아무 말도 하지 말라는 뜻인 것도 일리가 있다. 나는 강의하면서 학생들이 입술을 무는 모습을 종종 본다. 나는 이런 행동을 일종의 신호로 보고 "무언가 덧붙이

| 입술 물기

고 싶은 말이 있는 것 같군요"와 같은 공감의 말로 학생들에게 의견을 말할 기회를 준다. 학생들은 내가 그들의 마음을 읽어낸 데 놀라면서 내가 그들에게 관심을 가져준다고 생각해 좋아한다.

입 꾹 다물기

입 꾹 다물기는 입술 물기와 비슷한 의미이지만 좀 더 부정적인 의미를 띤다. 입 꾹 다물기는 윗입술과 아랫입술을 딱 붙인 모습이다. 이것은 상대에게 할 말이 있기는 하지만 하고 싶지 않다는 뜻이다. 용의자들은 흔히 자백하기 직전에 입을 꾹 다문다. 무언가 말하고 싶지만 그 말이 입 밖으로 흘러나오지 못하게 하려는 것이다.

┃ 입 꾹 다물기

입술 만지기

손이나 손가락이나 연필 같은 물체로 입술을 건드리는 행동은 현재의 대화 주제가 불편하다는 뜻이다. 입술을 건드리면 순간적으로 민감한 주제에서 주의가 멀어져 불안이 감소한다. 용의자들은 종종 자기도 모르게 내가 방금 던진 질문이 어떤 민감한 주제를 건드리거나 그들을 불편하게 만든다는 신호를 보낸다. 나는 이런 무언의 신호를 알아채고 "이 얘기가 조금 불편한가봐요"라는 식으로 공감의 말을 건네 그 주제에 더 깊이 파고든다. 그러면 용의자는 불편하다는 사실을 인정하거나 부인하고, 대개는 그들이 그런 감정을 느끼는 이유를 제시한다.

이렇게 자기 입술을 건드리는 행동은 비즈니스나 사회적 만남에서 유용

▎입술을 만지는 행동은 불안하거나 불편하다는 뜻이다.

할 수 있다. 예를 들어 일대일로 만나 신제품을 소개하면서 고객이 손가락으로 입술을 가볍게 건드리는 모습을 보이면 그 행동에 주목해야 한다. 그리고 "이 제품을 써본 적 없으니 조금 고민될 것 같아요"라는 식의 공감의 말을 건네 당신이 제안하는 제품이나 서비스에 관해 고객이 느끼는 우려나 불안을 표현할 기회를 준다. 고객이 우려하는 점을 구체적으로 파악했으면 그에 맞게 제품을 소개해 제품이나 서비스를 보다 효과적으로 판매할 수 있다.

사회적 만남에서는 대화하는 상대를 관찰해서 당혹스러운 순간을 모면할 수 있다. 민감한 주제를 꺼낸 뒤 상대가 입술을 오므리거나 입을 꾹 다문 모습이 눈에 띄면 사태가 심각해지기 전에 화제를 바꾸어야 한다. 상대와의 관계가 더 친밀해진 다음에 다시 안전하게 원래 주제로 돌아가면 된다.

규칙 3. 말하기: 말하는 방식과 말의 내용이 친구를 사귀고 친구 관계를 유지하는 능력에 영향을 미친다.

말하는 방식이 말의 내용만큼 중요할 수 있다. 특히 **어조**가 중요하다. 어조는 말의 내용과 상관없이 상대에게 정보를 전달한다. 매력과 호기심은 말의 내용보다 어조에 의해 더 많이 전달된다.

말하는 방식은 남들이 당신의 메시지와 당신을 어떻게 지각하느냐에 영향을

미친다.

어조는 말로 전해지지 않는 메시지를 전달할 수 있다. 깊은 저음의 목소리는 이성으로서 관심이 있다는 뜻을 전달한다. 고음의 목소리는 놀람이나 의심을 전달한다. 큰 목소리는 고압적인 인상을 전달한다. 우리가 택한 어조가 남들을 포용하기도 하고 내치기도 한다.

말의 속도도 대화를 조율한다. 빠르게 말하면 대화에 긴박감을 더하거나 지루한 대화를 끝내는 역할을 할 수 있다. 길게 끌어서 말하면 상대에게 관심이 있다는 신호가 될 수 있다. 영화 속 주인공들은 "안녕"을 길게 끌어 연애 상대로서 관심이 있다는 뜻을 전한다. 반대로 느리고 부드럽고 단조로운 어조는 상대에게 관심이 없거나 지나치게 수줍어한다는 뜻이다. 장례식이나 비극적인 사건이 일어났을 때는 이런 어조의 대화가 자주 들린다.

부모들은 목소리의 높낮이로 자녀의 행동을 통제하는 법을 익힌다. 나는 아이들에게 화날 때 낮고 느린 목소리로 말한다. 다른 부모들처럼 나도 화가 많이 나면 아이의 이름을 길게 끌어서 또박또박 부른다. 또 짧게 끊어서 "좋아"라고 말하면 찬성한다는 뜻이다.

어조는 메시지의 정서적인 부분을 전달한다. 나는 시카고 억양이 있어서 어미를 잘라 말하는 편이다. 시카고에 살 때는 다들 그렇게 말해서 내가 그런 줄도 몰랐다. 하지만 다른 지역에서는 사람들이 어미를 발음하지 않는 말투를 고압적이고 무시하는 투로 받아들인다. 한편 반어법으로 말할 때는 숨은 의미가 있다는 사실을 알려주는 어조로 말하지 않으면 오해를 살 수 있다. 그래서 이메일이나 문자로는 반어법을 쓰지 않는 것이다.

억양은 대화의 순서가 돌아가는 데도 중요한 역할을 한다. 문장이 끝날 즈음 목소리를 낮추면 할 말이 다 끝났으니 상대에게 말을 받으라고 알리는 신호다. 문장의 끝에서 목소리를 낮추고도 계속 말을 이어가면 상대는 자기 차례인 줄 알았다가 당황할 것이다. 한쪽에서 대화를 지배하면 상대가 아니라 자기에게만 관심이 집중되어 우정의 황금률이 깨진다.

반대로 상대가 문장을 끝내고 '순서를 넘겨주는 단서'를 보내지 않는데도 자기 순서를 차지하면 관계가 발전하지 못할 수 있다. 대화 예절을 지키지 않으면 짜증을 유발하고 우정이 발전하는 데도 좋지 않은 영향을 끼칠 수 있다.

말하기 전에 아주 잠깐 멈추는 습관을 들여야 한다. 외향적인 사람은 특히 더 그래야 한다. 내향적인 사람은 잠시 멈추면서 생각을 정리할 수 있다. 앞서 말했듯이 내향적인 사람은 생각하고 말하는 편이다. 이들의 생각 과정에 끼어들면 당황해서 당신에 대한 호감이 줄어들 것이다. 외향적인 사람도 말하기 전에 잠시 뜸을 들이면 할 말을 생각할 시간을 벌 수 있다. 나도 이런 습관을 들인 덕분에 당혹스러운 순간을 무수히 많이 모면했다.

말의 내용은 남들이 당신의 메시지와 당신을 어떻게 지각하느냐에 영향을 미친다.

낭연한 소리로 들리고, 어느 정도는 맞는 말이다. 다만 여기서는 특정 내용을 말하거나 그 내용을 특정 방식으로 말하는 데 방점이 찍힌다. 이 두 가지가 없다면 친구를 사귀고 계속 관계를 이어가지 못할 수도 있다. 일상에서 친구를 새로 사귀거나 계속 관계를 이어가는 데 활용할 수 있는 몇 가지 언어적 전략이 있다. 이런 전략을 무시하거나 가볍게 여기면 관계가 손상될 수 있다.

전략 1: 당신이 옳고 상대가 틀렸을 때는 상대의 체면을 지켜주는 식으로, 당황하거나 창피한 정도를 최소한으로 줄이면서 당신이 원하는 대로 해나가라. 그러면 상대는 당신이 자기 대신 애써주는 모습을 보고 당신을 훨씬 더 좋아할 것이다.

누구에게나 본래 올바르고 싶은 욕구가 있지만 올바르게 행동해도 의도치 않은 결과가 나올 수 있다. 이를테면 자기가 아무리 옳다고 해도 잘못된 말을 한 상대가 체면을 잃지 않고 문제 상황에서 벗어나도록 배려해주지 않으면 사이가 틀어질 수 있다.

예전에 가석방과 보호관찰 경관들에게 보고서 작성법을 강의하면서 이 사실을 뼈아프게 깨달았다. 나는 강의를 시작하기 전에 몇몇 참가자들과 그들의 보고서 작성 관행에 관해 대화를 나누었다. 그중 한 명이 그의 상사를 보고서 작성의 대가라고 추켜세웠다. 다른 경관들도 맞장구를 치면서 "글을 제대로 쓸 줄 아시는 분이에요", "아주 명문이에요", "같은 말이라도 여러 가지 어휘로 표현하라고 조언하세요", "그분이 없었다면 저희는 어떻게 됐을지 모르겠어요"라고 말했다.

힐끗 보니 그 상사가 눈빛을 반짝이며 흐뭇한 미소를 짓고 있었다. 나는 경관들이 하는 말과 그 상사의 반응을 보고도 말의 지뢰를 알리는 붉은 깃발인 줄 모른 채 선을 넘고 말았다. 그 상사의 자존감은 경관들 중에서 문법의 대가라는 명성으로 포장되어 있었다. 그곳에서 그의 존재는 글을 유려하게 잘 쓰는 사람이라는 명성 위에 서 있었다.

나는 강의를 진행하면서 FBI 보고서 작성법을 차용한 간결하고 효과적인 보고서 작성법을 소개했다. 몇 사람은 새로운 작성법이 더 간단하고 법정에서도 문제의 소지를 줄여준다면서 새로운 방법으로 보고서를 써보겠다고 말했다.

그런데 그 상사가 내 방법에 대해 반박했다. 그는 내가 소개한 작성법이 FBI에서는 통할지 몰라도 자기네 기관에는 맞지 않는다고 주장했다. 그는 대학에서 영어를 전공했다면서 유의어를 다양하게 섞어서 창의적으로 작성한 보고서가 똑같은 단어를 반복해서 쓴 보고서보다 더 흥미롭다고 말했다. 그때 나는 결정적인 실수를 저질렀다. 그에게 즉흥적인 역할놀이를 제안해서 내가 옳고 그가 틀렸다고 입증한 것이다. 나는 그에게 'said'라는 동사를 대신할 만한 유의어로 어떤 것이 있느냐고 물었다. 그는 'told', 'explained', 'mentioned'와 같은 동사를 제시했다. 나는 여기서 말을 자르고 그에게 법정의 증인 역할을 맡아달라고 한 뒤, 나는 변호인 역할을 맡기로 했다. 그가 내 제안을 받아들였다. 그리고 이런 대화가 오갔다.

나(변호인): 경관님, 'stated'라는 단어를 보고서에 어떻게 쓰시는지 설명해주십시오.

감독관(경관): 확신을 가지고 사실을 표현할 때 씁니다.

나(변호인): 경관님, 감사합니다. 그럼 보고서에서 'explained'를 쓸 때는 어떤 뜻으로 쓰는지 설명해주세요.

감독관(경관): 설명하는 거죠.

나(변호인): 감사합니다, 경관님. 그러니까 경관님 말씀대로라면 제 의뢰인이 처음에 한 말은 확신을 가지고 한 말이고, 두 번째로 한 말은 확신 없이 한 말이라는 뜻이군요.

감독관(경관): "아뇨, 그런 뜻이 아닙니다. 용의자는 둘 다 확신을 가지고 말했습니다."

나(변호인): 그런데 그렇게 쓰시지 않았잖아요. 경관님께서 'said'와 'explained'를 정의하신 바로는, 앞의 단어는 확신을 가지고 하는 말이고 뒤의 단어는 확신 없이 하는 말이잖아요. 아닙니까?

감독관(경관): 아뇨, 둘 다 확신을 가지고 한 말입니다.

나(변호인): 둘 다 확신을 가지고 한 말이라면 두 문장에서 모두 'said'를 써도 무방하지 않을까요?

감독관(경관): 흠, 모르겠군요.

나는 이 논쟁에서 이겼지만 상처뿐인 영광이었다. 바로잡으려는 욕구로 인해 일을 그르친 것이다. 그때부터 강의실에 긴장감이 감돌았다. 나는 경관들에게 내가 제안한 효율적인 작성법과 그 상사의 덜 효율적인 작성법 중 하나를 선택하게 했다. 물론 그들은 상사의 손을 들어주었다.

올바르게 행동하고도 뜻하지 않은 결과를 얻는 때가 세상의 모든 사무실이나 가정에서 날마다 나타난다. 누구나 뜻하지 않게 상사와 동료와 친구와 배우자를 소외시키고 불필요한 갈등과 긴장을 야기한다.

더 나은 방법이 있다. 남에게 틀렸다고 지적하지 않고도 올바르게 바로잡을 수 있다. 올바르게 바로잡고 싶은 권리를 내세우는 대신 사람들에게 조언을 구하는 방법이다. 그러면 사람들을 의사결정에 끌어들일 수 있다. 게다가 당신이 사람들에게 조언을 구하면 그들이 명예로운 지위로 올라가서 기분이 좋아진다. 우정의 황금률에 따라 사람들을 기분 좋게 만들어주면 그들이 당신을 좋아해줄 것이다.

이처럼 '조언을 구하는' 전략으로도 충분히 올바를 수 있고 원하는 결과를 얻고 상대와의 우정을 유지할(혹은 더 강화할) 수 있다. 상대의 체면을 살려주면서 '틀린' 사람으로 비치지 않게 해주기 때문이다.

다음은 직원과 상사의 대화에서 조언을 구하는 전략이다. 상사가 준비한 새로운 정책에서 오류를 발견한 직원이 상사에게 '올바른' 카드를 내미는 대신 상사의 조언을 구한다.

> **직원**: 시간 좀 있으세요, 부장님?
> **상사**: 그래, 무슨 일인가?
> **직원**: 부장님께서 최근에 말씀하신 정책을 살펴보다가 뭔가 눈에 띄

는 게 있어서요. 이 문제로 조언을 구하고 싶습니다.

상사: 그래, 어디 한번 보세.

이제부터는 직원이 정책에서 문제점을 지적할 수 있고, 상사는 체면을 구기지 않고 자신의 실수를 바로잡을 수 있다.

세일즈맨도 오래 알고 지낸 고객이나 새로운 고객을 만날 때 이런 전략을 쓸 수 있다. 교재 출판사 담당자들이 내 연구실에 자주 찾아와 강의에 쓸 새로운 교재를 홍보한다. 그들은 고객에게 맞게 교재를 홍보하지 않고 그 책이 내가 현재 쓰는 교재보다 얼마나 나은지만 부각시킨다. 그들의 말이 옳을 수도 있지만 이런 식으로 홍보하면 의도치 않은 결과가 생긴다. 잘 생각해보면 현재의 교재를 선택한 내 판단이 틀렸다고 말하는 셈이다. 그러면 나는 기분이 좋을 리 없다. 나라면 자기를 소개한 뒤 "교수님, 강의에 쓸 만한 새 교재에 관해 조언을 구하고 싶습니다"라고 말하는 출판사 직원의 말에 더 귀를 기울이고 싶을 것이다.

범죄자 사진에 오르지 않도록 체면을 지켜주는 방법

FBI 시절에는 오래 기다려온 휴가를 보내기 위해 비행기를 타고 날아가는 중에 기내에서 난동을 부리는 승객을 상대하거나 위기 상황에 대처해달라는 요청을 받는 순간이 올까봐 항상 두려웠다.

어느 날 오전 6시에 로스앤젤레스에서 출발한 항공기에서 실제로 이런 일이 벌어졌다. 항공기에 탑승하고 자리에 조용히 앉아 있는데 승무원이

다가와서 뒷자리에 술 취한 승객이 있는데 기장이 그 승객을 내보내고 싶어 한다고 알렸다. 돌아보니 과연 승객 하나가 통로에서 비틀거리고 다른 승무원이 그에게 소리를 지르고 있었다. "어서 내려요…… 이런 한심한 인간." 상황을 진정시키려는 행동치고는 과해 보였다. 나를 찾아온 승무원이 말했다. "FBI 요원이시니까 저분 좀 내보내주세요."

'내가 교육하는 기법을 여기서 조금 써볼까' 하는 생각이 들었다. 그래서 뒷자리 좌석에 기대서 있는 승객에게 다가갔다. 나는 그에게 FBI 요원이라고 밝히고 배지와 신분증을 보여준 뒤 같이 앉아서 얘기 좀 하자고 말했다. 그는 심하게 취해 내 말을 알아듣지 못했다. 그가 자리에 앉자 나는 옆의 빈자리로 비집고 들어가 앉았다.

나는 다른 승객들에게는 들리지 않게 목소리를 낮추었다. "이봐요, 어차피 여기서 내려야 돼요. 기장이 내리라고 하면 무조건 내려야 돼요. 자, 선택하세요. 그냥 체면 구기지 않고 제 발로 걸어 내려가 공항터미널에서 불만사항을 접수하고 다음 항공편으로 댈러스까지 가든지, 아니면 내가 당신을 체포해서 수갑을 채우고 강제로 끌고 내리든. 그러면 구치소에 들어가고 보석금을 내고 나와 다시 여기까지 와서 재판을 받아야 돼요. 재판을 받으면 징역형을 살 수도 있고요. 선택은 당신한테 달렸어요. 당신이 결정하세요. 잠시 생각해봐요. 어떻게 하고 싶어요?"

그 승객은 길게 생각할 것도 없이 말했다. "그냥 내려서 불만사항을 접수하고 다음 비행기를 타겠습니다."

"아주 현명한 결정이에요. 자, 같이 가시죠."

내가 그 남자를 데리고 공항터미널까지 갔다가 돌아오자, 아까 나를 찾아왔던 승무원이 다가와서 어떻게 그런 험악한 상황을 조용히 해결했느냐고 물었다. 나는 그 승객에게 직접 선택할 기회를 주었다고 말했다.

나는 그 승객에게 스스로 상황을 통제할 능력이 있다고, 자신의 운명을 스스로 선택할 수 있다고 생각하게 해주었다. 그리고 무엇보다 체면을 구기지 않을 방법을 제시해 창피를 당하더라도 최소한으로 줄이면서 비행기에서 내리게 해주었다.

전략 2: '지위 높여주기'라는 언어적 기법으로 사람들을 기분 좋게 해주고 당신을 친구로 생각하게 만들어라.

지위 높이기 기법은 인간의 인정 욕구를 충족시켜준다. 나는 어느 날 아들 브라이언을 데리고 서점에 갔다가 이 기법을 발견했다. 어느 작가가 서점 앞 부스에서 저서에 사인을 하고 있었다. 마침 부스에 아무도 없어서 아들과 함께 다가가 저자와 대화를 나누었다. 아들이 저자와 대화를 나누는 사이 나는 책을 훑어보았다. 제인 오스틴이 생각나는 문체였다. 그래서 저자에게 제인 오스틴이 생각난다고 말했다. 저자의 눈빛이 빛나고 얼굴에 홍조까지 떠올랐다. "정말요? 글을 쓸 시간이 많지 않아요. 애가 셋이거든요. 남편은 군인이라 집을 비우는 시간이 길죠. 대학에 다시 들어가서 학위를 따고 싶어요. 결혼하느라 대학을 그만뒀거든요. 그때의 실수를 늘 후회해요." 나는 그저 한마디 건넸을 뿐인데, 저자는 오랜만에 만난 옛 친구에게 말하듯이 지나온 삶을 털어놓았다.

★ 생각할 거리 ★

주어진 상황을 스스로 통제할 수 있다고 생각하게 해주는 방법은 아이들에게도 매우 효과적이다. 실제로 부모들은 특히 어린 자녀에게 이런 식으로 스스로 결정하게 해준다. 아이들도 어른들처럼 자기 삶을 통제하는 느낌을 얻고 싶어 한다. 부모가 자녀에게 스스로 선택할 기회를 주면 자녀가 통제력 착각을 일으킬 수 있다. 그러면서도 부모는 권위를 잃지 않을 수 있다. 예를 들어 아들을 데리고 점심을 먹으러 나간다고 해보자. 당신은 이미 맥도날드나 버거킹에서 키즈밀을 먹이기로 결정했다. 아이가 다른 음식점을 택하기를 원하지 않으면서도 아이가 스스로 결정하는 연습을 시키고 싶다. "점심 먹으러 가자. 키즈밀 먹으러 맥도널드에 갈래, 버거킹에 갈래?"라고 물어서 두 가지 중 하나를 고르게 할 수 있다. 둘 중 하나를 고르라고 제안하면 아이는 스스로 통제한다는 착각을 일으키지만, 실제로 통제력을 가진 사람은 부모다. 부모가 맥도날드나 버거킹으로 음식점을 제한하고 메뉴도 키즈밀로 제한했기 때문이다.

세일즈맨은 항상 이렇게 둘 중 한 가지를 선택하는 질문을 던진다. 자동차 대리점에서 유능한 세일즈맨은 차를 사고 싶으냐고 묻지 않는다. 파란 차를 원하는지 빨간 차를 원하는지 묻는다. '파란 차'라고 답하면 파란 차를 보여준다. '빨간 차'라고 답하면 빨간 차를 보여준다. 파란색이나 빨간색 이외의 다른 색을 말하면 그 색상의 차를 보여준다. 유능한 세일즈맨은 고객에게 차를 구입하는 상황을 스스로 통제하고 있다는 착각을 일으키도록 유도한다. 실제로는 세일즈맨이 절묘한 연출로 고객을 이끌어가는 것이다.

이 기법을 몇 번 더 써보았지만 매번 같은 결과가 나왔다. 한번은 포부가 대단한 공화당 후보를 만났다. 잠시 정치 이야기를 나눈 뒤, 내가 그의 정치 스타일이 로널드 레이건을 떠올리게 한다고 말했다. 청년은 한껏 우쭐해져서 집안에서 가정교육을 어떻게 받았고, 어느 대학에 다녔으며, 그 밖에 여러 가지 개인적인 이야기를 들려주었다. 내게 호감이 있다는 뜻이었다. 이렇게 칭찬 한마디로 지위를 높여줄 수 있다.

학교의 낙서사건 해결하기

한번은 고등학교의 경비를 상대로 전날 밤에 생긴 인종차별주의 낙서를 수사한 적이 있다. 나는 수사를 시작하면서 그와 친해지고 싶었다. 그래서 이렇게 큰 건물을 혼자 관리하는 게 여간 힘든 일이 아닐 것 같다고 말했다. 그는 학교 건물 안에서 지름길로 다니면서 여러 가지 일을 처리하려고 그만의 시스템을 개발한 과정을 들려주었다. 나는 그만한 규모의 학교에서 그가 해내는 업무를 다 하려면 경비가 몇 명은 필요할 것 같다고 말했다(그에게 스스로를 칭찬할 기회를 주었다).

대화를 나누면서 웬만큼 친해진 것 같았다. 그는 학교 건물의 유지보수 시스템을 개발한 과정을 상세히 설명하고 교사와 교직원들에 관한 이런저런 뒷얘기도 들려주었다. 흥미롭기는 해도 수사에 도움이 되는 이야기는 아니었다. 그래도 나는 열심히 들어주면서 그를 친구로 만들었다. 나는 그에게 명함을 건네고 낙서사건에 관해 새로운 정보를 알게 되면 연락해달라고 일러두었다.

몇 주 뒤 학교 경비가 우리에게 전화를 걸어 어떤 학생에게 들은 소문을 들려주었다. 소문은 사실로 드러났고, 덕분에 낙서를 한 사람을 체포할 수 있었다.

그 학교에 방문했을 때 내가 그 경비와 친해지지 않았다면 그가 학생들에게서 소문을 듣고 내게 전화할 생각을 했을지 의문이다.

전략 3: 상대의 의심을 사거나 상대가 방어적으로 나오게 만들지 않고 정보를 알아내고 싶다면 유도신문을 이용하라. 대화 중에 유도신문으로 의도를 들키지 않고 정보를 캐내는 기법이다.

사람들은 직접적인 질문에 선뜻 답하지 못한다. 특히 민감한 주제에 관한 질문에는 더 답하기 어려워한다. 사람들에게 호감을 사려면 질문하지 말고 유도신문으로 민감한 정보를 알아내야 한다. 유도신문은 사람들에게 직접 캐묻지 않으면서 민감한 정보를 말하게 하는 방법이다.

질문을 받으면 방어적으로 된다. 누구도 특히 처음 만나는 자리에서는 꼬치꼬치 캐묻는 사람을 좋아하지 않는다. 하지만 얄궂게도 관심 있는 사람에 관한 정보가 가장 절실할 때는 바로 처음 만났을 때다. 상대에 관해 많이 알수록 개인적으로나 사업적으로 성공적인 관계를 맺기 위한 좋은 전략을 세우는 데 유리하기 때문이다.

유도신문은 상대가 자각하지 못하는 사이 민감한 정보를 캐낼 수 있는 방법이다. 나는 정보기관의 요원들에게 적에게 민감한 정보를 캐내면서도 적과 좋은 관계를 유지하는 방법을 가르쳤다. 유도신문의 특징은 다음과 같다.

1. 질문을 받고도 방어적인 반응을 보이지 않는 사람은 거의 없다.
2. 상대가 자신의 민감한 정보를 밝힌다는 자각이 없어서 그 과정이 괴롭지 않다.
3. 상대에게 온전히 집중하기 때문에 상대가 당신을 좋아할 것이다.
4. 상대가 당신의 친절을 고맙게 생각해 나중에 다시 연락할 가능성이 높아지므로 정보를 더 캐낼 기회가 생긴다.

유도신문은 인간의 욕구에 기반을 두기 때문에 효과적이다.

바로잡으려는 욕구: 추정의 진술로 유도신문하기

인간에게는 스스로 올바르고 싶은 욕구가 있지만 남을 바로잡으려는 욕구가 더 강하다. 자기도 올바르고 남을 올바르게 바로잡고 싶은 욕구는 웬만하면 억누를 수 없다. **추정의 진술**은 옳을 수도 있고 틀릴 수도 있는 사실을 제시하는 유도신문 기법이다. 추정이 옳다면 상대는 사실을 확인해주고 추가로 정보를 내놓을 것이다. 또 추정이 틀렸다면 정답을 제시하고 그 답이 왜 옳은지 자세히 설명할 것이다.

최근에 나는 보석을 살 일이 있었는데, 물건에 붙은 소매가를 다 지불하고 싶지 않았다. 적당한 가격을 흥정하려면 매장에서 붙이는 이윤과 점원이 받는 수수료를 알아야 했다. 물론 이런 정보는 철저히 비밀이다. 가격을 직접 물어서는 최적의 가격으로 흥정하는 데 필요한 정보를 얻지 못한다. 그래서 나는 유도신문으로 원하는 정보를 알아내기로 했다.

점원: 도와드릴까요?

나: 네, 아내에게 선물할 다이아몬드 펜던트를 찾고 있어요.

점원: 그런 것 아주 많아요. 저희가 보유한 물건을 보여드리죠.

점원이 펜던트 몇 개가 담긴 벨벳 케이스를 건네주어 나는 하나씩 찬찬히 살펴보았다.

나: 이건 얼마예요?

점원: 190달러예요.

나: 와, 이윤이 150퍼센트는 되겠는데요.(추정 진술)

점원: 아뇨, 50퍼센트밖에 안 돼요.

나: 거기다 수수료가 10퍼센트 붙겠죠.(추정 진술)

점원: 그렇게까지는 아니에요. 전 5퍼센트밖에 안 받습니다.

나: 할인해주실 권한은 없겠네요.(추정 진술)

점원: 10퍼센트는 할인해드릴 수 있어요. 그 이상은 매니저님에게 여쭤봐야 되고요.

나는 10퍼센트를 할인받을 수도 있고 더 밀어붙일 수도 있었다. 당시의 좋지 않은 경제 상황을 감안할 때 그 매장의 매니저는 이문만 남으면 더 할인해줄 것 같았다.

> 나: 40퍼센트까지 할인할 수 있는지 매니저님한테 물어봐주세요.(나는 점원이 안에 들어갔다 나오기를 진득하니 기다렸다. 잠시 후 점원이 돌아왔다.)
> 점원: 현금으로 하시면 30퍼센트까지는 해드릴 수 있대요.
> 나: 아내에게 줄 선물이에요.
> 점원: 걱정 마세요. 선물포장을 해드릴게요.(나는 57달러를 벌었을 뿐 아니라 선물포장까지 서비스로 받았다!)

여기서 나는 직접 물어보지 않고 유도신문으로 중요한 정보를 캐냈다. 내가 고른 보석의 이윤(50퍼센트)과 점원이 받는 수수료(5퍼센트)를 알아내고, 그 덕분에 자신 있게 흥정할 수 있었다. 내가 흥정하고 싶지 않았다고 해도 10퍼센트를 자동으로 할인받아 19달러를 절약할 수 있었을 것이다. 그러나 점원이 이 정보를 흘리지 않았다면 정가 그대로 지불했을 수도 있다. 점원의 행동으로 보아, 자신이 기밀정보를 누설한 사실을 깨닫지 못하는 듯했다.

공감의 유도신문

공감의 말을 유도신문과 결합할 수 있다면 다양한 용도로 써먹을 수 있다. 남을 바로잡으려는 욕구에 따른 공감의 유도신문으로는 **공감의 추정**과 **공감의 조건문**이 있다. 세일즈맨은 일상적으로 공감의 유도신문을 써먹는다. 사람들은 호감이 가지 않는 사람에게 물건을 사고 싶어 하지 않는다. 세일즈맨은 공감의 유도신문을 통해 두 가지 목적을 달성해야 한다. 첫째, 공감의 말로 신속히 친근감을 형성한다. 둘째, 고객에게서 직접 물어서는 얻지 못했을 정보를 공감의 유도신문으로 알아낸다.

공감의 추정

공감의 추정은 대화의 초점을 고객에게 맞추고 사실을 진실인 양 제시한다. 추정은 진실일 수도 있고 가정일 수도 있다. 추정이 진실이면 고객은 새로운 정보를 더 꺼낸다.

그러면 세일즈맨은 고객의 반응을 보고 여러 가지 공감의 진술을 통해 정보를 더 캐낼 수 있다. 추정이 틀렸다면 고객이 잘못된 추정을 바로잡아줄 것이다. 다음 예를 보자.

세일즈맨: 도와드릴까요?

고객: 네, 세탁기를 새로 사야 해서요.

세일즈맨: 쓰시던 세탁기가 망가졌나보죠? (공감의 추정)

고객: 아뇨, 작은 아파트로 이사하거든요.

세일즈맨: 아, 그래서 작은 세탁기가 필요한 거군요. 저희 매장에서 인기 있는 제품을 보여드릴게요.

고객: 좋아요.

세일즈맨은 고객이 "세탁기를 새로 사야 해서요"라고 한 말을 귀담아듣고, 고객이 현재 쓰는 세탁기가 제대로 작동하지 않는다고 추정했다. 그래서 공감의 추정으로 고객에게 초점을 맞추고 고객이 "그래서 쓰시던 세탁기가 망가졌나보죠?"라는 질문을 긍정하거나 부정하게 만들었다. 고객은 "작은 아파트로 이사하거든요"라고 말해 세일즈맨의 추정을 바로잡았다. 이렇게 고객이 새로 제시한 정보에 따라 고객에게 소개할 세탁기의 종류가 정해졌다. 그리고 "사야 해서요"라는 말에서 고객이 그냥 둘러보는 것이 아니라 진지하게 세탁기를 구입할 생각이 있다는 사실이 드러났다. 세일즈맨은 처음에 정보를 교환하면서 중요한 사실을 알아냈다. 고객이 진지하게 물건을 살 생각이 있다는 사실과 고객이 구입할 만한 세탁기의 종류를 파악한 것이다. 덕분에 고객과 세일즈맨 모두가 시간을 절약했다. 고객은 필요한 물건을 사서 집으로 돌아가고 세일즈맨은 다른 고객을 응대할 시간을 번 셈이다.

공감의 조건문

공감의 조건문은 대화의 초점을 고객에게 맞추고 고객이 제품이나 서비스를 구입할 수 있는 조건을 제시한다.

세일즈맨: 도와드릴까요?

고객: 아뇨, 그냥 둘러보려고요.

세일즈맨: 어떤 모델을 살지 아직 결정하지 못하셨나봐요.(공감 표현)

고객: 차를 새로 사야 되는데, 그럴 형편이 되는지 몰라서요.

세일즈맨: 그럼 가격만 맞으면 차를 사고 싶으시군요.(공감의 조건문)

고객: 그럼요.

세일즈맨: 빨간 차를 좋아하세요, 파란 차를 좋아하세요?

고객: 파란 차요.

세일즈맨: 원하시는 가격대의 파란 차를 몇 대 보시죠.

고객은 공감의 유도신문에 답하면서 차를 사지 못하는 이유를 말했다. 그러자 세일즈맨이 공감의 조건문으로 접근했다. 공감의 조건문은 초점을 고객에게 맞추는 동시에 조건을 설정한다. "그럼 가격만 맞으면 차를 사고 싶으시군요." 이 말에는 특정 조건만 충족되면 고객이 차를 살 거라는 추정이 깔려 있다. 여기서 조건은 가격이다. 세일즈맨은 공감의 조건문으로 차를 구입한다는 목적을 확인했다. 새로 나온 정보 덕분에 고객에게 원하는 가격대의 자동차 모델을 소개할 수 있다.

대가의 원리를 이용해 보답하려는 욕구

사람들은 물건으로든 마음으로든 뭔가 받으면 그에 상응하거나 더 큰 뭔가로 보답하려는 욕구를 느낀다.(호혜성의 법칙) 유도신문 기법의 하나인 대가의 원리는 사람들에게 상대가 내놓은 정보에 보답하게 만드는 기법이다. 예를 들어 처음 만난 사람이 어디서 일하는지 궁금하다고 해보자. "어디서 일하세요?"라고 대놓고 묻지 말고 당신이 먼저 어디서 일하는지 말해보라. 그러면 상대는 대체로 자기가 일하는 곳을 말해 당신에게 대가를 주려고 한다. 이렇게 상대의 신경을 거슬리거나 꼬치꼬치 캐묻지 않고도 상대에 관한 정보를 알아낼 수 있다.

당신이 일하는 곳을 밝히지 않으면서 상대가 어디서 일하는지 알고 싶다면 참신한 질문으로 상대에게 필요한 정보를 얻어내고 호혜성의 과정을 간소화할 수 있다. 가령 "근무지가 어디인가요?"라고 해보자. 이렇게 물으면 새로운 인지 과정이 추가되어 "어디서 일하세요?"라는 질문에서 느끼는 호혜성의 욕구에 교란이 생긴다.

나는 용의자를 심문할 때 호혜성의 욕구를 이용한다. 심문을 시작할 때 항상 커피나 차, 물, 소다수 같은 음료를 권한다. 호혜성의 욕구를 자극하기 위한 시도다. 음료를 제공한 데 대한 보답으로 기밀정보나 자백을 받아내려는 것이다.

대화할 때는 상대와의 공통점을 찾아야 한다.(유사성의 법칙) 그리고 공감의 말로 상대에게 초점을 맞추어야 한다. 간단히 말해 상대를 기분 좋게 만들어주어야 하고,(우정의 황금률) 상대를 기분 좋게 해주기만 하면 상대가 당신을 좋아하고 당신과 같이 있고 싶어 할 것이다.

제3자 접근법으로 사람들의 속마음 알아내기

사람들은 대개 자기 이야기를 꺼내고 싶어 하지도 않고 타인이나 어떤 사안에 관해 솔직한 의견을 밝히고 싶어 하지도 않는다. 하지만 남의 이야기를 할 때는 그렇게 꺼리지 않는다. 자기에 관한 정보를 많이 밝히지 않아도 되기 때문일 것이다. 인간의 이런 특성을 잘 활용하면 관심 있는 상대에 관한 긴밀한(내밀한) 정보를 알아낼 수 있다. 유도신문 기법 중 하나인 **내부 혹은 외부 집중**을 이용할 수 있다.

이 기법이 어떻게 작동하는지 예를 들어보자. 일부일처제의 부부들은 배우자가 다른 사람과 바람을 피우는 성향인지 알고 싶을 것이다. 배우자에게 직접 바람을 피울 거냐고 물었을 때 "응, 그야 문제없지"라고 답할 사람은 거의 없을 것이다. 설령 속으로는 그렇게 **생각할지라도** 결코 입 밖에 내지 않을 것이다.

배우자가 외도에 관해 솔직히 어떻게 생각하는지 알아보려면 **제3자 관점**으로 접근해야 한다. "바람피우는 거 어떻게 생각해?"라고 묻지 말고 "내 친구 수전 말이야, 걔 남편이 바람피우는 걸 알았대. 어떻게 생각해?"라고 돌려서 물을 수 있다. 사람들은 제3자의 경험에 관한 질문을 받으면 자신의 내면을 들여다보면서 답을 찾고 자기가 어떻게 생각하는지 드러내는 경향이 있다.

물론 당신은 "바람피우는 건 나쁘지. 나는 바람 같은 건 절대 안 피워"라는 답을 듣고 싶을 것이다. 하지만 "요즘은 다들 바람피우던데", "부인이 남편 욕구를 해결해주지 못하면 별수 없잖아?", "그 여자가 남편에게 하듯이 내 마누라가 나한테 그러면 나라도 바람피우겠다", "어쩐지 요즘 그 집 **부부** 사이가 좋지 않다 싶더라"와 같은 대답이 나올 수도 있으니, 마음의 준비를 단단히 해두기 바란다.

이런 대답에는 그 사람이 외도를 <u>실제로</u> 어떻게 생각하는지가 반영된다. 이렇게 대답한 사람은 어떤 상황에서는 외도를 용인할 수도 있다고 생각하는 편이고, 그런 상황에 처하면 자기도 바람을 피울 수 있는 성향이다. 이런 '제3자' 반응이 100퍼센트 정확하지는 않다고 해도 배우자의 외도 성향을 알아볼 수 있고, 직접 질문할 때 나오는 대답보다 상대의 속마음을 훨씬 많이 반영한다.

그런 남자친구를 위해 살 빼지 마라

내 강의를 듣던 린다라는 학생은 연하의 남자친구를 만나면서 진지하게 결혼을 고민하고 있었다. 린다는 체중 문제 때문에 몸매 관리를 위해 정기적으로 운동을 했다. 하지만 나이를 먹거나 임신하면 결국 살이 찔 것 같았다. 린다는 살이 더 찌면 남자친구가 어떻게 생각할지 알아보고 싶었다. 살이 찌면 남자친구가 싫어할까봐 불안했던 것이다.

어느 날 저녁에 린다는 남자친구에게 〈도전! FAT 제로(The Biggest Loser)〉라는 텔레비전 프로그램을 같이 보자고 했다. 병적으로 비만인 사람들이 운동과 식단조절과 생활습관의 변화로 체중을 줄이는 프로그램이었다. 한 시즌이 끝날 때 체중을 가장 많이 감량한 사람에게 큰 상이 돌아갔다. 프로그램이 중반쯤 흘러가고 있을 때 린다의 남자친구가 불쑥 말했다.
"내 아내가 저렇게 살찌면 차버려야지."

린다가 괜한 걱정을 한 게 아니었다. 그녀의 남자친구는 제3자의 관점에서 말하면서 속마음을 드러냈다. 린다는 남자친구를 떠보려고 "내가 살찌면 나도 차버릴 거야?"라고 물었다. 예상대로 남자친구는 "아냐, 자기야, 자기는 아무리 살쪄도 사랑하지"라고 답했다.

하지만 린다는 내적 혹은 외적 집중이라는 유도신문 기법으로 남자친구의 속마음을 확인했다. 결국 린다는 남자친구와 헤어졌다.

자녀가 있다면 내적 혹은 외적 집중 기법으로 민감한 주제에 관한 평소의 생각을 알아볼 수 있다. 가령 자녀가 마약을 하는지 알아보고 싶다고 하자. 단도직입적으로 "너 마약 하니?"라고 물어보면 자녀는 당연히 사회적 규준에 따라 "아뇨, 말도 안 돼요, 마약은 나쁜 거잖아요"라고 대답할 것이다.

자녀가 마약을 어떻게 생각하는지 알아보기 위한 가장 좋은 방법은 제3자 관점에서 물어보는 것이다. 예를 들어 "아빠 친구 아들 녀석이 학교에서 마리화나를 피우다 걸렸다더라. 넌 어떻게 생각하니?" 아마 "마리화나는 나쁘죠. 전 그런 거 절대 안 피워요"라는 대답을 원할 것이다. 하지만 다음과 같은 대답도 각오해야 한다. "참 멍청하네. 그걸 학교에 가져가면 안 되지", "그냥 풀이잖아요", "별거 아니에요. 마리화나 피우는 애들 많아요"와 같은 대답이 나온다면 자녀가 마리화나를 피우고 있거나 피울 수도 있다는 뜻이다. 물론 이런 대답이 자녀가 마약을 한다는 명백한 증거는 아니지만, 자녀의 성향을 엿볼 수는 있다.

규칙 4. 공감하기: 상대가 어떻게 생각하는지 이해한다고 알리는 공감의 말을 건네고 여러 가지 언어적 관찰 활용하기

사람들은 '자기 입장'에서 자기가 어떤 일을 겪는지 이해해주는 사람에게 호감을 갖는다. 공감의 말과 걱정의 말을 건네면 당신이 그 사람의 처지를 알고 그가 하는 말에 의미가 있다는 것을 안다는 메시지가 전달된다. 그 사이 그 사람의 인정받고 이해받고 싶은 욕구가 충족된다. 그러면 그 사람은 기분이 좋아져서 당신을 좋게 보고 결과적으로 둘 사이에 우정이 싹틀 것이다.

공감의 말로 대화를 시작해 사람들에게 호감을 살 때가 얼마나 많은지 알면 놀랄 것이다. 그저 말하기 전에 잠시 사람들을 관찰하면 된다. 그러면 당신이 바라봐준 상대가 현재의 처지에 관해 불만을 털어놓거나 아니면 행동으로 불만을 드러낼 때가 예상보다 훨씬 많을 것이다. 세일즈맨이나 점원이나 공무원처럼 살면서 한 번밖에 스칠 일이 없거나 가끔 한 번씩 만나는 사람일수록 더 그렇다.

예를 들어보자. 한창 분주한 저녁시간에 음식점을 찾으면 점원이 바쁘게 오갈 것이다. 그럴 때 "저기요, 아주 바빠 보이네요!"라고 한마디만 건네면 대체로 그렇다는 대답과 함께 아주 근사한 서비스가 돌아올 것이다. 상대는 당신이 자기를 바라봐주고 자기가 하는 일이 얼마나 힘든지 인정해줘서 고마워한다. 덕분에 기분이 좋아지고 우정의 황금률에 따라 당신을 좋아할 것이다. 더 큰 공감의 뜻을 전하고 싶다면 상대가 으쓱해할 칭찬 한마디를 보태면 된다. "저기요, 정말 바쁘시군요! **어떻게 이 많은 일을**

다 해내는지 모르겠네요.” “저기요, 정말 바쁘시군요! 저라면 이 많은 주문을 다 처리하지 못할 거예요.”

때로는 상대의 불편이나 불만을 애써 살피지 않고도 공감의 말을 건넬 수 있다. 누군가 어려움을 겪고 있을 테니 그 사람의 어려운 처지를 인정해주면 그 사람이 고맙게 생각할 거라고 짐작할 수 있다. 예를 들어보자. 오후 늦게 백화점 매장에서 하이힐을 신고 일하는 점원을 보면 "와, 온종일 서서 일하시느라 발이 무척 아프겠네요"라고 한마디 건넬 수 있다. 당신의 짐작이 맞을 테고 점원은 당신의 공감 어린 행동에 긍정적으로 반응할 것이다.

부모들은 특히 사춘기 자녀들과 대화를 나누고 싶을 때 공감의 말을 효과적으로 건넬 수 있다. 청소년들은 여러 가지 이유로 부모에게 자신의 정보와 경험을 털어놓고 싶어 하지 않는다. 강요하거나 윽박지르거나 타일러서 억지로 대답을 받아내려 해봤자 괜히 방어반응만 끌어낼 뿐이다. 결국 부모와는 절대로 대화하지 않겠다는 다짐만 굳어진다.

이렇게 아무런 도움이 되지 않는 반응을 피하려면 "너 심각한 문제로 고민하는가보구나", "걱정거리가 있나보구나"라는 식의 공감의 말을 건네야 한다. 그러면 자녀는 몇 가지 반응을 보일 것이다. 첫째, 당신의 말에 동의하고 속마음을 꺼낼 수 있다. 둘째, 부분적으로만 반응할 수 있다. 그러면 다시 공감의 말로 좀 더 자세한 속내를 끌어낸다. 사실 청소년들은 부모에게 고민을 털어놓고 싶어 한다. 다만 약간의 용기가 필요하고 스스로 선택해서 말하는 거라고 믿고 싶을 뿐이다. 셋째, 퉁명스러운 대답과 침묵이 돌아올 수 있다. 이럴 때는 "고민이 있는데 지금은 말하고 싶지 않나보구나. 말하고 싶을 때 말해. 같이 얘기해보자"라는 정도로 공감의 말을 건넬 수 있다.

공감의 말로든 다른 말로든 상대에게 공감을 보여주면 상대를 기분 좋게 해주어 친구로 만들 수 있다. 공감은 성공적인 관계를 맺기 위해 가장 손이 많이 가고 가장 효과적인 우정의 도구다. 당신이 건네는 말과 들어주는 태도는 친분을 쌓거나 무너뜨리는 데 중요한 역할을 한다.

대화의 함정 피하기

앞서 보았듯이 사람들에게 호감을 사고 싶으면 그들의 이야기를 많이 하게 해주고 귀담아들어주어 그들의 이야기에서 나온 정보를 토대로 갖가지 우정의 도구를 선택해 관계를 다지면 된다. 그렇다고 해서 당신과 당신이 친해지고 싶은 사람 사이에 양방향으로 오가는 대화의 흐름을 (자기도 모르는 사이) 방해해서는 안 된다. 대화가 자연스럽게 흐르도록 하려면 대화를 방해하는 일반적인 함정을 피해야 한다.

1. 상대에게 안 좋은 감정을 일으키는 주제를 건드리지 말아야 한다. 부정적인 감정을 자극하면 기분이 나빠져서 결국 당신을 덜 좋아한다.
2. 당신의 개인적인 문제나 가족 문제, 세상의 문제에 관해 끊임없이 투덜대서는 안 된다. 사람들은 자기 문제만으로도 벅차 당신의

문제나 다른 누군가의 문제를 들어줄 여유가 없다.

3. 당신 이야기만 너무 많이 늘어놓아서는 안 된다. 자기 이야기를 너무 많이 떠들면 남들이 지루해한다. 함께 대화를 나누는 상대에게 초점을 맞춰주어야 한다.

4. 쓸데없는 잡담으로 흘러서는 안 된다. 그러면 사람들이 돌아선다 (호감 스위치가 꺼진다).

5. 감정을 너무 적게 혹은 너무 많이 드러내서는 안 된다. 감정을 너무 많이 표현하거나 너무 적게 표현하면 좋지 않은 인상을 심어줄 수 있다.

종합

언어적 행동은 호감 스위치를 켜고 계속 켜두는 데 중요한 요소다. 당신이 하는 말과 상대의 말을 듣는 태도와 상대의 말을 듣고 보여주는 반응은 당신이 친구를 얼마나 잘 사귀고 일정한 선을 넘지 않으면서 정보를 얼마나 잘 알아내는지 판단하는 데 중요한 기준이 된다. 이 장에서 소개한 도구를 활용하면, 장담컨대 우정의 언어로 말할 수 있을 것이다!

Chapter_06

신뢰의 비결

> 건물이 높을수록 토대가 깊어야 한다.
> ㅡ 조지 산타야나(George Santayana)

    친구를 사귀려면 관계를 이어주는 접착제가 필요하다. 이것이 바로 친근감(rapport)이다. 상대와 '연결'되면 친근감이 생긴다. 친근감은 관계가 자라는 토양이다. 작가이자 연설가인 케빈 호건(Kevin Hogan)은 "친근감을 쌓는 과정은 당신에게서 시작된다"고 말했다. 친구를 사귀고 싶을 때 친근감을 형성하는 책임은 바로 당신에게 있다. 잠시 만났다 헤어지는 관계가 아니라 관계를 지속하고 싶다면, 친근감을 쌓고 오래도록 결속력 있는 관계로 발전시키는 책임도 당신에게 있다.

    이 장에서는 친근감을 형성하고 발전시키는 데 필요한 모든 도구를 소개하겠다. 그전에 잠시 친구-적 연속선으로 돌아가보자.

친구-낯선 사람-적

친구-적의 연속선에서는 전혀 모르는 사람(낯선 사람)과 연속선의 한쪽 끝에 있는 친구 사이에 존재하는 우정의 수준이 구분되지 않는다. 물론 정도의 차이가 존재하고, 그 차이에 따라 친근감을 얼마나 쌓아야 하는지가 결정된다. 그러면 우정의 다양한 수준을 알아보자.

낯선 사람-일상에서 마주치는 사람-지인-친구-중요한 사람(배우자)

'우정의 연속선'을 살펴보면 가끔 잠깐 만나는 관계로 시작해서 평생의 관계로 발전하는 동안 중요도가 커지는 것을 알 수 있다. 연속선에서 '일상에서 마주치는 사람'에서 '중요한 사람(배우자)'으로 발전하는 사이 친근감을 쌓는 노력이 더 중요해진다. 한때는 남남이었던 사람들이 점차 서로에게 없어서는 안 될 존재로 발전하는 사이 진지하고 의미 있는 소통이 일어나기 때문이다.

이 장에서는 관심 있는 상대와 친근감을 쌓는 방법을 알아보고 현재 당신이 관심 있는 상대와 효과적으로 친밀감을 쌓고 있는지 판단하도록 도와준다.

친근감 쌓기

인간은 공동체를 이루고 살아야 한다. 그래서 자연히 다른 사람들과 연결하고 싶어 한다. 친근감은 사람들 사이에 마음의 다리를 놓아주고 다양한 수준의 우정이 발전할 수 있는 길을 열어준다. 내가 당신과 친근감을 쌓을 수 있다면 당신이 나를 좋아한다고 어느 정도 자신할 수 있다. 그만큼 단순한 문제다.

나는 증인이나 용의자를 심문할 때 우선 상대와 심리적으로 연결한다. 사람들은, 특히 용의자는 마음에 들지 않는 사람에게는 속내를 털어놓지 않는다. 용의자를 심문하는 것은 결국 그들을 감방에서 오래 살게 할 비밀을 털어놓으라고 요구하는 행위다.

한번은 상습적인 성폭행 용의자를 심문한 적이 있다. 그와 나는 스포츠로 통했다. 일단 친근감의 다리가 놓이자 나는 용의자의 사생활에 깊숙이 파고들 수 있었다. 결국 그는 범행을 자백했다. 그는 재판을 받고 형을 살게 된 이후에도 오래도록 내게 연락했다. 내가 답장을 보내지 않는데도 꾸준히 편지를 보냈다. 편지에는 친구가 되어주고 그를 존중해줘서 고맙다고 적혀 있었다. 내가 그를 상대할 때 존중해주었을 수는 있지만 친구가 되어주었다는 건 그의 착각이었다. 그렇지만 그의 편지는 사람들과 연결하는 방법이 얼마나 효과적인지 잘 보여준다.

친근감 검증하기

친근감을 검증하는 과정은 모든 인간관계에서 중요하다. 누군가와 관계를 쌓아가면서 '우리가 함께 어떻게 하고 있고' '어디쯤 와 있는지' 파악할 수 있기 때문이다. 한 번의 만남이라고 해도, 특히 상대에게 원하는 것이 있다면 그것을 얻어내려고 시도해도 될 만한 시점을 판단하기 위해서는 친근감을 검증해야 한다. 그렇다 해도 친근감을 검증하는 과정은 더 친밀하고 지속적인 관계로 발전하고 싶을 때 가장 중요하다.

간혹 친근감을 형성하는 행동과 친근감을 검증하는 행동이 중첩될 때가 있다. 이럴 때 행동의 정도와 강도는 관계가 깊어지느냐 약해지느냐에 따라 달라지고, 또 깊어지든 약해지든 관계를 객관적으로 측정할 수 있게 해준다. 가령 눈 맞춤은 친근감을 쌓는 행동이다. 눈을 맞추는 시간은 친근감을 검증하는 도구로서 관계가 어느 정도 발전했는지, 혹은 어느 정도 와해되었는지 측정해준다.

우정의 토대가 얼마나 단단한지 확인할 수 있는 주요 행동을 살펴보자.

신체 접촉

신체 접촉은 관계의 강도를 확인할 수 있는 방법이다. 서로 모르는 사람들이 만날 때는 앞서 보았듯이 주로 팔뚝이나 손을 가볍게 건드린다. 이렇게 일반적으로 접촉하는 부위가 아닌 다른 부위를 건드린다면 더 깊은 관계라는 뜻이다.

여자들은 대화를 나누는 상대가 편할 때 둘 다 자리에 앉은 경우라면 손을 뻗어 상대의 팔뚝이나 무릎을 가볍게 건드린다. 둘 사이에 친근감이 생겼다는 뜻이다.

그러나 남자들은 팔뚝이나 무릎을 가볍게 건드리는 행동을 성관계를 맺자는 뜻으로 오해한다. 사실 남자들이 기대하는 그런 경우는 거의 없다. 남자들은 친근감을 표현하는 비언어적 몸짓을 성관계를 제안하는 몸짓으로 해석하는 경향이 여자들보다 훨씬 강하다. 여자가 남자를 가볍게 건드릴 때는 그 남자에게 호감이 있는 정도일 뿐이지 그 이상은 아니라고 가정하는 편이 안전하다. 남자들이 여자의 가벼운 접촉을 성관계를 제안하는 뜻으로 받아들이는 성향 때문에 이제 막 싹트는 관계가 돌이킬 수 없이 어긋날 수도 있다.

남자가 남들이 보는 앞에서 여자에게 접촉할 수 있는 가장 친밀한(성적이지는 않은) 부위는 등의 잘록한 허리 부분이다. 이곳은 남들 앞에서 애정을 표현할 수 있는 권리를 획득한 남자를 위한 부위다. 여자의 잘록한 허리 부분에 손을 대는 행동은 관계의 강도를 보여주는 지표가 될 수 있다. 예를 들어 당신이 만나고 싶은 여자가 다른 남자와 이야기를 나누고 있을 경우, 그쪽으로 다가가면서 상대 남자의 행동을 관찰하면 두 사람의 관계가 얼마나 깊은지 가늠할 수 있다. 남자가 손을 뻗어 여자의 잘록한 허리 언저리를 맴돌기만 한다면 그 남자는 여자에 대한 권리를 주장하려 하지만 아직 여자의 사적 공간에 진입할 권리를 얻지 못했다는 뜻이다. 따라서 이미 진지하게 사귀는 사이에 끼어들지 않고 여자의 사랑을 쟁취할 기회가 아직 남아 있다는 뜻이다.

남자가 조급하게 여자의 허리를 만지려고 한다면 여자는 몸을 움찔하면서 불편하다는 신호나 다른 신호를 보낼 것이다. 반면에 남자가 여자의 잘록한 허리 부분이나 엉덩이 쪽에 손을 대고 있다면 둘의 관계가 상당히 진전된 상태라는 걸 인정하고 다른 데 가서 짝을 찾아야 한다.

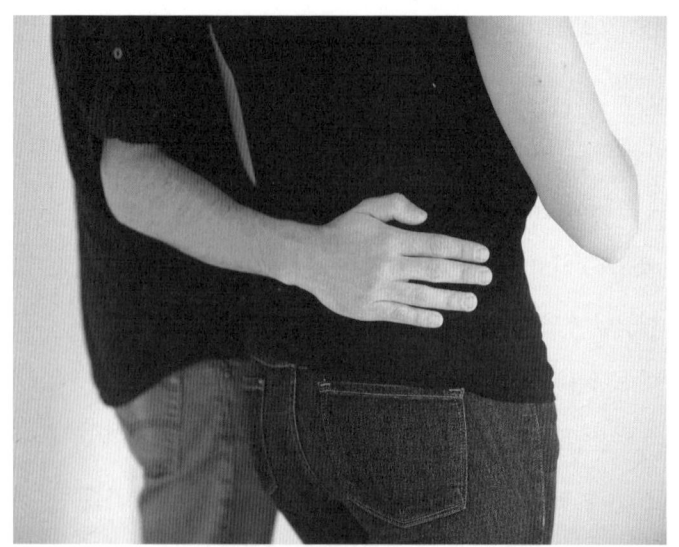

▎ 친밀한 접촉

▎ 권리를 주장하지만 성적인 접촉은 아니다.

깜짝 놀란 스파이

잘록한 허리 부분을 만지는 행위는 20년 이상 외국 정부에 기밀을 넘긴 FBI 요원의 스파이 활동 사건에서 결정적인 단서가 되었다. 이 요원은 미국의 적대 국가에서 정보원을 포섭했다. 정보원과의 관계가 지속되면서 그 정보원이 요원을 설득해서 기밀을 빼내 적국의 정부로 넘겼다. 행동분석팀에서는 그 요원이 정보원과 대화하는 장면이 찍힌 비디오테이프를 확보했다. 그중 한 테이프에 그 요원이 정보원의 잘록한 허리 부분을 만지는 장면이 나왔다. 행동분석관들은 이 행위를 근거로 그 요원이 정보원과 잠자리를 갖기 시작한 날짜와 그 이전을 구분할 수 있었다. FBI 요원이 기밀을 적국에 넘겨준 동기가 드러난 것이다. 결국 그 요원이 외국 정부에 불법으로 기밀문서를 빼돌린 범행에 가담한 사실을 밝히는 수사로 이어졌다.

깃털고르기('몸치장') 행동

연인이나 배우자의 옷에서 보풀을 떼어주거나 넥타이나 외투를 펴주는 식의 깃털고르기 행동은 친근감이 쌓였다는 신호이기도 하다. 반면에 자기 깃털을 고르는 행동은, 특히 상대는 보지도 않고 자기 깃털만 한참 고르는 행동은 상대와의 관계에 관심이 없다는 뜻을 드러내는 적 신호인 경우가 많다.

연구자들은 연애 관계의 강도를 알아보는 기준이 될 만한 깃털고르기 행동을 찾아냈다. 깃털고르기 행동이 많이 보일수록 두 사람의 관계가 돈독하다는 뜻이다. 연애 관계를 평가하기에 좋은 방법이다. 홀리 넬슨(Holly

Nelson)과 글렌 게어(Glen Geher)가 긍정적인 깃털고르기 행동을 정리했다. 그중 일부를 소개하면 다음과 같다.

1. 연인이나 배우자의 머리카락을 손가락으로 쓸어주는가?
2. 샤워나 목욕 중에 연인이나 배우자의 머리를 감겨주거나 몸을 씻어주는가?
3. 연인이나 배우자의 다리나 얼굴을 면도해주는가?
4. 연인이나 배우자가 울 때 눈물을 닦아주는가?
5. 연인이나 배우자의 머리카락을 빗어주거나 만지작거리는가?
6. 연인이나 배우자가 흘린 분비물을 닦아주는가?
7. 연인이나 배우자의 손톱이나 발톱을 정리하거나 깎아주는가?
8. 연인이나 배우자에게서 먼지나 잎이나 보푸라기나 벌레 따위를 털어주는가?

▎ '깃털고르기'는 친근감의 신호다.

9. 연인이나 배우자의 등이나 기타 신체 부위를 긁어주는가?

10. 연인이나 배우자의 얼굴이나 몸에서 음식이나 부스러기를 털어 주는가?

동일 행동(상대의 행동 따라 하기)

친근감을 형성하기 위한 동일 행동 혹은 따라 하기에 관해서는 2장에서

친근감이 충분히 쌓인 모습(위 사진, 따라 하는 행동이 눈에 띈다)과 친근감이 부족한 모습 (아래 사진, 자세가 동시에 나타나지 않고 따라 하는 행동이 보이지 않는다)

다루었다. 그런데 어떻게 이런 행동이 나타나는지 확인할 수 있을까? '이끌기와 따르기'라는 기법으로 시간을 두고 따라 하기 행동이 나타나는지 확인할 수 있다.

심리적으로 연결된 사람들은 서로의 몸짓을 따라 한다. 상대의 몸짓을 일부러 따라 하다보면 친근감이 커진다. 처음 만난 사람도 그 사람의 몸짓을 따라 하면서 친근감을 쌓을 수 있다. 대화 중에 '이끌기와 따르기' 기법으로 상대와의 친근감을 확인할 수 있다. 지금까지는 당신이 상대를 따라 했다면 이제부터는 상대가 당신의 몸짓을 따라 하면서 친근감을 드러내는지 확인할 수 있다. 자세를 바꿔보라. 친근감이 생겼다면 상대가 20~30초 이내에 당신의 자세를 따라 할 것이다.

'이끌기와 따르기'로 친근감을 평가할 때는 팔짱을 끼거나 다리를 꼬거나 눈에 띄는 자세 변화를 준다. 상대가 똑같이 따라 하면 친근감이 생겼다는 뜻이다. 하지만 상대가 비슷하게라도 따라 하지 않으면 친근감을 더 쌓은 다음에 다시 '이끌기와 따르기' 방법으로 친근감이 생겼는지 확인할 수 있다.

머리 넘기기

고개를 젖히며 손으로 머리를 넘기는 행동은 친근감이 생겼다는 표시다. 그리고 머리를 넘길 때는 상대를 바라보아야 한다. 친근감이 생겼다는 긍정적인 신호다. 다음에 나오는 세 장의 사진에서는 '머리 넘기기'의 실제 모습을 연속으로 보여준다.

친근감을 확인할 때 머리 넘기는 모습을 유심히 관찰하라. 머리를 넘길 때 상대를 바라보지 않으면, 즉 눈을 마주치지 않고 머리를 넘기면 친근감이 부족하다는 부정적인 신호다. 이런 행동을 흔히 '쌀쌀맞게 머리 넘기기'라고 한다.

▎머리 넘기기

▎쌀쌀맞게 머리 넘기기

▌ 머리 넘기기 연속 장면

몸의 자세와 위치

친근감을 검증하기 위해 대화 중인 두 사람의 자세를 살펴보는 방법이 있다. 특히 두 가지 행동이 중요하다.

안쪽으로 기울이기

사람들은 마음에 드는 사람이나 물건 쪽으로 몸을 기울이고 마음에 들지 않는 사람이나 물건에서 멀어진다. 친근감이 생기면 상대를 향해 몸을 기울인다. 이라크로 파견될 심문관들에 대한 사전 훈련을 맡아 진행할 때의 일화다. 첫 시간에는 다들 몸을 뒤로 젖혔다. 나는 쉬는 시간이 되기 바로 전에 공감의 말을 건네면서 그들과 연결된 느낌이 들지 않는다고 털어놓았다. 다들 고개를 끄덕였다. 그들은 전에도 두 차례 이라크에 파견된 적이 있다면서 내 자료가 지나치게 기초적인 내용만 다루고 있다고 말했다. 나는 일단 15분간 쉬자고 말하고 연구실로 돌아가서 고급 훈련교본을 가져왔다. 만약 첫 시간에 훈련생들과 친근감이 생기지 않은 점을 알아채지 못했다면 훈련시간 전체가 무의미하게 흘러갔을 것이다.

열린 자세

친근감이 생긴 사람들은 자세가 열려 있다. 열린 자세는 서로에게 끌리고 소통하려는 의지를 보여준다. 열린 자세란 다리를 꼬거나 팔짱을 끼지 않고, 말할 때 손동작을 자주 쓰고, 손바닥을 위로 펼치고, 몸을 약간 앞으로 기울이는 등 긍정 신호를 보내는 자세를 말한다. 열린 자세는 따스한 마음과 신뢰와 호의를 전한다. 열린 자세의 효과를 높이기 위해 고개를 끄덕이거나 고개를 기울이거나 "그렇군요"나 "아"나 "그래서요?"와 같은 추임새를 넣을 수 있다.

친근감을 느끼는 사람은 상대에게 위협을 느끼지 않아 편안하게 열린 자세를 취한다. 그러나 같은 상황에서 위협을 지각하는 사람은 닫힌 자세를 취해 실재하는 위협이든 지각된 위협이든 스스로를 보호하려고 한다. 닫힌 자세는 상대에게 관심이 없다는 뜻일 수도 있다.

닫힌 자세는 열린 자세와 반대다. 팔짱을 끼고 손짓을 적게 하고 친구 신호도 적게 보낸다. 상대가 대화 중에 당신을 바라보기는 하지만 몸통과 발이 다른 쪽으로 향한다면 대화에 온전히 집중하지 않는다는 뜻이다. 무의식중에 자리를 떠나고 싶은 마음을 드러내기 위해 발이 다른 쪽으로 향하는 것이다. 그 밖에 관심이 없다는 신호로는 몸이나 머리를 뒤로 젖히거나, 손으로 얼굴을 받치거나, 이를 쑤시거나, 손톱을 만지작거리는 식의 부정적인 몸치장 행동이 있다.

몸통 방향 바꾸기

친근감이 생긴 사람들은 서로에게 향한다. 상대에게 몸을 기울이거나 몸을 뒤로 빼는 자세는 친근감이 충분한지 부족한지 보여주는 몸통 변화의 한 형태다. 다음 사진은 다른 유형의 몸통 변화를 보여준다. 관심 있는 상대를 마주 보기 위해 몸통을 돌리는 동작이다. 이런 변화는 친근감이 커지는 상태를 나타내는 좋은 신호다.

몸통의 동작으로 친근감을 확인할 때 중요한 규칙은 친근감이 생긴 사람들끼리는 서로에게 몸을 돌린다는 점이다. 이렇게 몸의 방향을 돌리기까지 일정한 과정을 거친다. 우선 상대의 머리가 당신 쪽으로 돌아온다. 다음으로 상대의 어깨가 당신 쪽으로 돌아온다. 마지막으로 상대의 몸통까지 돌아와서 당신을 똑바로 마주 본다. 이런 행동이 나타나면 친근감이 생겼다고 확신할 수 있다.

▎ 몸통을 돌리는 과정

장벽

친근감을 검증하는 방법으로 장벽을 세우거나 치우는 모습을 관찰할 수 있다. 누군가와 함께 있는 자리가 불편하면 앞에 장벽을 세우거나 이미 있는 장벽을 치우지 않는다. 반면에 상대와 대화하는 자리가 편하다면 이미 있는 장벽을 치워 공간을 열어둔다.

몸이나 가슴을 차단하는 행동은 적 신호다. 저녁식사 자리에서 당신과 앞에 앉은 사람 사이에 장식을 가져다놓거나 원래 있던 장식을 치우지 않는 식으로 메시지를 보낼 수 있다.

상대와의 사이에 손이나 발을 놓거나 물건을 놓는 식으로 장벽을 세울 수 있다.

다음에는 장벽이 될 만한 비언어적 행동과 물건을 자세히 소개하겠다. 다음의 장벽이 보이면 두 사람 사이에 친근감이 생기지 않았다고 가정할 수 있다.

팔짱끼기

팔짱을 끼는 자세는 불편한 화제로부터 스스로를 보호하기 위한 장벽 역할을 한다. 친근감이 생긴 사이에서는 위협을 느끼지 않거나 불안해하지 않는다. 상대가 대화 중에 갑자기 팔짱을 낀다면 아직 친근감이 생기지 않았거나 친근감이 약해졌다는 신호다. 대화를 나누는 상대나 대화의 주제가 불편한 사람은 가슴께에 팔짱을 낀다.

▎팔짱을 끼는 행동도 장벽이 된다(몸을 뒤로 기댄 자세는 친근감이 부족하다는 뜻이다).

물건으로 장벽 세우기

상대와의 사이에 음료수 캔이나 쿠션, 핸드백 같은 물건을 놓는다면 그 자리가 불편하고 친근감이 부족하다는 신호다. 여자들은 대화 중인 상대에게 친근감을 느끼지 못하면 앞에 지갑을 놓아 장벽으로 삼는다. 바닥에 내려놓았던 핸드백을 집어 무릎에 올려놓으면 아직 친근감이 생기지 않았거나 친근감이 약화되고 있다는 신호다.

쿠션 대화

내가 훈련시키던 신참 요원에게 장벽의 기능에 관해 설명한 적이 있다. 그는 내 설명을 듣고도 장벽의 효과에 아직 회의적이었다. 그러던 차에 우리가 어떤 목격자를 면남할 일이 생겼다. 면담은 목격자의 집에서 이루어졌다. 목격자가 소파에 앉고, 우리는 맞은편의 팔걸이의자를 하나씩 차지하고 앉았다. 신참 요원이 목격자에게 용의자의 인상착의를 말해달라고 부탁했다. 목격자는 망설이더니 쿠션을 가져다 무릎에 놓았다. 신참 요원은 용의자를 묘사하는 것을 불편해하는 목격자의 심리가 드러난 비언어적 신호를 감지한 듯 내게 곁눈질을 했다. 신참 요원은 공감 어린 말투로 "부인, 용의자에 관해 말씀하시는 게 불편하신가보군요"라고 말했다. 목격자는 그 말에 수긍했다. "맞아요. 그 사람이 또 와서 우릴 해코지할까봐서요." 신참 요원은 다시 공감 어린 말을 건넸다. "보복할까봐 걱정되시는군요." 목격자가 한숨을 쉬며 "네"라고 답했다. 목격자가 묵묵히 보내는 비언어적 변화는 심리 상태의 변화를 보여주었다. 사람들이 말없이 건네는 언어에서 미묘한 변화를 관찰하면 그 사람이 말로 전하는 것보다 더 많은 정보를 얻을 수 있다.

신참 요원은 목격자의 두려움을 다루고, 그것이 근거 없는 두려움인 이유를 설명했다. 목격자가 느끼는 보복의 두려움을 없애주자 목격자는 쿠션을 다시 소파 한쪽에 내려놓았다. 신참 요원과 목격자가 다시 연결된 것이다.

한참 눈감기

불안한 사람은 눈을 한참 감아서 불편한 심정을 드러낸다. 눈꺼풀이 일종의 장벽이 되어 그들을 불안하거나 불편하게 만드는 사람이나 사물을 보지 못하게 막아주는 것이다. 나도 상사의 사무실에 들어갈 때 상사가

1~2초 정도 눈감은 걸 몇 번 보았다. 그런 그의 행동을 보고 그가 바빠서 당장은 나와 얘기하고 싶지 않다는 것을 눈치챘다. 상사와 나는 대체로 서로에게 친근감을 느끼는 편이었지만, 상사가 한참 눈을 감는 날이면 얼른 자리를 피해주었다. 상사가 혼자 있고 싶다는 뜻을 비언어적 행동으로 보여준 날에는 어차피 내 요청이나 의견이나 제안을 반기지 않을 터이기 때문이었다.

눈 깜빡임 횟수

사람들은 불안하면 눈을 자주 깜빡인다. 보통 1분에 15회 정도 깜빡인다. 불안하면 깜빡이는 횟수가 정상 수준보다 많아지거나 줄어든다. 사람마다 '정상적인' 눈 깜빡임 횟수가 조금씩 달라 대화를 시작할 때 상대의 정상 깜빡임 횟수를 파악해야 한다.

컵의 위치

앞서 말했듯이 모든 정보의 70퍼센트는 음식을 앞에 두고 오간다. 사람들은 함께 먹거나 마시면서 대화를 나눈다. 컵을 놓는 위치를 보고 두 사람 사이에 친근감이 생겼는지 알 수 있다. 앞에 앉은 사람이 컵을 가운데에 놓으면 컵이 상벽이 되어 아식 친근삼이 생기시 않았나는 뜻을 선한다. 반면에 컵을 한쪽으로 치워 둘 사이에 공간을 열어두면 친근감이 생겼다는 뜻이다. 다음 세 가지 사진은 남녀 한 쌍이 친근감을 쌓아가는 모습을 보여준다.

▌ 컵의 움직임을 보고 친근감이 쌓였는지 알 수 있다.

첫 번째 사진에서는 컵 두 개가 테이블 앞에 마주 앉은 두 사람 사이에 장벽이 되어준다. 두 번째 사진에서는 여자가 음료를 마시려고 하는 사이 남자가 벌써 한 모금 마셨다. 세 번째 사진에서는 여자가 음료를 다 마시고 컵을 한쪽으로 밀어놓아 남자와의 사이에 공간을 열어두고, 남자는 아직 컵을 들고 있기는 하지만 한쪽 옆으로 가져가 둘 사이에 있던 모든 장벽을 제거하려 한다.

대화 중인 상대와의 사이에 장벽을 치우는 행동은 친근감이 형성된 상태를 알린다. 이렇듯 사람들이 대화 중에 컵이나 다른 물건을 놓는 위치를 보고 친근감을 확인할 수 있다. 상대가 갑자기 당신 앞에 컵을 놓으면 친근감이 줄어들었다는 뜻일 수 있다. 말하자면 컵이나 물건의 위치를 보고 친근감이 줄어들었는지 늘어났는지 보여주는 지표로 삼을 수 있다. 다음 쪽의 사진을 보자.

첫 번째 사진에서는 남녀가 꽃병을 사이에 두고 테이블 양쪽에 앉아 있다. 이어서 두 장의 사진에서는 남자가 꽃병을 옆으로 치워 여자와의 사이에서 장벽(꽃)을 제거한다. 네 번째 사진에서는 장벽이 제거된 상태에서 친근감이 커지고 남녀가 서로에게 몸을 기울이면서 고개도 기울이고 미소도 짓는다. 다섯 번째 사진에서는 친근감이 더 커져 남자와 여자가 손을 잡고 있다. 여섯 번째 사진에서는 친근감이 가장 커져 남자가 여자에게 속삭인다. 속삭임은 친근감을 알리는 또 하나의 확실한 신호다.

시간이 흐르면서 친근감이 쌓이는 과정

친근감이 생긴 상태와 친근감이 없는 상태를 알리는 행동

다음은 친근감이 형성되는 과정에서 어디쯤 와 있는지 판단하기 위해 관찰할 '지표'다.

친근감을 나타내는 친구 신호	친근감의 부재를 나타내는 적신호
눈썹 찡긋하기	눈살 찌푸리기
고개 기울이기	눈 굴리기
자주 웃어주기	냉랭하게 노려보기
서로 마주 보기	오래 눈을 감거나 시선 피하기
친밀하게 접촉하기	신체 접촉이 전혀 없거나 최소한으로 접촉하기
동일 행동(따라 하기)	서로 다른 자세
안쪽으로 기울이기(상대를 향함)	바깥쪽으로 젖히기(상대에게서 멀어짐)
속삭이기	머리카락 꼬기(평소 '습관'이 아닌 경우)
표정이 풍부한 몸짓	도발적으로 서거나 공격적인 자세 취하기
열린 자세	닫힌 자세
장벽이나 장애물 없애기	장벽이나 장애물을 세우거나 이용하기
눈을 크게 뜨기	눈을 가늘게 뜨기
입술을 오므리거나 핥기	거짓으로 하품하기
자주 끄덕이기	부정적으로 고개를 가로젓기
음식 나눠 먹기('포크로 음식 찌르기')	코를 찡그리기
상대의 깃털을 골라주기	자기 깃털을 고르기
머리 넘기기	쌀쌀하게 머리 넘기기

무엇이 보이는가? 이제까지 배운 내용 점검!

앞으로 몇 쪽에 걸쳐 사진이 나오고 사진마다 질문이 붙어 있다. 이제까지 배운 내용을 바탕으로 최선을 다해 질문에 답해보라. 그리고 부록에 실린 정답과 비교해보라.

■ 사진 1 _ 이 사진에서 친구 신호나 적신호를 확인하라.

■ 사진 2 _ 이 사진에서 세 가지 친구 신호를 확인하라.

▎ 사진 3 _ (어려운 질문): 2번 사진에 없던 친구 신호를 확인하라.

▎ 사진 4 _ 이 사진 속 두 사람 사이에 친밀감이 얼마나 생겼을까? 비언어적 행동을 보고 근거를 제시하라.

┃ 사진 5 _ 두 사람이 서로를 어떻게 생각하는지 비언어적 행동을 보고 근거를 제시하라.

┃ 사진 6 _ 두 사람이 서로를 어떻게 생각하는지 비언어적 행동을 보고 근거를 제시하라.

▌사진 7 _ 두 사람 사이의 친밀감을 나타내는 친구 신호로 다른 사진에 없는 행동을 찾을 수 있는가?

▌사진 8 _ 두 사람이 서로를 어떻게 생각하는지 비언어적 행동을 보고 근거를 제시하라.

▌ 사진 9 _ 두 사람이 서로를 어떻게 생각하는지 비언어적 행동을 보고 근거를 제시하라.

▌ 사진 10 _ (어려운 질문): 남자와 여자 중 누가 우세할까? 비언어적 행동을 보고 근거를 제시하라.

Chapter_07

사랑의 심리학

> 사람들은 당신이 얼마나 많이 아는 관심이 없다.
> 당신이 그들에게 얼마나 관심을 가져주는지 알기 전에는.
> _ 지그 지글러(Zig Ziglar)

오래 만난 연인이나 배우자도 여느 친구 사이처럼 잠깐의 만남에서 시작해 친근감을 형성하고 지속하기 위한 갖가지 기법을 이해하고 활용하면서 더 깊은 관계로 발전할 것이다. 친구로 지내다가 시간이 흐르면서 연인으로 발전하는 경우도 있다. 연인으로 발전하면서 늘 변함없이 뜨거운 관계를 유지하기 위해 주목해야 할 새로운 행동이 있다.

이해하기는 쉽지만 지속하기는 어려운 이 행동은 바로 <u>보살핌</u>이다. 가족, 친구, 동료, 멘토를 비롯해 일상에서 마주치는 정도 이상으로 아는 사람을 모두 떠올려보라. 그리고 이런 질문을 던져보라. "이 사람들 중에서 내가 가장 존경하고 그 사람이 원하는 대로 다 해주고 싶은 사람은 누구인가?" 아마 당신을 가장 보살펴주는 <u>느낌이 드는</u> 사람일 것이다. 행동이나 전반적인 태도에서 보살펴준다는 느낌을 주는 사람일 것이다.

보살핌을 정의하려는 시도는 '포르노그래피'를 정의하려는 것과 비슷하다. 대법원의 한 판사에게 포르노그래피를 정의해달라고 하자, 그는 "정의할 수는 없지만 그냥 보면 압니다"라고 답했다. 보살핌도 마찬가지다. 보살핌의 본질을 정의하려고 할 때 보살핌의 근간을 이루는 정서적이고 열정적인 요소를 포착하기란 어렵다. 하지만 직접 경험하면 바로 알아챌 수 있다. 보살핌은 <u>머리</u>보다 <u>심장</u>에 가깝다. 기계적이고 지적이고 평면적인 소통을 넘어 마음 깊이 전해지는 존재의 본질에 다가서는 관계에 관한 개념이다.

관계는 보살핌을 통해 높은 차원으로 발전할 수 있고, 보살핌(caring)이라는 단어를 구성하는 철자는 <u>효과적으로</u> 보살피기 위해 해야 할 일을 의미한다.

C = 연민 혹은 걱정(Compassion/Concern)
A = 적극적 경청(Active listening)
R = 강화(Reinforcement)
E = 공감(Empathy)

그러면 이 네 가지를 하나씩 살펴보면서 연인이나 배우자와의 관계를 오래도록 건강하고 행복하게 지속하려면 어떻게 해야 할지 알아보자.

연민 혹은 걱정

누군가를 보살피는 사람에게는 진심으로 **걱정하는** 마음이 엿보인다. 상처받은 사람에게 그저 지나가는 말을 던지거나 가벼운 반응을 보이는 것이 아니라 그 사람이 겪는 일에 진실로 연민을 느끼고 상황을 개선하는 데 도움을 주기로 약속하려는 자세가 보인다. 연인이나 부부가 오래 함께 지내다보면 한쪽이나 양쪽 모두가 위기를 겪는 순간이 숱하게 찾아온다. 상대를 진심으로 걱정해줘야 할 순간이면서 관계에 진실하지 않다면 그 사실이 여실이 드러나는 순간이기도 하다. 별 탈 없이 잘 지내는 시기에는 관계를 유지하는 것이 상대적으로 수월하다. 그러나 혹독한 위기가 찾아오면 그 사람의 진정한 성격이 겉으로 드러나 원만한지 모난지 밝혀진다.

사실 두 사람이 서로에게 의지하면서 힘든 일이 있을 때 곁을 지켜주고 보살펴주는 모습만큼 아름다운 것도 없다. 병들거나 다친 배우자를 보살피는 것은 매우 힘든 일일 텐데, 이처럼 날마다, 혹은 몇 년씩 상대를 위해 희생하는 모습은 보살핌이 가장 순수한 형태일 것이다.

부디 당신에게는 (건강한 상태가 아니라) 아픈 배우자를 보살펴야 할 상황이 오지 않기를 바란다. 다행히 일상에서도 소소한 노력으로 소중한 사람에게 아끼는 마음을 전할 수 있다. 상대의 일을 거들어주고, 특별한 날이 아니어도 특별한 무언가를 해주고, 가끔씩 '특별한 사람'을 칭찬해주고, 상대가 갈팡질팡할 때 붙잡아주고, 당신을 필요로 할 때 곁에 있어주고, 따뜻한 말을 건네고, 도움의 손길을 내밀어준다. 모두 연민의 마음으로 행하는 보살핌의 행동이다. '상대를 진심으로 사랑해서' 나오는 행동이다. 진심으로 보살펴주면 상대에게서 진심으로 고마워하는 마음이 돌아온다.

언젠가 사람들로 북적대는 워싱턴 D.C.의 한 쇼핑몰 푸드코트에서 점심을 먹고 빈 그릇을 치우러 가는데 어디선가 내 이름을 부르는 소리가 들렸다. 둘러보았지만 딱히 눈에 띄는 사람이 없어서 다시 가던 길을 계속 갔다. 그런데 내 이름을 부르는 소리가 다시 들렸다. 돌아보니 젊은 여자가 내 쪽으로 다가오고 있었다. 여자가 내 앞에 와서 자기를 소개했지만 나는 누군지 알아보지 못했다. 여자는 내가 자기를 살려줘서 고맙다는 말을 하고 싶었다고 말했다. 나는 어리둥절했다. 여자는 "한 10년 전에 여자애 둘이 유괴당한 적이 있어요. 그중 하나가 저예요"라고 말했다. 그러자 곧 그 여자와 다른 여자아이 하나가 포화 속에서 두 명의 경찰관에게 구조된 장면이 떠올랐다. 나는 그녀의 목숨을 구해준 사람은 그 경찰관들이라고 말했다. 여자는 경찰관들이 유괴범에게서 자기를 구조해준 건 맞지만 목숨을 구해준 사람은 나라고 말했다. "왜죠?" 내가 물었다. "제 마음이 만신창이였거든요. 요원님이 세심하게 마음 써주신 덕분에 치유될 수 있었어요."

그 사건이 내게 배정된 날이 기억났다. 상관에게서 유괴되었다가 구출된 여자아이를 면담하라는 지시를 받았다. 아이를 달래서 무슨 일이 있었는지 차분히 말할 수 있게 만드는 데까지 한 달쯤 걸렸다. 매일 한 시간 정도 아이를 만났다. 내가 공감의 말을 건넨 것이 주효했다. 유괴 사건에 관해서는 거의 건드리지 못했지만 당시 열네 살이던 피해자와 자세히 이야기를 나눌 수 있었다. 그 뒤로 다시는 그 아이를 만난 적도 없고 생각한

적도 없지만 그녀는 나를 기억하고 있었던 것이다. "요원님은 절 잊으셨을 거예요. 그래도 전 요원님의 따뜻한 행동을 잊을 수 없었어요. 요원님의 도움이 없었다면, 그 일에서 벗어나지 못했을 거예요." 나는 그녀에게 그저 내 할 일을 했을 뿐이라고 말했다. 나는 빈 그릇이 담긴 쟁반을 내려놓았고, 우리는 헤어졌다. 그날 나는 말이란 한 사람은 잊어도 그 말을 들은 사람에게는 계속 깊은 울림을 줄 수 있다는 사실을 깨달았다.

적극적 경청

적극적 경청이란 상대가 말할 때 말로든 몸짓으로든 공감의 마음을 보여주는 것이다. 오랜 관계에서는 앞서 5장에서 소개한 적극적 경청의 몇 가지 제안이 특히 중요한 의미를 갖는다. 한 사람과 오래 소통하다보면 유대를 강화하거나 약화시킬 방법을 더 잘 이해하기 때문이다.

오랜 관계에서 소통은 서로를 향한 감정을 유지하거나 소진시키는 데 중요한 요소다. 두 사람이 솔직하게 터놓고 소통하면 신뢰가 쌓이고, 서로를 보살피는 마음이 드러나며, 건강한 관계를 유지하려면 무엇이 필요한지 알 수 있다. 어떤 관계든 처음부터 열심히 들어주려고 노력하면 관계를 오래 이어가는 데 도움이 된다. 상대의 말을 경청하면 상대의 욕구나 '기벽', 관심사, 성격, 욕망, 두려움을 비롯해 탐색하거나 피해야 할 주제들을 이해할 수 있다.

적극적으로 경청하지 않으면 수십 년을 같이 산 부부도 배우자의 속마음이나 배우자가 무엇을 원하는지 전혀 모를 수 있다. 상대의 말에 집중하지 않았기 때문이다! 어떻게 이런 일이 있을 수 있는지 믿기지 않겠지만 사실이다. 이런 일은 안타깝게도 생각보다 훨씬 빈번하게 일어난다. 그러나 적극적으로 경청하면 대화가 양방향으로 자연스럽게 오가고, 또 서로 적극적으로 말하고 듣다보면 대화가 더욱 활기를 띤다.

오랜 관계에서 적극적으로 경청하면 무엇보다 배우자를 잘 보살필 방법을 알아낼 수 있다. 새로운 관계를 시작하거나 아직 관계 초반에는 '틀린' 말을 할 가능성이 크지만 관계가 깊어지고 적극적 경청으로 서로를 이해하다보면 실수가 눈에 띄게 줄어든다(완전히 사라지기도 한다).

오래 같이 산 배우자의 말을 적극적으로 경청하면 말의 지뢰와 뜨거운 쟁점을 알아챌 수 있다. 배우자를 아끼는 사람은 배우자에 대한 이해를 토대로 관계를 탄탄히 다질 수 있다. 반대로 이해를 무기로 관계를 약화시키거나 무너뜨릴 수도 있다. 말다툼하다가 의도적으로 상대의 아픈 곳을 '찔러서' 갈등을 악화시키는 동시에 상대에게 정신적 고통을 안겨줄 수도 있다. 아무리 화가 나고 말다툼에서 이기고 싶다고 해도 아주 나쁜 전략이다. 말다툼이 끝나고 애초에 왜 싸웠는지 잊어버린 뒤에도 말이 남긴 후유증은 오래간다.

이전에 나눈 대화에서 알게 된 정보를 내밀어 말다툼에서 이기거나 '일격'을 날리고 싶어도 상대가 이런 정보를 '금지구역'으로 생각한다면 함부로 꺼내서는 안 된다. 혀를 놀리고 싶은 유혹을 떨쳐내라! 세월이 흐르면서 고의로 말의 지뢰를 밟거나 상대의 아픈 곳을 건드리거나 금지구역으로 넘어간다면, 결국 그 관계는 깨질 수 있다.

뜨거운 쟁점을 피하라

경청할 때는 요령이 있어야 한다. 요령 있게 들어주면 배우자를 아끼는 마음이 커 보일 뿐 아니라 배우자를 더 잘 이해하고 관계가 더 탄탄해질 것이다. 요령 있게 경청하기 위한 몇 가지 조언이 있다.

- 배우자가 말을 다 마친 다음에 말을 시작하라.
- 중요한 문제를 상의할 때는 서로 잘 들리는 장소를 찾아야 한다 (시끄럽고 번잡한 식당에서 돈 문제나 일생일대의 사건을 꺼내지 마라).
- 배우자가 말하는 동안 다음에 무슨 말을 할지 생각하지 마라. 배우자의 말에 집중해야지 자기 생각에 집중해서는 안 된다.
- 배우자가 내향적인 사람이라서 말하는 걸 불편해한다면 고개를 끄덕이고 추임새를 넣어서 계속 말하도록 부추겨라(5장 참조).
- 배우자가 말하는 동안 세심히 관찰하라. 대화는 말뿐 아니라 비언어적 신호로도 오간다. 배우자에게 집중해주면 당신이 자기 말에 진지하게 관심을 보인다는 사실이 전해진다.
- 배우자가 일리 있는 의견을 말하거나 좋은 방법을 제안하면 바로 칭찬해줘라.
- 배우자가 내키지 않거나 선뜻 동의하지 못할 말을 한다고 해도 그 말을 당장 묵살하거나 반박하지 마라. 잠시 생각하면서 배우자의

말이 진실일 수 있는지, 적어도 양쪽 모두가 만족할 만한 합의점에 도달할 여지가 있는지 알아보라.
- 배우자가 틀렸다는 점이 분명해지면 상대가 체면을 잃지 않을 방법을 제시해 스스로 잘못을 바로잡게 해줘라.
- 대화가 대립 구도로 흘러갈 것 같으면 '타임아웃'을 제안하라.

강화

강화란 관계에서 한 사람이 상대에게 주는 보상이나 처벌을 활용하는 방법이다. 다음은 연인이나 배우자를 상대할 때 저질러선 안 되는 실수다.

1. 배우자에게 매일 부적절한 보상과 처벌을 주는 방식으로 소통하는 것을 스스로 인지하지 못한다.

간혹 관계의 만족도를 최대로 끌어올리지 못하게 막는 쪽으로 일관된 강화 양식을 드러내는 배우자가 있다. 이렇게 부적절한 강화 양식을 드러내는 배우자에는 세 부류가 있다.

부정적인 배우자

좌우명: "부정적인 면을 부각시켜라. 긍정적인 면을 무시하라."
신조: "잘 해낸 게 무슨 자랑이야? 어차피 당신이 할 일이잖아!"

배우자에 대한 행동: 부정적인 성향과 처벌

부정적인 사람들은 배우자가 잘못하면 "거봐, 내가 말했잖아"라는 식으로 반응하고, 배우자가 잘하면 "안 보여"라는 식으로 나온다. 부정적인 배우자와 사는 사람들이 자주 하는 푸념이 있다. "남편(혹은 아내)에게 그나마 무슨 말이라도 들을 때는 내가 잘못할 때뿐이에요." 부정적인 태도가 배우자에게 비참함과 좌절감을 불러일으키는 것은 당연하다. 잘하면 무시당하고 실수하면 크게 혼나는데 누가 좋아하겠는가? 어떤 아내가 남편에게 이렇게 말했다. "실수를 트집 잡을 거면 잘한 일에도 똑같이 관심을 가져줘요." 배우자가 일을 그르쳐서 바로잡아야 할 때 비판하는 것이 마땅하다면 잘할 때 칭찬해주는 것도 마땅하다고 인정해야 한다.

완벽주의적인 배우자

좌우명: "항상 개선할 점이 있다."

신조: "완벽하지 않으면 가치가 없다."

배우자에 대한 행동: 비현실적인 기준 세우기

완벽주의적인 배우자는 훨씬 적은 노력으로 충분히 할 수 있는 일인데도 필요 이상의 노력을 들여 완벽을 기하도록 요구한다. 완벽주의적인 사람은 배우자가 한 일이 완벽하지 않으면 칭찬하지 않는다. 여기서 문제가 생긴다. 완벽주의적인 사람은 기준이 너무 높아 누구도 칭찬을 들을 만큼 완벽한 수준에 도달할 수 없다. 따라서 완벽주의적인 배우자는 부정적인 배우자보다 한발 더 나가 애초에 그를 만족시키기 불가능할 만큼 높은 수준을 요구한다. 완벽주의적인 사람이 배우자에게 과도한 수준을 요구하지 않으려면 우선 상대의 능력을 존중해주고, 능력에서 한참 벗어난 결과를 요구하지 않으며, 기준을 합리적인 수준으로 낮춰야 한다. 완벽주의적인 배우자는 웬만큼 만족할 수준이면 됐지, 굳이 완벽한 수준까지 끌어올리려고 필요 이상의 시간과 노력을 쏟아붓지 않아도 된다는 사실을 인지해야 한다.

가학적인 배우자

좌우명: "한 번만 실수해도 그동안 잘한 일이 모조리 사라진다."

신조: "실수하니까 인간이다. 실수를 갚아주는 존재는 신이다."

배우자에 대한 행동: 잘한 일에 대한 보상과 실수에 대한 처벌 불균형

가학적인 배우자라고 부르는 이유는 이들이 나비의 날개를 떼는 못된 아이를 연상시키기 때문이다. 배우자에게 칭찬도 자주 해주고 배우자를 인정해주는 등 겉으로는 다정해 보인다. 하지만 이런 사람들의 배우자에 대한 칭찬과 비판의 균형은 특이하고 비현실적으로 기울어져 있다. 이들의 배우자는 칭찬을 쌓을 수 있지만 도중에 실수를 하면 그 <u>하나의 실수로 그간의 공든 탑이 '모조리 무너진다'</u>. 따라서 이렇게 가학적인 배우자가 보다 바람직한 방향으로 변화하고 싶다면 잘한 행동의 무게와 썩 잘하

지 못한 행동 사이의 '공평한' 균형을 이해하고, 한 가지 잘못으로 그간 쌓인 잘한 모든 일을 무가치하게 생각하지 않으려고 노력해야 한다.

2. 배우자에게 '긍정적인 관심'을 충분히 보여주지 않는다.

오랜 관계의 불행한 현실이 하나 있다. 초기에는 서로에게 관심을 쏟고 칭찬해주고 '자잘한 애정 표현'을 자주 하지만 갈수록 열정이 식는다는 점이다. 인간은 언제까지나 긍정적인 관심을 갈망한다는 점에서 불행한 현실이다. 사랑하는 사람이 인정해주고 다정한 행동과 칭찬의 말로 인정해주는 마음을 전해준다면 오랜 관계를 건강하고 튼튼하게 유지할 수 있다.

배우자에게 특별히 인정해주는 마음을 전하는 방법이 몇 가지 있다.

- 배우자가 잘한 일이 있으면 칭찬해줘라. 직장에서 어려운 문제를 척척 해결해내는 점을 칭찬해줄 수 있다. 시민으로서나 사회적으로 얻은 명예를 칭찬해줄 수도 있다. 퇴근길에 빵집에 들러 특별한 디저트를 사다주는 등의 소소한 행동을 칭찬해줄 수도 있다. 칭찬을 통해 당신이 얼마나 고맙게 여기는지 알려야 한다. 배우자에게 '뭔가를 바라고' 칭찬해서는 안 된다. 칭찬해줄 일이 있을 때 마음에서 우러나야 한다. 다행히 칭찬을 하는 데는 돈이 들지 않는다. 배우자를 잘 관찰해서 칭찬할 만한 행동을 찾아낸 다음, 당신이 발견한 긍정적인 면을 말로 표현해주기만 하면 된다.

- 생일이나 기념일이나 특별한 행사처럼 배우자에게 중요한 일을 잊으면 안 된다. 카드에 메시지를 적어서 건네는 사소한 행동 하나에 배우자의 기분이 얼마나 좋아지고 우정의 황금률에 따라 당신의 기분도 얼마나 좋아지는지 알면 놀랄 것이다.

- 배우자를 의사결정 과정으로 끌어들여라. 특히 양쪽 모두에게 영향을 미치는 중요한 일을 결정할 때 배우자를 끌어들여라. 가령 재정 설계나 고가의 물건을 구입하는 결정이나 이직이나 인사이동이나 건강 문제에 배우자를 포함시킨다. 사람들은 어떤 일에서든 자기가 일부 기여했다고 생각할 때 어떤 식으로 결정이 나든 기꺼이 따르고 싶어 한다. 자기가 그 일에 개입해서 일정한 '지분'이 있다고 느끼기 때문이다. 배우자에게 의견을 구하면 나중에 결정에 동의하고, 결정된 대로 따를 가능성이 높아지며, 나아가 <u>의욕적이고 열정적으로</u> 따르게 된다.

- 배우자가 이룬 성과를 남들에게 알려 배우자를 '공식적으로 인정'해줘라. 배우자의 성과를 남들에게 알릴 때 배우자가 부끄러운 듯 '행동'하고 자신의 성과를 깎아내릴 수는 있지만, 그것은 대개 그만 하라는 뜻이 아니다. 내성적인 사람들도 거창하지 않고 세련되게 칭찬해준다면 남들의 인정을 흔쾌히 받아들인다.

3. **배우자가 원할 것 같은 것과 '실제로' 원하는 것이 달라 배우자에게 제대로 보상해주지 못한다.**

어릴 때 크리스마스나 생일에 원하지도 않은 선물을 받아본 기억을 떠올려보자. 돈 많은 친척에게 새 자전거나 두둑한 용돈을 기대했는데 옷이나 백과사전 같은 선물을 받았다면 더 심각했을 것이다.

배우자에게도 같은 실수를 저질러서는 안 된다. 특별한 사람에게 특별한 선물을 해주려고 아무리 많이 고민하고 공을 들여도 막상 배우자가 원하던 선물이 아니면 고마워하지도 않을 것이다. 10년, 20년, 혹은 30년 이상 같이 살다보면 서로 무엇을 원하는지 잘 알 거라고 생각할 수 있다. 그러나 놀랍게도 항상 그런 것은 아니다. 아내에게 밸런타인데이 선물로 진공청소기를 사준 남편의 이야기가 광고나 도시괴담에만 나오는 것은 아니다. 실제로 이런 일이 벌어진다.

배우자가 원하는 것을 선물하기 위한 가장 확실한 방법은 무엇일까? 직접 물어보라! 아니, 더 좋은 방법이 있다. 평소 배우자의 말을 귀담아들으면 된다. 잘 들으면 배우자가 무엇을 원하는지 알 수 있다. 주의 깊게 관찰하라. 주방 식탁에 카탈로그가 펼쳐져 있고 어떤 물건에 빨간색 동그라미가 쳐져 있다면 중요한 단서가 될 것이다.

무엇을 갖고 싶은지 직접 물어보면 상대가 정말로 원하는 선물을 해줄 수는 있지만 '깜짝 선물'이 되지 못한다. 그래서 배우자에게 특별한 상자를 주면서 크리스마스 선물로 받고 싶은 품목의 사진을 넣어달라고 할 수도 있다. 가령 휴지 광고가 될 수도 있고, 평소 갖고 싶었던 가정용품이 될 수도 있으며, 고급 레스토랑의 메뉴가 될 수도 있다. 그러면 당신은 상자에서 한 가지를 골라 선물을 살 수 있고, 선물을 받는 배우자는 정확히 어떤 선물을 받게 될지 알 수 없다. 진정한 의미의 깜짝 선물은 아니지만 놀라움을 선사하는 요소가 있어 선물을 주고받는 과정이 더 흥미로울 것이다.

공감

공감은 보살핌의 마지막 요소이자 오랜 관계를 유지하기 위한 결정적인 요소다. 배우자가 어떻게 느끼는지 알아채고 배우자의 감정을 보살피는 자세는 좋은 관계를 유지하는 데 필수요소다. 같이 오래 살면 자연히 배우자에게 더 많이 공감할 수 있다. 배우자의 기분과 그만의 욕구와 유별난 성격을 세세히 파악할 시간이 많기 때문이다.

배우자의 기분이 좋지 않은 걸 알아채서 따뜻한 말을 건네면 놀라운 일이 벌어진다. 배우자가 힘든 일을 겪는 걸 알아채고 "많이 힘들겠다"라고 공감의 말을 건네면 당신이 상대의 문제를 알아채고 마음을 써서 걱정의 말을 건넬 만큼 상대를 아낀다는 메시지가 강렬하게 전해진다. 몸과 마음이 다친 배우자의 '곁에 머물러주면' 큰 위로가 되고, 이런 공감의 마음은 소중한 기억으로 간직된다.

공감은 관계에서 중요한 부분이다. 그래서 수십 년 전부터 일시적인 관계와 오랜 관계, 사적인 관계와 업무상의 관계를 비롯한 모든 관계를 만드는 데 결정적인 도구로 인정받아온 것이다. 헨리 포드는 공감의 가치에 관해 이렇게 말했다. "성공의 비결은 상대의 관점을 알아채고 내 입장만이 아니라 상대의 입장에서도 상황을 바라볼 줄 아는 능력에 있다."

연민 혹은 걱정, 적극적 경청, 강화, 공감이라는 보살핌(CARE)의 네 요소는 일시적인 우정을 오래가는 관계로 발전시키고 오랜 관계를 그 무엇으로도 만들 수 있다.

화난 사람(자기를 포함해서)에 대처하는 법: 분노 관리 연습

일시적인 관계와 오랜 관계를 만족시키는 방법은 거의 누구에게나 효과적이다(물론 사이코패스는 예외다). 그렇다고 모든 관계가 술술 풀리고 갈등이 말끔히 해소된다는 뜻은 아니다. 좋은 친구나 배우자 사이라고 해도 기분이 좋지 않을 때가 있고, 어떤 쟁점에 관해 서로 의견이 다르면 의견 충돌이 일어나고, 심하면 <u>화가 나서</u> 다툴 수도 있다. 어느 관계에나 불가피한 분노에 대처하는 방법을 알아두면 인간관계의 난관을 무사히 통과할 수 있다.

직접 만나 소통할 때 분노에 대처하는 법

친구나 직장 동료나 가족이 화나면 주위 사람들이 스트레스를 받는다. 직장과 가정에 이런 사람들이 있으면 삶이 무척 팍팍해진다. 효과적인 분노 관리 전략을 쓰면 직장과 가정에서 호의를 베풀고 좋은 환경을 조성할 수 있나.

효과적인 분노 관리 전략을 쓰면 화가 난 상대에게 초점을 맞추어 화를 터트릴 수 있게 해준다. 나아가 분노의 원인에 대처하기 위한 조치를 제시할 수도 있다. 그러면 분노의 고리가 끊겨 개인적인 관계를 손상시키지 않고 위기를 넘길 수 있다. 위기를 무사히 넘기게 해주면 상대는 당신을 좋아하게 된다. 당신이 상대의 스트레스를 줄여주고 그만큼 당신의 스트레스도 줄어들어 상대의 기분이 좋아지기 때문이다.

다음으로 분노를 해소하기 위한 가장 좋은 방법을 소개하겠다.

화난 사람은 논리적으로 생각하지 않으므로 이성적 대화에 끌어들이지 마라

분노는 싸우거나 도망치는 반응을 끌어내 정신적으로나 육체적으로 생존하기 위한 태세를 갖추게 만든다. 일단 싸우거나 도망치는 반응이 작동하면 몸이 의식 차원에서 사고하지 않고 자동으로 위협에 반응한다. 위협이 클수록 합리적으로 생각하는 능력이 줄어든다. 분노는 실재하거나 지각된 위협에 대한 반응이므로 화가 난 사람들에게도 같은 현상이 나타난다. 화가 난 사람은 생각을 거치지 않고 말하거나 행동한다. 이렇게 인지 기능이 작동하지 않는 정도는 분노의 강도에 달려 있다. 화가 많이 날수록 논리적으로 정보를 처리할 가능성도 줄어든다. 화가 나면 논리적으로 사고하지 못하므로 화난 상태에서는 해결책을 선뜻 받아들이지 못한다.

몸이 싸우거나 도망치는 반응에서 정상으로 돌아오기까지는 20분 정도 걸린다. 일단 화가 나면 진정하고 생각을 정리할 시간이 필요하다. 화가 난 사람은 설명이나 해결책이나 문제해결을 위한 선택지를 제대로 보지 못한다. 분노 관리에서는 이렇게 상대가 뒤틀린 반응을 보이면 다시 논리적으로 생각할 수 있을 때까지 기다려주는 자세가 무엇보다 중요하다. 분노의 고리를 끊는 첫 번째 전략은 "화난 사람을 이성적 대화에 끌어들이지 마라"이다. 상대가 화를 삭일 시간을 준 다음에 해결책을 제시해야 한다.

분노한 사람에게는 '화를 삭일 시간'을 주어야 한다. 화난 친구나 동료나 배우자를 대할 때 '베란다에 나가라'고 제안하는 사람도 있다. 불길에서 물러나 불길이 조금 사그라들게 놔둔 다음에 돌아오라는 뜻이다.

간단한 설명으로 화를 누그러뜨리는 예는 많다. 사람은 누구나 자기에게 통제력이 있다고 생각하고 싶어 한다. 화가 난 사람은 더 이상 납득이 가지 않는 세계에서 질서를 찾으려 한다. 그리고 질서가 무너진 세계를 도저히 이해할 수 없을 때 좌절한다. 좌절감이 분노로 표출된다. 어떤 행동이나 문제를 설명해주면 무질서한 세계에 다시 질서가 잡혀 화가 난 사람의 마음을 달래줄 수 있다.

상사와 직원이 나누는 다음 대화에서 이 방법을 확인할 수 있다.

> 상사: 오늘 오전까지 자네가 보고서를 제출할 줄 알았네. 이런 행동을 용납할 수 없어.(분노)
>
> 직원: 영입부에서 사료가 넘어오지 않아서 보고서를 마무리하지 못했습니다. 원래 그쪽에서 시간 맞춰 보내준다고 했거든요.(설명 제시)
>
> 상사: 알았네. 가능한 한 빨리 제출하게.(분노 해소)

화가 난 사람에게 알아듣게 설명해도 납득하지 못하면 말다툼이 악화될 여지가 크다. 분노가 타오르려면 연료가 필요하다. 분노한 사람이 더 심하게 화를 내면 상대가 더 강하게 반응하게 되고, 그러면 또 분노한 사람은 상대의 반응을 연료 삼아 더 크게 화를 낸다. 이런 분노의 고리를 끊지 않으면 어느 시점에 싸우거나 도망치는 반응의 한계를 넘어 논리적으로 생각할 수 있는 능력을 상실한다. 그러다 양쪽 모두 분노의 고리에 걸려들면 문제 해결은 요원해진다.

분노의 고리를 끊기 위한 '세 가지' 방법: 공감의 말, 화 분출, 추정의 말

공감의 말은 상대가 하는 말의 의미나 자세나 감정을 포착해서 비슷한 말로 상대에게 되돌려주는 것이다. 화를 분출시키면 불만이 줄어든다. 화가 난 사람에게 불만을 터뜨릴 기회를 주면 더 이상 화가 나지 않아 좀 더 명료하게 생각하고 열린 마음으로 해결책을 수용한다. 추정의 진술은 상대에게 분노를 유발한 갈등 상황을 해결하는 쪽으로 행동하게 만들어준다. 추정의 진술은 상대가 주어진 (권장된) 행동을 거스르기 어려운 방식으로 구성된다.

다음 대화에는 분노의 고리를 끊기 위한 세 가지 방법이 나타나 있다.

    상사: 오늘 오전까지 자네가 보고서를 제출할 줄 알았네. 이런 행동은 용납할 수 없어.(분노)

    직원: 영업부에서 자료가 넘어오지 않아서 보고서를 마무리하지 못

했습니다. 원래 그쪽에서 시간 맞춰 보내준다고 했거든요.(설명 제시)

상사: 그걸 핑계라고 대나? 영업부에 가서 자료를 받아왔어야지. 오늘 오전까지 보고서를 반드시 완성했어야 하는 거 알잖나. 오후에 고객과의 회의가 잡혀 있어. 이제 뭘 어떻게 해야 할지 모르겠네.(설명 거부)

직원: 고객이 오후에 보고서를 본다고 기대하고 올 거라서 화나신 것 같습니다.(공감 표현)

상사: 그래, 자네 때문에 면이 안 서게 생겼네.(분출)

직원: 제가 오전까지 보고서를 제출할 줄 아셨으니 많이 실망하셨을 것 같습니다.(공감 표현)

상사: 그래, 실망한 정도가 아니지.

직원: 당장 영업부에 가서 자료를 받아와 오후 회의시간 전까지 보고서를 제출하겠습니다.(추정 표현)

상사: 좋네. 어떻게 해오는지 두고 보지.(분노 해소)

'세 가지 방법'으로 '분노의 고리가 끊기는' 과정을 자세히 알아보기

공감의 말

공감의 말은 분노의 고리를 끊는 데 매우 중요하다. 화가 났을 때 상대가 공감의 말을 건네면 놀랍기도 하고 혼란스럽기도 하다. 뜻밖의 순간에 공감의 말을 들으면 처음에는 의심이 들 수도 있지만 계속 공감해주면 그 말에 담긴 걱정하는 마음을 알아채 공감이 신뢰로 이어진다.

공감을 많이 해줄수록 상대가 당신의 말을 어떻게 받아들이는지 곧바로 반응을 확인할 수 있다. 따라서 처음에 건넨 말이 제대로 전달되지 않는 것 같으면 말과 행동에 적절한 변화를 줄 수 있다.

그러려면 어떻게 해야 할까? 공감을 잘하려면 어떻게 해야 할까? 상대가 어떤 기분인지 어떻게 알 수 있을까? 1) 상대가 하는 말의 내용, 2) 상대가 말하는 방식, 3) 상대의 행동, 이 세 가지를 관찰하면 된다.

화가 난 사람을 문제의 해결책으로 유도하고 싶다면, 우선 상대의 감정 상태를 헤아려야 한다. 상대의 감정을 제대로 알면 원하는 방향으로 유도할 수 있다.

어떤 사람의 감정을 파악하려면 그 사람이 외부의 사건에 보이는 말과 태도의 변화에 주목해야 한다. "잘 지내세요?"라고 인사를 건네자 입꼬리가 내려가고 목소리가 착 가라앉는다면 그리 잘 지내지 못한다는 뜻이다. 말과 태도의 변화를 정확히 포착할수록 더 적절히 공감할 수 있다. 얼굴 표정에서 미묘한 변화를 확인하라. 긴장한 목소리인지 살피고 특정 단어를 힘주어 말하는 것을 알아채라. 감정이 실린 단어에 주목하라.

상대의 감정에 휩쓸리지 않으려면 상대의 감정을 느끼게 해주는 연상에 들어갔다 나오는 법을 익혀야 한다. 일단 들어가서 온도를 확인하고 다시 이성적으로 사고할 수 있는 지점으로 빠져나와야 한다.

그럴 자신이 없다면 상대가 어떤 기분이라고 짐작하는지 말해 당신이 제대로 파악했는지 확인하는 편이 나을 수 있다. 어쨌든 당신이 제대로 공감하는지 확인해줄 수 있는 사람은 당사자밖에 없다. 상대의 감정을 반영해주는 방법이 효과적이다. 그러면 상대를 진심으로 아끼는 마음이 전달되어 당신을 더 신뢰할 것이다.

화가 나지 <u>않은</u> 사람에게 공감의 말을 건네면 아랫사람을 어르는 투로 들릴 수도 있지만, 화가 난 사람에게는 그렇게 들리지 않는다. 여기엔 두 가지 이유가 있다.

첫째, 화가 나서 싸우거나 도망치는 반응에 들어가면 정보를 논리적으로 처리하지 못한다. 이런 상태에서는 공감의 말이 인간의 기본 바탕으로 들어가 적절히 공감해주기만 하면 화난 사람에게 거슬리지 않는다. 둘째, 사람들은 본래 특히 화난 상태에서는 누군가 자기 말을 들어주고 동조해주기를 바란다.

효과적으로 공감하려면 우선 화난 근본적인 이유를 찾아야 한다. 단순히 "그래서 화가 났나봐요"라고 말하는 것도 공감 표현이긴 하지만 자칫 어린애를 어르는 투로 들릴 수 있어, 화가 난 사람에게 기름을 붓는 격이 되기도 한다.

FBI에 입사한 지 얼마 지나지 않아 여기서기 많이 놀아다녀야 하는 시기가 있었다. 어느 날 2주 동안 출장을 다녀온 길이었다. 현관문을 열고 나왔다고 말하면서 아내가 따뜻하게 포옹해주고 입 맞춰주기를 기대했으나 따뜻한 환대가 없었다. 대신 아내는 다짜고짜 "언제 왔느냐가 문제지.

나 혼자 집에서 애들이랑 씨름하는데 당신이 거들어주지 않아서 화가 나"라고 쏘아붙였다. "당신 화가 났나보네"라는 식으로 단순한 공감의 말로는 통하지 않을 것 같았다. 그런 식으로 해결될 문제가 아니었다. 대신 나는 아내가 화난 근본 원인을 건드리면서 세심한 공감의 말을 건넸다. "내가 집에서 애들 돌보는 걸 거들어주지 않아서 힘들었구나." 민감한 부분을 건드린 셈이었다. 그러자 아내가 감정을 분출시켰다. "나 수요일 저녁마다 밖에서 친구들 만나러 외출하잖아. 잠시라도 애들한테서 떨어져 어른들하고 대화하면서 기분전환하는 거 알잖아." 이때 "친구들 만나러 외출하고 싶구나"라고 말할 수도 있었지만, 역시 이런 단순한 공감으로 해결될 상황이 아니었다. 대신 나는 아내가 화난 근본 원인을 건드리면서 정교하게 공감의 말을 건넸다. "친구들을 만나면 애들한테서 잠시 벗어나 쉴 수 있으니까 당신한테는 그 시간이 소중하구나."

분노는 근본 문제가 겉으로 표출된 증상일 뿐이다. 공감의 말을 건넬 때는 근본 문제를 공략해야 한다. 분노의 원인을 드러내주면 화가 분출된다. 효과적인 공감 표현으로 화를 다스릴 수 있다.

분출

화난 사람에게 화를 분출하게 해주면 불만을 가라앉혀서 분노의 고리를 끊는 데 매우 효과적이다. 공감의 말은 분노의 대상을 위협적이지 않게 그려준다. 그래서 화난 사람이 싸우거나 도망치는 반응의 영향을 감소시킨다. 화난 사람은 불만을 표출하고 나면 열린 마음으로 해결책을 받아들인다. 일단 화가 가라앉으면 명료하게 생각할 수 있기 때문이다.

분출은 단발성으로 끝나는 사건이 아니라 일련의 사건이다. 대개 첫 번째 분출이 가장 강력하다. 그래서 대화가 시작될 때는 이미 화가 상당 부분 '연소'된 상태일 수 있다. 그 뒤로는 다시 불을 붙일 만큼 기름을 붓지만 않는다면 화를 분출하는 강도가 점점 약해진다.

한번 분출한 뒤에는 휴지기가 따른다. 휴지기에 공감의 말을 건네야 한다. 공감의 말이 분출하도록 부추겨주면 화난 사람은 약한 강도로 계속 분출할 것이다. 다음 휴지기가 끝나면 다시 공감의 말을 건네야 한다. 화가 다 소진될 때까지 계속 공감의 말을 건네야 한다. 한숨이나 길게 내쉬는 숨, 어깨를 축 늘어뜨린 모습이나 눈을 아래로 내리깐 모습은 화가 소진된 상태를 의미한다. 이쯤 되면 추정의 말을 건넨다.

추정의 말

추정의 말은 화가 난 사람을 갈등 해소의 길로 이끌어준다. 추정의 말은 화가 난 사람이 주어진 행동을 따를 수밖에 <u>없도록</u> 구성된다. 추정의 말을 구성하려면 우선 경청할 줄 알아야 한다. 추정의 말은 분노의 힘을 양쪽 모두가 받아들일 수 있는 해결책으로 돌린다.

내가 출장 갔다가 집으로 돌아왔을 때의 어색한 순간으로 돌아가보자. 내가 공감의 말을 건네자 아내의 화가 연소되어 사라졌다. 아내는 길게 한숨을 내쉬고 어깨를 축 늘어뜨렸다. 화가 소진되었다는 뜻이었다. 이제부터 추정의 말을 건네 아내가 해결책으로 가는 행동을 하도록 유도해야 했다.

그래서 나는 이런 추정의 말을 건넸다. "애들을 우리 어머니 댁에 맡기고 근사한 레스토랑에 갈까? 당신은 그런 대접을 받을 자격이 충분해." 아내는 내가 제시한 행동을 따르지 않을 수 없었다. 내 제안을 거절한다면 근사한 레스토랑에서 식사할 자격이 없고, 별로 힘들지 않았으며, 애들에게서 잠시 벗어날 필요도 없다고 인정하는 셈이 되기 때문이었다. 모두 아내가 화를 터뜨리면서 했던 말이다. 이렇게 나는 자칫 부부싸움으로 번져 둘 다 화나고 불만에 시달릴 수도 있는 상황을 무사히 넘겼다.

화가 난 사람이 추정의 진술을 거부한다면 다시 공감의 말로 화의 고리를 끊는 단계로 돌아가야 한다. 아내가 내 제안을 거절했다면 다음과 같은 대화가 이어졌을 것이다.

나: 애들을 우리 어머니 댁에 맡기고 근사한 레스토랑에 갈까? 당신은 그런 대접을 받을 자격이 충분해.(추정의 말)

아내: 그렇게 얼렁뚱땅 넘어가려고?(추정의 말 거부)

나: 하루 저녁 외식으로는 내가 없는 동안 당신 혼자 힘들었던 걸 보상하지 못하겠지. (공감의 말, 분노의 고리 끊기 재시도)

상대가 추정의 말을 거부한다면 아직 화가 다 풀리지 않았다는 뜻이다. 그러면 분노의 고리를 끊는 단계로 되돌아가서 상대가 아직 남은 화를 다 쏟아내게 해줄 수 있다. 사람에 따라 절대로 풀리지 않는 해묵은 분노의 주제가 있다. 가장 좋은 방법은 상대의 거절을 받아들이거나 양쪽 다 다시는 민감한 주제를 건드리지 않기로 합의하는 것이다. 그러면 관계의 경계선을 정해 갑자기 관계를 끝내지 않아도 된다.

화가 난 사람을 상대할 때는 어떤 상황이든 분노의 고리를 끊는 전략으로 접근할 수 있다. 다음의 세관원과 외국인 방문객의 대화는 분노의 고리를 끊어서 분쟁을 해소한 사례다.

세관원: 부인, 흙은 국내 반입이 안 됩니다.

방문객: 성지에서 가져온 성스러운 흙이에요. 절대 못 버려요!

세관원: 부인께 특별한 물건이라서 절대로 버리지 못하시나봅니다.(공감 표현)

방문객: 그럼요, 특별하죠. 은혜로운 흙이에요. 악귀를 몰아내주거든요. 제가 병들지 않게 보호해주고요. 그러니 절대 못 버려요. 누구도 억지로 뺏어가지 못해요!(분출)

세관원: 이 흙이 악귀를 막고 부인을 건강하게 지켜주는군요.(공감 표현)

방문객: 이 흙을 구한 뒤로 한 번도 아픈 적이 없어요. 저한테 꼭 필요해요.(분출)

세관원: 부인께는 건강이 아주 중요하군요.

방문객: 네, 그래요.(한숨을 내쉬며 어깨를 늘어뜨림)

세관원: 같이 해결책을 찾아봐요.(추성 표현) 괜찮으시죠?(방문색이 "싫

다"고 하면 비합리적으로 보인다)

방문객: 그럼요.

세관원: 규정상 흙은 국내 반입이 안 됩니다. 흙속에 미생물이 우글거려서 농산물을 해칠 수도 있거든요.(설명 제시) 사람들이 병에 걸리길 바라진 않으시죠?(추정 표현) (방문객이 "그렇다"고 하면 비합리적으로 보일 것이다)

세관원: 흙을 이리 주세요. 그러면 미국 땅에 들어오실 수 있어요.

방문객: 그렇담 할 수 없죠.(자발적인 순응)

다시 분노의 고리로 들어가기

그래도 방문객이 화를 풀지 않고 흙을 내주지 않으려 한다면 세관원은 다시 분노의 고리로 돌아가서 고리부터 끊어야 한다. 다음 대화에서는 분노의 고리로 돌아가는 예를 보여준다.

세관원: 흙을 이리 주세요. 그러면 미국 땅에 들어오실 수 있어요.

방문객: 싫어요. 이 흙은 오염되지 않았어요. 꼭 가져가야 돼요.

세관원: 흙을 꼭 가져가고 싶으시군요.(공감 표현)

방문객: 저는 이 흙이 있어야 돼요! 한 숟가락도 안 되나요?(자발적인 순응으로 넘어감)

세관원: 아주 조금이라도 가지고 들어올 방법을 찾고 싶으시군요.(공감 표현)

방문객: 그럼요. 한 숟가락만 가지고 들어가면 안 될까요? 그 정도로는 아무것도 해치지 못하잖아요.(자발적인 순응으로 넘어감)

세관원: 아주 소량이라도 농산물에 막대한 피해를 입힐 수 있습니다.(설명 제시) 흙을 이리 주세요. 그러면 미국 땅에 들어오실 수 있어요.(추정 표현)

방문객: 알았어요. 꼭 그래야 한다면 드리죠. 정말 이러고 싶지 않지만요.(자발적인 순응)

분노의 고리로 돌아가도 방문객이 순순히 응하지 않는다면 세관원은 두 가지 선택을 제시해 둘 중 하나를 선택할 기회를 줄 수 있다. 화가 난 사람들에게 두 가지 선택을 제시하면 통제력이 그들에게 있다는 착각을 일으킬 수 있다.

다음의 대화에는 '당신이 선택하라' 기법이 잘 예시되어 있다.

방문객: 흙은 절대로 포기 못해요.

세관원: 흙을 가져가려는 의지가 대단하군요.(공감 표현) 규정상 이 나라에는 흙을 가지고 들어오실 수 없습니다. 결정하셔야 해요. 우선 흙을 포기하고 입국하는 방법이 있어요. 다음으로 흙은 버리지 않아도 되지만 입국은 불가능한 방법이 있고요.(두 가지 선택 제시) 부인의 선택에 달려 있어요. 앞으로의 일은 선부 부인의 결정에 달려 있어요. 원하는 쪽을 선택하

세요.(방문객에게 통제력이 있다는 착각 일으키기)

방문객: 어쨌든 전 이 나라에 입국하고 싶으니까, 진짜로 선택권이 저한테 있는 건 아니죠. 흠을 가져가세요.(자발적인 순응)

세관원: 잘 결정하셨어요. 미국에 오신 걸 환영합니다.

여기서 세관원은 방문객에게 스스로 상황을 통제한다는 착각을 불러일으켰지만, 사실은 방문객이 순순히 응하도록 한 번에 한걸음씩 밀어붙였다.

때로는 겁주지 않고 은근히 영향을 미치는 순응 기법을 적용하면 정작 자신의 자율성을 내주는 기분이 들기도 한다. 그러나 분노의 고리를 끊어 상대에게서 자발적인 순응을 얻어내면 자율성이 높아질 뿐 아니라 엉뚱한 길로 빠져 화난 상대를 더 화나게 자극하고 순응하지 않게 만들 가능성을 줄일 수 있다.

분노의 고리가 끊기면 화난 상대는 당신이 원하는 대로 결정하면서도 당신이 자기를 존중해준다는 느낌을 받을 수 있다. 화가 나서 대립하는 채로는 결코 좋은 결과를 기대할 수 없다.

관계를 살리려고 해봤지만 잘 풀리지 않을 때

이 책에서 소개한 기법으로 건강하고 행복한 관계를 맺고 유지하려고 한다면 거의 다 성공할 수 있다. 그런데 아무리 애써도 잠깐의 관계든 오랜 관계든 계속 나빠지기만 한다면 어떻게 해야 할까? 오래 만나면서 서로에게 헌신해온 관계라면 문제의 징후가 보인다고 해서 그간 쌓아온 관계를 헌신짝처럼 버리고 싶지는 않을 것이다. 실제로 이런 일은 거의 없다. 사람들은 대체로 결혼을 비롯해 오래 지속될 관계를 시작할 때는 그 관계를 지켜나가겠다는 의지를 다진다.

아무리 책임감을 갖고 마음을 다잡아도 오랜 관계를 지속하기 어려울 때가 있다. 왜 그럴까? 여러 가지 이유가 있지만 가장 일반적인 이유는 다음과 같다.

- **관심사의 차이.** 20대에는 세계관과 진로가 같았다고 해도 30년의 세월이 흐르면서 서로 달라질 수 있다. 직업을 바꾸거나 새로운 관심사가 생길 때 두 사람 모두가 변화를 원하지 않는 한 오랜 관계에 엄청난 영향을 미칠 수 있다.
- **'빈 둥지' 증후군.** 자녀가 둥지를 떠날 때, 부모 중 한 사람이나 두 사람 모두 둥지를 떠날 때가 있다.
- **더 큰 자유의 욕구.** 특히 이른 나이에 결혼해서 오래 같이 산 부부는 가끔씩 '덫에 걸린' 느낌에 사로잡히고 독신인 친구들이 누리는 자유를 갈망한다. 남의 떡이 커 보인다는 속담의 전형적인 사례다. 결혼한 사람들은 독신의 자유를 갈망하고, 혼자 사는 사람들은 결혼한 사람들의 결속력을 갈망한다.
- **변화의 욕구.** 60대 후반이나 70대에도 오래 함께 산 부부가 관계를

끝내려는 이유가 궁금한 적이 있는가? 인간이 영원히 살 수 없다는 자각이 드는 데다 새로운 삶을 살아볼 기회를 얻고 싶지만, 기회의 문이 빠르게 닫히고 있다는 생각이 들기 때문이다.

- **한쪽이나 양쪽 모두의 성격 변화.** 성격은 타고난 것도 아니고 사춘기에 굳어지는 것도 아니다. 누구나 세월이 흐르는 사이 성격이 달라진다. 이런 변화로 인해 서로 멀어진다면 오랜 관계라도 헤어질 수 있다.

- **제3자의 방해.** 행동과학자들은 오래전부터 인간이 '본래' 일부일처 성향인지 논쟁을 벌였다. 학자들이 이런 논쟁을 벌이는 사이 사람들은 배우자나 연인을 배신하고 부정을 저지르면서 오랜 관계를 끊임없이 깨뜨려왔다.

- **권태.** 같은 일이 너무 많으면 권태로워질 수 있다. 권태는 한때 흥미로웠던 대화를 따분하고 불만족스럽게 만들어 오랜 관계를 깨뜨릴 수 있다.

- **양립 불가능한 요소의 출현.** 관계가 발전하는 사이 관계 안의 인간도 발전한다. 그래서 어느 한쪽이 상대에게 용납되지 않는 행동을 시작하는 등의 문제가 발생할 수 있다. 예를 들어 한쪽이 과도하게 술을 마시거나 도박에 빠질 수도 있고, 성생활에 흥미를 잃을 수도 있고, 세상과 담을 쌓고 지낼 수도 있고, 심지어 코를 골 수도 있다(얕은 잠을 자는 배우자에게는 불행한 일이다).

다행히 이런 문제의 전부는 아니더라도 대부분은 서로 노력하거나 상담을 받으면서 극복할 수 있다. 함께 극복하려는 양쪽 모두의 의지가 강하고, 관계를 회복하고 다시 온전하게 만들기 위해서라면 무슨 일이라도 하겠다고 나선다면 가능하다.

친한 친구 사이에도 격렬한 말다툼이 오갈 수 있다!

짧은 관계든 오랜 관계든 관계를 아름답게 꽃피우려면 노력이 들어가야 한다. 풀과 나무에서 꽃이 만개하기를 바라는 정원사처럼 관계를 꽃피우려면 세심한 관심과 인내심과 애정으로 관계를 키워야 한다. 불화가 생길 조짐이 보인다고 관계가 그대로 끝나게 놔둬서는 안 된다. 관계를 살리기 위해 가능한 모든 노력을 기울인 이후에 끝내는 방법을 고려해야 한다.

이혼할 때 유리를 깰 것

내가 젊은 부부들에게 기회만 되면 조언하던 방법이 있다. 아직 신선하고 활기차고 애정이 넘칠 때 서로에게 편지를 쓴다. 진심을 담아 상대의 어떤 면이 마음에 들고 어떤 면을 존경하는지 상세히 적는다. 다 쓴 편지를 서로에게 보여주지는 않는다. 대신 봉투에 넣어서 봉하고 겉면에 배우자의 이름을 적는다. 그리고 상자에 넣어 안전한 장소에 보관한다.

그러다 둘의 관계가 틀어질 때 서로 편지를 교환해서 읽어본다. 이런 식으로 서로 애틋했던 한때를 되새기게 해주면 사랑이 재충전되어 둘이 처음 같이 살던 시절로 돌아갈 수 있을 것이나. 앞이 싹 막혀 막막할 때 눌이 함께 문제를 해결하기 위한 길에 들어서게 만들어줄 '무언가'가 절실한 순간에 이런 편지를 읽고 중대한 문제의 해결책을 찾기 위한 동기를 얻을 수 있다.

어떤 남자는 내게 이 방법을 듣고 건물의 화재경보기 상자처럼 앞면이 유리로 된 나무상자를 하나 제작했다. 그리고 쇠사슬로 작은 철제 망치를 상자에 매달았다. 상자에는 이렇게 적혀 있었다. '이혼할 때 유리를 깰 것.' 상자에 든 편지에는 부부가 처음 사랑에 빠졌을 당시 서로를 좋아하고 존경한 이유가 담겨 있었다. 부부싸움이 시작되거나 의견 충돌이 심해질 때 둘 중 한 사람이 "이제 유리를 깰 때가 됐나?"라고 말할 수 있었다. 이렇게 간단한 장치가 싸움이나 충돌을 순식간에 가라앉히고 갈등을 해결하는 데 도움을 주었다.

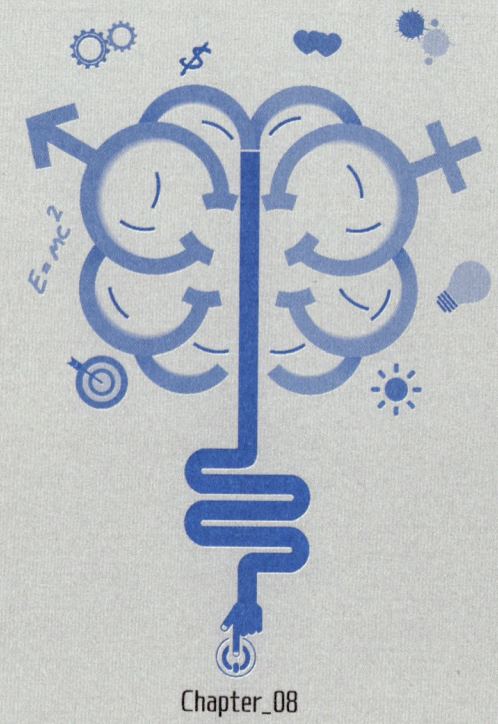

Chapter_08

익명의 시대, 네트워크 처세술

> 인터넷에서는 누구나 자기가 원하는 사람이 될 수 있다.
> 그러니 현실세계에서 만나면 문제가 생길 수밖에 없다.
> _ TOKII.COM

다음에 소개할 이야기는 실화다. 오늘날과 같은 디지털 시대에만 일어날 수 있는 일종의 사랑이야기다. 예순여덟 살 교수와 체코의 비키니 모델의 이야기다. 채플힐에 위치한 노스캐롤라이나 대학교에서 30년간 이론입자물리학 교수로 재직한 교수는 지적인 면에서 조금도 부족함이 없는 사람이었다.

교수는 이혼한 뒤 얼마 안 되어 외로움에 사무치던 중 온라인 만남 사이트에서 체코의 한 미녀와 연결되었다. 한참 이메일과 채팅과 인스턴트 메시지를 주고받은 뒤 교수는 체코의 미녀가 모델 일을 접고 그와 결혼하러 와줄 거라고 믿었다. 인터넷상의 여자가 사기꾼일 수도 있다고는 추호도 의심하지 않고, 젊고 매력적인 모델이 대체 왜 그를 남편으로 택하겠느냐는 의문도 전혀 품지 않은 듯했다.

안타깝게도 교수는 그 이유를 아주 고통스럽게 알게 되었다. 모델과 통화하려고 수차례 시도한 끝에 비로소 모델이 가상현실에서 현실세계로 나와주기로 했다. 모델이 일하던 볼리비아로 날아가 모델을 만나기만 하면 되었다. 교수는 기꺼이 그쪽으로 날아가기로 했다. 그리고 필설로 다하기 어려울 만큼 뼈아픈 이야기가 이어졌다.

항공권 문제로 약속한 시간보다 늦게 볼리비아에 도착해보니 그의 '여자친구'는 이미 떠나고 없었다. 모델은 그에게 걱정하지 말라면서 벨기에의 브뤼셀로 출발하는 항공권을 보내주겠다고 했다. 브뤼셀에서 촬영하고 있을 테니 거기서 만나자는 것이었다. 다만 볼리비아에 두고 온 가방 하나를 가져다달라고 했다. 결국 그 가방은 부에노스아이레스 공항에서 걸렸다. 가방에는 코카인 1,980그램이 숨겨져 있었다. 교수는 마약밀수 혐의로 기소되었지만, 다행히 가벼운 형을 선고받았다.

그러면 체코의 **실제** 비키니 모델은 이 사건에 어떤 반응을 보였을까? 자기 이름이 마약밀수 범죄에 연루된 사실을 알고 무서워했고, 인터넷에서도 다른 어디서도 만난 적이 없는 교수를 '불쌍히' 여겼다. 「뉴욕 타임스」에 이 사건을 자세히 소개한 맥신 스완에 따르면 교수는 "교도소에 들어간 지 한 달쯤 지나 다른 재소자들의 말을 듣고서야 그가 접촉한 여자가 실은 여자를 가장한 남자일 수도 있다고 생각했다".

이 이야기를 읽고 디지털 세계에서 사람을 만나고 친구를 사귀는 행동을 삼가라는 뜻으로 받아들일 수도 있다. 하지만 전혀 그런 이야기가 아니다. 친구와 사기꾼을 구별할 줄만 안다면 온라인 환경이 분명 유리할 때도 있다.

인터넷은 내향성 친화적이다

내향적인 사람들은 직접 만날 때보다 소셜 네트워크에 정보를 더 많이 공개한다. 인터넷에서는 의미 있는 반응을 생각할 시간이 넉넉히 주어지기 때문이다.

내향적인 사람은 특히 모르는 사람들과 대화를 시작하기 어려워하는데 소셜 네트워크에서는 이런 사회적 압력이 제거된다. 소셜 네트워크에서는 또한 내향적인 사람이 외향적인 사람들의 끊임없는 방해 공세에 시달리지 않고 마음껏 자기를 표현할 수 있다. 마지막으로 내향적인 사람들은 현실의 대화에서 흔히 날아오는 부정적인 피드백에 노출될 걱정 없이 자기 생각을 솔직히 피력하고 싶어 한다.

인터넷에서는 '공통점'을 찾기 쉽다

인터넷은 유사성의 법칙(4장)이 적용될 가능성이 높은 환경이다. 비슷한 관심사를 가진 사람들이 서로 공통점을 발견하고 싶을 때 디지털 세계가 완벽한 환경이 되어준다. 우표를 수집하는 사람들을 만나고 싶은가? 인터넷에 우표 수집 모임이 있다. 앤티크 자동차를 자랑하는 사람들에게 관심이 있는가? 앤티크 자동차 인터넷 모임이 있다. 스포츠 팡팬이면서 동물 보호소에서 자원봉사자로 활동하고 워싱턴 주에서 나는 유기농 사과를 먹는 사람들의 특별한 모임을 찾고 싶은가? 이런 인터넷 모임이 있다. 음, 아마도.

인터넷에는 현실의 활동이든 상상의 활동이든 거의 모든 활동에 몰두하는 수백만의 사람들과 수천 개의 채팅방과 동호회가 있어서 마우스 클릭 한 번이면 관심사가 비슷한 사람들을 만나 친구가 될 수 있다.

숫자

원하는 자격과 관심사를 갖춘 친구를 만나고 싶다면 어디서 찾아봐야 할까? 술집이나 수백 명이 모이는 공공장소에 가서 찾아야 할까, 아니면 마우스 클릭만으로 수천만 명과 접속할 수 있는 인터넷에서 찾아야 할까? 인터넷을 하는 사람의 숫자만으로도 특정한 요구에 꼭 들어맞는 사람을 발견할 가능성이 커진다.

인터넷에서는 창피당할 가능성이 적다

인터넷에서는 익명성과 마우스 클릭으로 만남을 시작하고 끝낼 수 있어서 직접 만나 대놓고 반박하거나 거절당할 때의 수치심과 창피를 겪지 않아도 된다. 물론 온라인에서도 문제가 될 만한 정보나 사진을 올리면 창피를 당할 수 있다(세간의 이목을 끄는 유명 정치인과 유명인의 수많은 사례에서도 알 수 있다).

인터넷에서는 친구로 사귈 만한 사람을 미리 검증할 수 있다

특히 만남 사이트에서 짝을 찾으려는 사람들에게는 배우자감으로 원하는 요소를 기술할 기회가 주어진다. 물론 당신이 올린 자격 정보를 읽는 사람이 모두 그런 자격을 갖춘 것은 아니다. 인터넷에서는 당신이 원하는 자격을 갖추지 않은 사람들도 연락한다. 다행히 일부 온라인 사이트에는 선별 장치가 마련되어 있어 연락하는 사람의 수를 어느 정도 제한할 수도 있다.

인터넷에서는 '사람들을 확인할' 기회가 주어진다

인터넷에는 정보가 넘친다. 정보를 찾는 법을 알거나 어떤 일이나 어떤 사람에 관해 자세히 알아보고 싶을 때, 인터넷은 그야말로 정보의 보고다. 인터넷에서는 직접 만난 사람이든 온라인으로 만난 사람이든 진지하게 만나고 싶은 상대에 관해 자세히 알아볼 수 있다. 특히 온라인으로 만난 사람에 관해 알아볼 때 더 유용하다. 온라인에서는 말과 몸짓을 통해 정보를 수집할 수 없기 때문이다.

인터넷에서 일대일로 소통하는 기술이 발전하면서 친구를 만나고 연인을 사귀는 풍경이 크게 달라진 것은 사실이다. 이런 디지털 소통이 꾸준히 인기를 끌면서 앞으로 사람들이 관계를 발전시키는 방법에 더 큰 영향을 미칠 것이다.

이런 변화가 우리에게 어떤 의미가 있을까? 찰스 디킨스의 말을 빌리면 "최고의 시간일 수도 있고, 최악의 시간일 수도 있다". 올바르게 활용하고 적절히 안전장치를 갖추면 인터넷에서 친구를 사귀는 것이 보람 있고 유익한 경험이 될 수도 있다. 그러나 만약의 위험을 주의하지 않고 인터넷 관계에 뛰어들면 큰 낭패를 볼 수 있다. 노트북을 켜거나 스마트폰을 집어들기 전에 다음 몇 가지 주의사항을 염두에 두어야 한다.

주의사항: 불멸의 미래

페이스북, 트위터, 인스타그램, 채팅방, 관심사 동호회, 이메일, 블로그, 인터넷 검색 엔진, 만남 사이트 등 친구나 평생의 배우자가 될 사람을 만날 기회는 무한히 열려 있다.

그러나 인터넷에 접속할 때마다 혹시라도 치를지 모를 대가를 두려워해야 한다. 아니, 영화 〈조스(Jaws)〉의 예고편을 빌리면 **바짝 긴장해야** 한다. 당신이 내뱉은 말, 방문한 사이트, 게시한 사진, 심지어 이메일과 인스턴트 메시지까지 모두 인터넷에 올라간 즉시 불멸성을 얻어 사이버 족적을 남긴다. 모래 위의 발자국과 달리 사이버 족적은 쉽게 지워지지 않는다!

미래의 회사나 연인, 스토커, 비즈니스, 정부 당국까지도 당신의 사이버 활동을 조사해서 당신을 파악하고 당신을 어떻게 할지 결정할 것이다. 그것이 비록 수십 년 전 정보라 해도 말이다!

당신이 인터넷에 올린 게시물이 당신이 누구인지 말해준다는 사실을 명심해야 한다. 영원히 말이다! 컴퓨터 앞에 앉아 인터넷에 접속할 때마다 스스로에게 항상 이렇게 물어보라. "내가 하려는 행동이 내일이나 한 달 후나 10년 후 지역신문 1면에 실려도 부끄럽지 않은가?" "그렇다" 또는 "어쩌면"이라는 답이 나온다면 전송 버튼이나 엔터키를 누르기 전에 좀 더 생각해보라. 신중히 생각한 덕분에 내일이나 미래에 두통과 근심에서 벗어날지도 모른다.

사이버 공간을 방문할 때는 적절한 디지털 예절을 익히고 실천하라

기술이 급속도로 발전하는 바람에 컴퓨터와 스마트폰 같은 장치를 이용하는 행위에 관한 사회적 규범이 항상 보조를 맞추는 것은 아니다. 그래도 우리와 주변 사람들이 보다 안전하고 즐겁게 인터넷을 이용할 수 있게 해주는 몇 가지 지침이 있다. 이 지침을 잘 따르면 또한 문자를 보내거나 대화를 나누거나 검색하면서 온라인에서든 가까이 있는 사람들 중에서든 적보다는 친구를 만날 가능성이 커진다.

스마트폰

플로리다의 한 영화관에서 어떤 남자가 객석 조명이 꺼진 뒤 스마트폰을 보다가 총에 맞아 사망한 사건이 있었다. 물론 부적절한 장소에서 적절치 못한 방식으로 문자를 보내거나 통화한다고 해도 이런 변까지 낭할 가능성은 크지 않다. 그러나 당신과 당신의 정보를 보호하기 위해서라도 간단히 따라야 할 지침이 있다.

1. 공공장소든 사적인 공간이든 벨소리가 주의집중을 방해하고 부적절하다면 이동통신 장치를 모두 무음으로 설정해야 한다.

2. 공공장소든 사적인 공간이든 말소리가 주의집중을 방해하고 부적절하다면 모든 이동통신 장치 이용자는 통화를 삼가야 한다(예를 들면, 나는 근사한 레스토랑에서 느긋하게 식사하면서 당신이 집이나 회사의 문제를 주저리주저리 늘어놓는 소리를 듣고 싶지 않다). 스마트폰은 해킹당할 수 있다. 지역신문에 실리고 싶지 않은 사진이나 정보는 스마트폰에서 삭제해야 한다.

3. 휴대전화 청구서에는 통화 내역이 자세히 기록되어 있다. 당신이 누구에게 전화하고 누가 당신에게 전화했는지 남들에게 알리고 싶지 않다면 이 사실을 명심해야 한다.

4. 사람들이 부적절하다고 여길 수 있는 행동을 스마트폰에 남기는 것은 좋은 생각이 아닐 수 있다. 예를 들어보자. 영국에서 온 어떤 여자가 남자친구의 스마트폰에서 그가 개와 성관계 나누는 장면을 보았다. 설상가상으로 그 개는 그녀의 애완견이었다! 여자가 이 사건에 어떻게 반응했는지는 알려지지 않았다.

5. '섹스팅(sexting, 음란한 문자나 사진을 주고받는 행동-옮긴이)'은 (특히 사진을 보내는 경우) 부부간에도 삼가는 편이 낫다. 부부가 이혼하고 한쪽이나 양쪽 모두가 보복하려고 할 때 섹스팅으로 주고받은 사진이 소셜미디어에 올라갈 수도 있다.

6. 가상현실을 현실의 관계보다 중시해서는 안 된다. 앞에 앉은 사람

이 스마트폰으로 통화하는(그리고 쉴 새 없이 소셜미디어를 확인하는) 행동을 참아주는 정도는 사람마다 다르다. 상대(데이트 상대나 친구나 동업자)도 이런 기술을 좋아해서 남보다 잘 참는 편이라고 해도 같이 있으면서 통화하거나 메시지를 확인하거나 휴대전화를 자주 넘겨보는 행동은 적절치 않아 보인다.

앞에서 언어적 의사소통을 다루면서 상대의 말에 집중해서 들어주는 태도가 얼마나 중요한지 설명했다. 경청하면 상대에게 관심과 존중의 마음을 보여주어 상대가 당신을 좋아하게 되고, 친구관계를 유지하는 데도 도움이 된다. 누군가 앞에 있는데도 스마트폰이 탯줄에 매달린 것처럼 계속 들여다보면 좋은 관계를 기대할 수 없다.

7. 휴대전화는 (지역과 상관없이) 같은 번호로 시작하고 통화 품질이 항상 깨끗하지는 않기 때문에 답신을 받기 위해 음성 메시지에 전화번호를 남길 때는 전체 번호를 두 번 반복해서 말해야 한다. 그래야 상대가 당신에게 답신하기 위해 필요한 정보를 정확히 얻을 수 있다.

이메일

1. 공식적인 소통과 비공식적인 소통을 나눌 때 이메일은 문자 메시지와 편지의 중간 어딘가에 속한다. 물론 지원하려는 회사나 사업상 중요한 사람에게 보내는 이메일은 공식적인 편지처럼 심사숙

고하고 문법에 맞춰서 써야 한다. 그리고 이메일은 문자 메시지에 흔히 쓰이는 약어를 빼고 맞춤법도 확인한 다음에 전송하는 것이 좋다.

2. 이메일을 보낼 때는 아이디를 신중하게 정해야 한다. 친구들끼리 이메일을 주고받을 때는 괜찮은 아이디라고 해도 회사에 입사지원서를 넣거나 자녀의 학교 관계자에게 이메일을 보낼 때는 부적절할 수 있다. 경영대학원에서 인적자원관리에 관해 강의하는 동료가 내게 '부적절한 아이디의 명예의 전당'에 오른 아이디를 보여주었다. 학생들이 실제로 직장에 지원서를 제출할 때 사용한 아이디였다. 맨 위에 오른 것은 '빨개지도록 핥아줘(Lickmered)'였다.

3. 이메일 본문을 대문자로만 작성해서는 안 된다(LIKE THIS). 실제로 상대에게 소리 지르면서 대화하는 것과 같은 의미로 받아들여져 무례하게 보일 수 있다.

4. 화가 많이 나거나 흥분한 상태에서는 절대로 이메일을 쓰면 안 된다. 앞에서 흥분한 상태에서는 이성적으로 생각하지 못한다고 설명했다. 감정이 격해진 상태에서 쓴 이메일에는 이런 인지과정이 고스란히 담긴다. 쓰지 않고는 도저히 참을 수 없는 경우, 써놓고 보내지는 말아야 한다. 적어도 당장은 보내면 안 된다. 몇 시간 지나 마음이 어느 정도 진정되었을 때 다시 읽어본 다음 전송할지 말지 판단해도 늦지 않다. 보내기로 결정하더라도 대폭 수정해야 할 것이다.

분노에 찬 이메일을 바로 보내면 안 되는 또 하나의 이유는 상황을 더 악화시킬 수 있기 때문이다. '가만 놔두면' 몇 시간 안에 문제가 해결될(혹은 사라질) 수도 있는데 성급하게 화를 내면 이런 가능성이 크게 줄어든다.

5. 이메일을 보낼 준비가 되었으면 수신자를 반드시 확인해야 한다. 수신자를 지정하고 '전체 답장'으로 발송하지 않도록 확인해야 창피당할지 모를 상황을 피할 수 있다.

6. 이메일은 '영원히' 남을 수 있다(적어도 사이버 공간에서는 몇 달이나 몇 년씩 떠돌아다닐 수 있다). 이메일은 일단 '전송'되면 그 나름의 생명력을 얻는다. 복제되고 전달되고 저장된다. 이메일을 작성할 때마다 스스로에게 이렇게 물어야 한다. '이 이메일이 공개되고 오랜 기간 공개된 상태로 남는다 해도 전송하고 싶은가?'

7. 삭제된 이메일은 '지운' 지 몇 달 안에 복구가 가능하다. 메일 서버에서 삭제된 이메일을 자기네 컴퓨터에 '저장'하기 때문이다. '삭제된' 줄 알았던 이메일이 복구되면 안전하게 파기된 줄 믿고 있다가 자기에 관한(혹은 자기에게서 나간) 민감한 정보가 밝혀질 수 있다. 그런 사람들은 공개 법정에서 이런 불안한 소식을 접하는 경우가 많았다.

8. 이메일 첨부파일은 정확히 누가 보냈고, 그 사람이 실제 발신자가 맞는지 확인하기 전에는 절대로 열어보면 안 된다(타인의 컴퓨터에서 이메일 주소에 불법으로 접근해 그 사람의 주소록에 있는 사람들에게 바

이러스가 포함된 메시지를 전송하는 예가 있다. 확인된 사람의 컴퓨터에서 온 메일이라서 합법적으로 보인다). 꼭 필요한 경우가 아니라면 첨부파일은 아예 열어보지 않는 것이 최선이다. 컴퓨터에 첨부파일을 선별하는 보안 프로그램(예를 들어 노턴이나 맥아피)을 설치해 보호하는 것도 좋은 방법이다. 이런 프로그램도 없이 첨부파일을 열어보는 행위는 피임기구 없이 성관계를 맺는 것과 같다.

소셜 사이트(페이스북, 트위터, 텀블러 등)

1. 게시물을 볼 수 있는 사람을 설정하는 필터링 기능은 소셜 네트워크마다 다르다. 이런 설정을 알아두어 적절히 사용해야 한다.
2. 소셜 네트워크에 올린 게시물은 누구나 접근해서 복제할 수 있다고 생각해야 한다. 게다가 대학 시절에 술을 마시면서 '즐거운 한때'를 보낸 당신의 모습이 담긴 파티 사진을 언젠가 장래의 고용주나 미래의(혹은 현재의) 배우자, 또는 부모와 시부모나 처가 부모가 볼 수 있다는 사실을 염두에 두어야 한다.
3. 온라인에서 사이버 족적을 제한하는 것이 바람직하다. 소셜 네트워크를 너무 많이 이용하면 이런 족적이 늘어나 언젠가 문제를 일으킬 수도 있다.
4. 친구 요청을 수락할 때는 신중히 생각하라!

★ 디지털 탐정 ★

지금쯤 다들 알겠지만 나는 비행기를 자주 타는 편이다. 언젠가 내슈빌 공항 게이트에서 더 일찍 출발하는 항공편의 대기자 명단에 내 이름을 올릴 수 있는지 알아보았다. 이번에는 좌석 업그레이드를 받은 이야기가 아니다. 게이트에서 남자와 여자가 고가의 디지털 카메라를 들여다보고 있었다. 그리고 이런 대화가 들렸다. "카메라에 이름도 없고 누구 건지 확인할 정보가 없어. 누구 건지 알아내어 돌려줘야 되는데." 나는 그들에게 무슨 일이냐고 물었다. 둘이 동시에 "저희는 아메리칸항공의 FBI 요원입니다"라고 답했다.

나는 은퇴하긴 했지만 나도 FBI 요원이라고 말했다. 그리고 아무 단서도 없이 카메라 주인을 어떻게 찾느냐고 물었다. 남자가 카메라를 켜서 카메라 주인이 찍은 사진에서 단서를 찾겠다고 말했다. 그들이 수수께끼를 풀듯이 카메라를 들여다보는 모습을 보면서 나도 호기심이 생겼다. 그들은 날짜가 표시된 사진을 앞으로 돌리면서 단서를 수집했다. 주인은 히스패닉계 남자였다. 라스베이거스에서 사흘 머물렀고 가족사진이 없는 걸로 봐선 업무상 출장을 온 것 같았다. 숙소는 벨라지오 호텔이었다.

두 요원은 계속 사진을 돌려보았다. 그러다 여자가 남자에게 하이파이브를 하면서 "찾았어요!"라고 외쳤다. 그녀는 내게 그 전주에 찍힌 사진 한 컷을 보여주었다. 사진에 중목 구조에 파란색 벽널을 댄 새집이 찍혀 있었다. 나는 그 사진을 보았지만 두 사람이 흥미를 보인 단서를 알아보지 못했다. 여자가 그 집을 가리키면서 "이런 집은 동부 연안에서 많이 짓는 양식이에요." 나는 속으로 '좋아요, 그래서요?'라고 말했다. 여자는 내게 앞마당에 보일 듯 말 듯 한 '팝니다'라는 표지판을 가리켰다. "그렇군요." 나는 표지판의 의미를 모른 채 대꾸했다. 여자는 줌 기능으로 부동산중개소의 주소와 전화번호를 확대해 선명하게 보이게 했다. 부동산중개소는 사우스캐롤라이나 주의 컬럼비아에 있었다.

드디어 나도 감이 왔다. "카메라 주인이 사우스캐롤라이나의 컬럼비아에서 왔나보군요. 딱히 집을 살 생각이 없었다면 매물로 나온 집을 사진까지 찍지는 않았겠죠." 그러자 여자가 "좀 전에 탑승한 비행기가 사우스캐롤라이나 주의 컬럼비아행이었어요"라고 덧붙였다. 여자가 탑승자 명단을 꺼냈다. 다행히 히스패닉계 이름은 몇 명밖에 없었다. 나는 내 비행기에 탑승해야 해서 확인하지 못했지만 아메리칸항공의 FBI 요원들이 카메라를 주인에게 돌려주었을 거라고 믿는다.

나는 추상적인 디지털 단서 몇 가지로 분실 카메라 주인의 행적을 간단히 추적할 수 있다는 데 놀랐다. 그리고 그들이 분실 카메라를 돌려주려고 열심히 단서를 찾아보는 모습에 더 놀랐다. 그들은 분실했거나 분실한 줄도 모르는 전자장비를 비슷한 방법으로 수없이 돌려주었다고 말했다. 이 이야기의 요지는 디지털 세계에서는 익명으로 남기가 어렵다는 점이다. 앞으로는 인터넷에 무언가를 게시하거나 디지털 카메라로 사진을 찍는 것처럼 별것 아닌 행동에도 이럴 거라는 사실을 명심해야 한다.

사기꾼인가 흙 속의 진주인가? 온라인 연애 관계를 맺기 전에 알아둘 점

인터넷은 친구와 평생의 배우자를 만나 관계를 유지하기 위한 비옥한 토양을 제공한다. 그래서 요즘 '만남'의 과정을 순조롭게 진행시켜주고 짝을 구하는 사람들에게 쉽게 '유혹'할 수 있는 장을 마련해주는 온라인 만남 사이트가 성행한다. 이런 사이트의 운영자들은 '영혼의 단짝'을 연결해주는 데 크게 성공했다고 말한다. 온라인에서 만난 관계가 현실에서도 오랜 관계로 이어질 수 있는 시스템을 마련했다는 것이다.

인터넷에서 '천생연분'을 만나는 과정은 아주 소중한 경험이 될 수도 있고 지옥으로 이어질 수도 있다. **당신**이 어느 쪽을 경험하게 될지는 여러 가지 요인에 달려 있다. 지금부터 그중에서 가장 일반적인 요인을 살펴보겠다. 인터넷에서 만난 관계가 아무 탈 없이 잘 풀릴 거라고 단언할 수는 없다. 다만 온라인에서 친구와 배우자를 찾고 싶을 때 좋은 결과를 얻으려면(그리고 부정적인 결과를 줄이려면) 몇 가지 할 일이 있다.

첫 바이트에 반하기

노트르담 대학교의 미식축구 스타 선수인 한 청년이 온라인에서 만난 여자와 사랑에 빠졌다. 그리고 비극이 시작되었다. 사랑하는 그 여자가 백혈병으로 세상을 떠난 것이다. 설상가상으로 여자가 죽던 날 미식축구 선수의 할머니도 세상을 떠났다.

그에게 몰아친 비극은 전국적인 뉴스가 되었다. 그러나 얼마 후 비극은 더 엄청난 사연에 묻히고 말았다. 그가 사랑한 여자는 애초에 살았던 적이 없어 죽지도 않은 것으로 밝혀진 것이다! 여자는 누군가의 고약한 장난으로 사이버 공간에서 탄생한 가상의 인물이었다.

한번 새너와 애드넌 클래릭의 대하소설 같은 사연도 있다. 이들 부부는 순탄치 않은 결혼생활을 이어가면서 몰래 각각 스위티(Sweetie)와 프린스 오브조이(Prince of Joy)라는 아이디로 온라인 채팅방에서 비참한 결혼을 하소연하면서 새로운 '짝'을 찾아 헤맸다.

얼마간 시간이 흐르고 채팅방에서 키보드를 엄청나게 두드린 끝에 서로에게 소원해진 두 사람은 마침내 그들의 고민에 공감하고 결혼생활에서는 한 번도 들어본 적 없는 따뜻한 말을 건네주는 누군가를 만났다.

새너와 애드넌은 진정한 짝을 만났다고 생각해 시간과 장소를 정하고 새로운 배우자를 만나기로 했다. 대망의 그날, 새너와 애드넌은 약속이 있다면서 양해를 구하고 일어났다. 둘 다 비밀이 발각되지 않도록 신중을 기했다. 그리고 현재의 배우자를 완벽하게 대체할 온라인 애인을 만나러 갔다.

약속 장소에 도착한 두 사람은 각자의 온라인 애인을 처음 만났다. 그런데 첫눈에 반할 수 없었다. 새너와 애드넌은 그동안 온라인에서 서로와 연애했던 것이다.

배우자와 바람을 피우는 것은 상상하기 어려우므로 새너와 애드넌이 불륜을 저지른 것인지에 관한 판단은 윤리학자나 법률가에게 맡겨야 할 것이다. '스위티'와 '프린스오브조이'는 기쁘지 않았다. 최근의 보도에 따르면 둘 다 상대를 불륜으로 고발하고 이혼소송을 제기했다고 한다.

이상의 몇 가지 사례는 무엇을 의미하는가?

1. 인터넷에서 만난 관계도 직접 만난 관계 못지않게, 때로는 그 이상으로 친밀해질 수 있다.

2. 인터넷에서는 보이는 것이 다가 아니다.

3. 세계적인 물리학자가 인터넷에서 사기를 당할 수 있다면 누구나 당할 수 있다.

4. 인터넷에는 현실만큼 섬뜩하고 야비하고 병든 사람들이 포진해 있다.

5. 인터넷에는 연애 사기가 생각보다 널리 퍼져 있어 이 문제를 다룬 다큐멘터리, MTV 리얼리티 시리즈, 장편 극영화도 나와 있다. 캣피싱(catfishing)이라는 용어까지 생겼다. 인터넷 전문 변호사 패리 애프탭은 "캣피싱이란 소셜 미디어에서 다른 누군가인 척하는 사람을 가리키는 신조어다. 항상 벌어지는 일이다"라고 말했다. 나는 여기서 더 나아가 '캣피싱(catphishing, 피싱(phishing)은 개인정보(Private data)와 낚시(Fishing)의 합성어로 개인정보를 낚는다는 의미)'이라는 용어를 만들어 남의 신분을 훔치는 해커를 포함시켰다.

6. 사람들은 인터넷의 '비밀의 망토'를 쓰고 직접 마주 보면 하지 못할 말을 사이버 공간에서는 쉽게 한다.

7. 현실에서처럼 인터넷에서도 지나치게 그럴듯해 미심쩍다면 의심해볼 만하다! 소셜 네트워크는 위험할 수 있다. 인터넷에서 수고받은 소통이 계속 사적인 상태로 남으리라는 보장은 없다. 게시물이 영구히 남고 공개될 수 있다고 전제해야 한다.

8. 현실에서 직접 만날 때처럼 인터넷에서도 다른 사람인 척 가장하

면 좋지 않은 결과로 이어질 수 있다.

9. 보다 안전하고 유용하게 인터넷을 이용하기 위해 할 수 있는 노력이 있다. 그중 몇 가지를 소개하겠다. 인터넷에서 사랑하는 사람을 찾는 사람들뿐 아니라 사이버 공간에서 친구를 찾는 사람에게도 유용한 조언이다.

온라인과 오프라인에서 진실성 검증

딸 가진 부모 입장에서는 청소년들이 인터넷에서 제멋대로 배회하게 내버려두라는 말이 무섭게 들린다. 그래서 나는 청소년들에게 용의자의 진실성을 판단하기 위해 쓰던 기법을 가르쳐주었다. 청소년들을 온라인과 현실의 맹수들로부터 보호하기 위한 방법이었다.

독자에게도 온라인과 오프라인에서 사기에 희생되지 않도록 다음과 같은 기법을 제안한다. 물론 이렇게 불쾌감을 주지 않고 진실성을 검증한다고 해서 사기당할 가능성이 완전히 사라지는 것은 아니다. 다만 누군가 거짓말을 하거나 적어도 허용 가능한 정도 이상으로 진실을 왜곡하는지 알아보기 위한 효과적인 지표는 될 수 있다.

"글쎄요" 기법

"예-아니요"로 답해야 하는 질문에 "글쎄요"라고 말문을 연다면 속이려는 의도가 숨어 있을 수 있다. 이쪽에서 예상하지 못할 거라고 생각한 답을 내놓으려고 뜸을 들이는 것일 수 있다. 다음 대화에서 "글쎄요" 기법의 예를 보자.

> 아빠: 숙제 다 했니?
> 딸: 글쎄요…….
> 아빠: 방에 들어가서 숙제 다 끝내라.
> 딸: 제가 숙제 안 한 걸 어떻게 아셨어요?
> 아빠: 아빠잖아. 이런 데는 도가 텄지.

아빠는 딸이 "글쎄요"라고 답하자 딸이 아빠가 예상하지 못할 거라고 생각한 대답을 내놓으려는 것을 눈치채고 나머지 대답을 기다리지 않았다. 딸은 아빠가 "숙제 다 했니?"라고 물으면서 "그렇다"는 대답을 기대하는 것을 알았다.

언젠가 나는 살인을 목격한 것으로 보이는 사람을 면담한 적이 있다. 그 사람은 범행 현장 근처에 있기는 했지만 총을 쏘는 장면은 보지 못했다고 답했다. 나는 그가 얼버무리는 것을 보고 "예-아니요"의 직접의문문으로 물어서 진실성을 확인하기로 했다.

> 나: 어떻게 된 일인지 봤습니까?
> 목격자: 글쎄요…… 제가 있던 곳에서는 잘 보이지 않았어요. 캄캄한 데다 워낙 순식간에 벌어진 일이라서.

나는 목격자에게 직접의문문으로 물었고, 그는 내가 "예"라는 대답을 기대하는 걸 알았다. 나는 그가 "글쎄요"로 말문을 여는 것을 보고 "예"가 아닌 다른 대답을 하려고 하는 것을 알아챘다. 나는 목격자가 "글쎄요" 기법을 눈치채지 못하게 하려고 마저 답하도록 기다렸다.

"글쎄요" 기법은 "예-아니요"로 답하는 직접의문문에서만 효과가 있다. "내년에는 누가 슈퍼볼에서 우승할까?"와 같은 열린 질문에 상대가 "글쎄요"라고 운을 뗀다면, 그저 어떻게 답할지 고민한다는 뜻이다. "글쎄요" 기법으로 접근할 때는 상대가 이 기법을 경계하지 못하도록 상대가 답을 다한 뒤에 반응을 보여야 한다. 상대가 이 기법을 알아채면 "글쎄요"라는 표현을 일부러 피할 수도 있다.

"예-아니요"의 직접의문문으로 묻고 상대의 대답을 기다려주는 습관을 들여야 한다. 이 질문에 "글쎄요"라고 하거나 곧바로 대답하지 않는다면 속이려고 시도하는 것일 수 있으므로 추가로 의도를 파악할 필요가 있다.

'-이다'의 나라

사람들은 "예"나 "아니요"로 답하지 않으려고, 흔히 '-이다(is)'의 나라로 들어간다. '-이다'의 나라는 진실과 기만 사이에 있다. 이런 애매모호한 구역에는 반쪽 진실과 변명과 추정이 미로처럼 복잡하게 얽혀 있다. '-이다'의 나라는 클린턴 전 대통령이 대배심에서 한 유명한 진술에서 나온 개념이다(클린턴이 법정에서 "빌 클린턴과 모니카 르윈스키 사이에 성관계가 있지 않았느냐"라는 검사의 질문에 직접적인 답변을 회피하면서 했던 진술-옮긴이). 클린턴의 진술을 바꿔 말하면 이렇다. "'-이다(is)'라는 말이 어떤 뜻이냐에 따라 다릅니다. '-이다'가 '-이고 -이었던 적이 없다'는 뜻이라면 그건 다른 문제입니다. '-이다'가 '-이지 않다'는 뜻이라면 명백한 진실입니다." 클린턴은 검사를 교묘히 '-이다'의 나라로 끌고 들어가 "예-아니요" 질문에 직접적으로 답하지 않았다.

다음에 나오는 엄마와 딸의 대화에서도 '-이다'의 나라 기법을 확인할 수 있다.

> **엄마**: 선생님이 아까 낮에 전화해서 네가 시험에서 부정행위를 저지른 것 같다고 하시더구나. 너 시험 볼 때 부정행위를 저질렀니?
>
> **딸**: 전 매일 밤 두 시간씩 공부해요. 제가 아는 누구보다 공부를 많이 해요. 공부를 안 하는 애들이나 부정행위를 저지르겠죠. 저는 항상 공부한다고요. 저더러 부정행위를 저질렀다는 말은 말아주세요!
>
> **엄마**: 너더러 부정행위 저질렀다는 게 아니야.
>
> **딸**: 아니요, 그러고 있잖아요!

엄마는 딸에게 직접적인 "예-아니요" 질문을 던졌다. 딸은 간단히 "예" 혹은 "아니요"라고 답하지 않고, 엄마를 '-이다'의 나라로 끌고 들어가 직접적인 답변을 피했다. 딸은 오히려 엄마를 질책하면서 엄마를 방어적인 입장으로 몰아갔다. 이제 주제는 더 이상 부정행위가 아니라 엄마의 부당한 비난으로 넘어갔다. 그러나 엄마가 처음부터 이 기법을 알아채고 대화의 방향을 다시 원래 질문으로 돌려 딸이 '-이다'의 나라로 끌고 들어가지 못하게 막을 수도 있다. 예를 들어보자.

> **엄마**: 선생님이 아까 낮에 전화해서 네가 시험에서 부정행위를 저지른 것 같다고 하시더구나. 너 시험 볼 때 부정행위를 저질렀니?
>
> **딸**: 전 매일 밤 두 시간씩 공부해요. 제가 아는 누구보다 공부를 많이 해요. 공부를 안 하는 애들이나 부정행위를 저지르겠죠. 저는 항상 공부한다고요. 저더러 부정행위를 저질렀다는 말은 말아주세요!
>
> **엄마**: 네가 공부도 열심히 하고 성적도 잘 받아오는 건 나도 알아. 그런데 지금 그걸 물은 게 아니잖아. 시험에서 부정행위를 저질렀느냐고 물었어. 시험에서 부정행위를 저질렀니?

대화를 다시 원래 질문으로 되돌리자, 딸은 이제 "시험에서 부정행위를 저질렀니?"라는 질문에 답해야 한다. 딸은 "예"나 "아니요"로 답하거나 엄마를 다시 '-이다'의 나라로 끌고 들어가야 한다. "예-아니요" 질문에 "예"나 "아니요"로 답하지 못한다고 해서 반드시 속이려는 의도가 있다고 볼 수는 없지만, 속이려 할 가능성은 상당히 커진다. 딸이 실제로 시험에서 부정행위를 저지르지 않았다면 엄마의 질문에 아니라고 대답하는 것은 어렵지 않다. 진실은 단순하고 직접적이다. 진실은 복잡하지 않다.

왜 당신을 믿어야 하는가?

상대가 당신의 질문에 답하면 간단히 "제가 왜 당신을 믿어야 하나요?"라고 물어보라. 솔직히 대답한 사람이라면 대체로 "제 말이 진실이니까요"라는 식으로 대꾸한다. 진실을 말하는 사람은 정보를 간단히 전달한다. 사실을 정확히 제시하는 데 집중한다. 반대로 거짓을 꾸며내는 사람은 자기 말이 진실임을 설득하려고 한다. 이들은 사실을 정확히 전달하기보다는 어떤 사실이 진실이라고 상대를 설득하는 데 몰두한다. 거짓말하는 사람은 사실로는 신뢰를 얻지 못하므로 자기가 제시한 사실을 그럴듯해 보이게 만들기 위해 자기를 신뢰할 만한 사람으로 부풀리는 경향이 있다.

상대가 "제 말이 진실이니까요"라는 식으로 답하지 않고 다른 답을 내놓는다면 질문의 답이 되지 않는다고 지적하고 "제가 왜 당신을 믿어야 하나요?"라고 거듭 물어보라. 상대가 다시 "제 말이 진실이니까요"라는 식의 대답이 아닌 다른 대답을 내놓는다면 그 말도 질문의 답이 되지 않는다고 지적하고, "제가 왜 당신을 믿어야 하나요?"라고 다시 물어보라. 이번에도 상대가 "제 말이 진실이니까요"라는 식으로 나오지 않으면 거짓말일 가능성이 높다.

다음에 나오는 아빠와 아들의 대화에서 "제가 왜 당신을 믿어야 하나요?" 기법이 잘 드러난다.

> 아빠: 오늘 아침에 안방 서랍장에 10달러가 있었어. 그런데 지금은 없구나. 네가 그 돈을 가져갔니?

아들: 아뇨.

아빠: 얘야, 아빠도 널 믿고 싶어. 그런데 그게 쉽지 않아. 말해보렴. 내가 왜 널 믿어야 하지?

아들: 전 도둑이 아니니까요.

아빠: 네가 도둑인지 아닌지 물어본 게 아니야. 내가 왜 널 믿어야 하는지 물었다. 내가 왜 널 믿어야 하지?

아들: 전 그 돈을 훔치지 않았으니까요. 진실을 말하는 거예요.

아빠: 그런 것 같구나. 나는 널 믿어.

이 대화에서 아들은 자기가 도둑이 아니라고 답했다. 이 말은 "내가 왜 널 믿어야 하지?"라는 질문의 답이 되지 않았다. 아빠는 아들에게 다시 기회를 주면서 도둑인지 물은 게 아니라 "내가 왜 널 믿어야 하지?"라고 물었다고 일깨워주었다. 이번에는 아들이 "전 그 돈을 훔치지 않았으니까요. 진실을 말하는 거예요"라고 답했다. 아들의 말이 진실일 거라는 뜻이다. 아들이 "내가 왜 널 믿어야 하지"라는 질문에 적절히 답했다고 해서 꼭 진실을 말했다는 뜻은 아니지만, 거짓말일 가능성은 줄어든다.

사람들과 대화할 때, 특히 인터넷의 인스턴트 메시지나 스마트폰의 문자 메시지로 대화할 때는 이렇게 간단하고 상대를 침해하지 않는 방법으로 진실성을 검증해야 한다. 아주 섬세한 접근이라 상대는 자기가 진실성을 검증받고 있는지 알아채지 못한다. 이 기법은 거짓인지 알아보는 장치일 뿐 거짓을 확인해주는 결정적인 증거가 될 수는 없다. 그래도 온라인의 범죄자를 막기 위해 튼튼한 방어벽을 세우게 해준다.

온라인 프로필에서 사기 감지하기

사람들은 온라인 프로필, 특히 만남 사이트의 프로필에 정보를 정확하게 기술하지 않는다. 연구자 토마와 핸콕, 엘리슨은 여러 만남 사이트에서 80명의 프로필을 연구했다. 무려 81퍼센트가 신장과 체중, 연령을 비롯한 신체 특징을 한 가지 이상 허위로 올렸다. 여자들은 주로 체중을 속이고 남자들은 키를 속였다. 평균보다 체중 점수가 높은 여자들이 비만에 관해 거짓 정보를 많이 올렸다. 마찬가지로 평균보다 신장 점수가 높은 남자들이 키를 많이 속였다. 응답자들은 결혼 여부나 자녀의 수와 같은 가족 정보보다는 사진을 조작해서 올릴 가능성이 많다고 보고했다.

핸콕과 토마의 추후 연구에서는 조사한 사진의 3분의 1 정도가 정확하지 않다는 결과를 얻었다. 여자들의 사진이 남자들의 사진보다 정확하지 않은 것으로 평가되었다. 여자들은 사진으로 보이는 나이보다 실제로 나이가 더 든 편이었다. 사진을 포토샵으로 수정하거나 전문 사진가의 도움을 받았을 가능성이 높다. 또 매력이 떨어지는 사람일수록 프로필을 그럴듯하게 꾸며서 올릴 가능성이 크다. 가장 흥미로운 결과는 사람들이 온라인 프로필에는 거짓 정보를 자주 올리면서도 이후에 직접 만나면 거짓 정보를 믿을 수 있는 범위 이내로 계속 수정하려 한다는 점이다.

온라인 프로필을 너무 많이 속여서는 안 된다. 온라인 프로필은 첫 데이트와 같다. 첫 데이트를 해본 사람이라면 상대에게 좋은 인상을 주려고 안간힘을 쓴 기억이 날 것이다(첫 면접에서 '면접용' 정장을 입는 것과 마찬가지다). 여자들은 신중히 옷을 고르고 공들여 화장을 한다. 남자들은 옷의 색상을 맞추고 주름 하나 없이 다린다. 면접에서 무슨 말을 할지 미리 연습한다. 성격의 결함과 유별난 행동은 정중한 대화와 완벽한 예의로 교묘히 감춘다. 좋은 첫인상을 주려고 최선을 다한다.

누군가를 만날 때 좋은 인상을 주려고 노력하는 모습을 보고 기만적이라고 하지는 않는다. 훨씬 괜찮아 보이기는 해도 그 사람인 줄 몰라볼 정도는 아니기 때문이다. 인터넷에 프로필을 올릴 때는 긍정적인 모습을 올리고 사진과 설명을 넣을 때는 진실의 범위를 벗어나면 안 된다. 마찬가지로 인터넷에서 짝을 찾는 사람들은 온라인 프로필을 매의 눈으로 뜯어보면서 그 사람이 게시한 사진과 자기소개보다 더 매력적이거나 유능하지는 않을 것이라 전제하고 접근해야 한다.

남자든 여자든 사회가 정하고 미디어가 강화한 미의 기준에 스스로를 맞추고 싶어 한다. 사람들은 친구나 이성에게 매력을 발산하고 싶은 마음에서 사회적 기준의 이미지에 가깝게 스스로를 포장한다. 자기가 사회적 기준에 맞지 않는다고 생각하는 사람일수록 자기가 누구이고 어떻게 생겼는지 속여야만 남들에게 매력을 발산해 관계를 유지할 수 있다고 믿는다. 이런 양상이 가까운 미래에 달라지지는 않을 것이다. 오히려 온라인 만남과 인터넷 채팅방이 성행하고 확산될수록 더 심각해질 것이다.

인터넷에서 짝을 찾는다면 '제일 좋은 인상'을 주는 프로필과 허황된 프로필을 구별할 줄 알아야 한다. 거짓 프로필로 이성이나 친구를 끌어들일 수는 있어도 거짓이 탄로 나면 관계가 흥분과 희망과 꿈이 아니라 실망과 배신으로 점철될 것이다. 인터넷으로 관계를 만들고 싶으면 온라인 프로필을 진솔하게 올리고 끈기 있게 기다려야 한다. 제대로 된 관계는 기다릴 만한 가치가 있다.

캣피싱에게 걸려들 가능성을 줄이는 방법

곁눈질하거나 고개를 돌리거나 목소리의 높낮이가 살짝 달라지는 식의 변화는 그 사람의 성격과 진심과 진실성을 드러내는 단서가 된다. 앞에서 언급했듯이 뇌는 끊임없이 타인의 말과 몸짓의 단서를 탐색해서 그가 위협이 될지 여부를 파악한다. 친구 신호가 온다면 뇌에서 그 행동을 무시하는 편이다. 적 신호가 온다면 뇌에서 싸우거나 도망치는 반응을 일으켜 실제 위협이나 잠재적 위협에 대비해 스스로를 보호하기 위한 방어막을 치게 만든다.

말과 몸짓의 단서는 매초 혹은 단어마다 극적인 변화를 일으킬 수 있다. 이런 변화를 잘 관찰하면 관계의 지옥에서 관계의 낙원으로 넘어갈 수 있다. 사람들은 자연스럽게 말과 몸짓의 단서에 의존해 나쁜 관계를 시작하거나 지속하지 않도록 스스로를 보호한다.

다만 인터넷에서 만날 때는 이런 판단을 내리는 데 필요한 단서가 부족하다. 문자로 주고받는 의사소통을 해독할 때 이모티콘이 도움이 되긴 하지만 충분하지는 않다. 인터넷에서 눈에 보이지 않는 상대의 성격과 진심과 진실성을 해독하려면 추가 기술이 필요하다. 인터넷으로 사람을 만날 때는 직접 만날 때 확인하는 단서가 빠져 있어 제대로 판단할 수 없다. 타인을 평가하는 데 필요한 가장 확실한 방법이 더 이상 적용되지 않는 것이다. 신뢰성을 검증받지 못하고 아직 익숙하지 않은 기술에 의존해서 판단해야 한다. 우리의 뇌는 아직 인터넷의 소통에 담긴 친구 신호와 적 신호를 구별하기 위한 데이터를 충분히 축적하지 못했다. 인터넷 탐지 기술을 구축하려면 시간이 걸린다.

다음으로 온라인 관계의 진실성과 가치를 판단하면서 접하게 될 몇 가지 문제를 소개하겠다.

진실 편향

사람들은 남을 잘 믿는다. **진실 편향**이라는 이 현상 덕분에 사회와 시장이 원활하고 효율적으로 굴러가는 것이다. 진실 편향이 부족하면 남에게서 수집한 자료를 일일이 확인하느라 시간을 다 허비할 것이다. 진실 편향은 사회의 기본 값이다. 친구나 동료 사이에 계속 진실성이 의심스러우면 관계가 껄끄러워질 것이다. 결과적으로 사람들은 반대 증거가 나오기 전에는 남의 말을 잘 믿는다.

사람들이 이렇게 듣거나 보거나 읽은 정보를 믿고 싶어 하기 때문에 거짓말하는 사람들에게는 진실 편향이 유용한 도구다. 사기당할 가능성을 알면 진실 편향이 감소한다. 사람들은 진실 편향에 의해 남들이 이메일이나 문자로 쓴 정보를 믿는다. 문자로 주고받는 소통에서는 말과 몸짓의 단서가 없어 좀처럼 진실성에 의문을 품지 않는다.

진실 편향의 또 다른 특징은 사람들은 남의 말에서 미진한 부분이나 사소한 모순을 발견해도 눈감아주는 경향이 있다는 점이다. 넘어가주지 않으면 상대의 말이나 행동을 미심쩍게 봐야 하기 때문이다. 상대에게 맞서기보다는 사소한 오류를 봐주는 편이 수월하다. 온라인에서 진실 편향에 저항할 최고의 방책은 신중하고 회의적인 태도와 '대립 가설'을 활용하는 것이다.

초두효과

진실 편향은 초두효과를 유발한다. 3장에서 보았듯이 초두효과는 우리가 대화와 사건을 받아들일 때 걸러주는 필터를 형성한다. 초두효과로 인해 현실이 달라지는 것은 아니지만 현실에 대한 사람들의 인식은 달라진다. 진실 편향에서 필터가 형성된다. 사람들이 쓴 글은 대개 의심할 구석이 눈에 띄지 않는 한 진실한 것으로 평가된다. 인터넷에서 편지를 주고받을 때는 말과 몸짓의 단서가 없어 진실성을 판단하기가 쉽지 않다.

대립 가설

대립 가설을 세우면 진실 편향과 초두효과의 영향으로 당신에게 글을 쓴 사람의 성격과 진실성을 판단하는 능력이 침해당하지 않을 수 있다. 가설은 경험에 기초한 추측이다. 대립 가설은 동일하거나 유사한 환경에서 다른 결과를 산정하는 추측이다.

예를 들어 한쪽에서는 당신에게 글을 쓴 사람이 진실한 사람이고 진실을 말한다고 가정한다. 대립 가설에서는 그 사람이 사기꾼이고 거짓말쟁이라고 가정한다. 그리고 그 사람과 인터넷에서 글(인스턴트 메시지)을 주고받는 동안 처음의 가설(상대가 진실한 사람이고 진실만 말한다)이나 대립 가설(상대가 사기꾼이고 거짓만 말한다)을 지지하는 증거를 찾는다.

모든 증거가 처음의 가설이나 대립하는 가설 중 어느 한쪽만 지지하는 경우는 드물다. 정직한 사람도 부정직해 보이는 말이나 행동을 할 때가 많고, 반대로 부정직한 사람도 정직해 보이는 말과 행동을 할 때가 많기 때문이다. 하지만 결국에는 어느 한쪽 가설을 지지하는 증거가 다른 가설을 지지하는 증거보다 더 무거워진다. 진실 편향과 초두효과의 영향을 차단하면 인터넷에서 사기당할 가능성이 줄어든다. 이를테면 캣피싱에 걸려들 가능성이 줄어든다.

매력의 법칙

4장에서 보았듯이 매력적인 사람들은 매력적이지 않은(혹은 덜 매력적인) 사람들보다 살면서 특혜를 많이 받고 시선도 많이 끈다. 인터넷에서는 프로필에 사진을 올리지 않는 한 미모 효과가 줄어든다. 다만 거짓 프로필을 올려 이성의 관심을 끌려는 사람들을 조심해야 한다. 인터넷으로 메시지를 주고받을 때는 직접 만날 때와 달리 진위를 판단할 근거가 부족하다.

대비 효과는 매력에서 중요한 역할을 한다. 가령 두 사람이 나란히 서 있으면 자연히 둘을 비교하게 된다. 그리고 어떤 사람이 혼자 있어 비교 대상이 없을 때는 그 사람을 '이상화된' 존재와 비교한다. 인터넷으로 당신에게 메시지를 보낸 사람은 한 사람이므로 자연히 그 사람을 당신이 이상화한 존재와 비교하게 된다. 그리고 시간이 흐르는 사이 메시지를 보낸 사람에게 당신이 이상화한 존재의 성격을 덧씌운다. 이렇게 잘못된 귀인으로 캣피싱에 걸려들 가능성이 커진다.

친근감 형성

스카이프나 그 밖에 사진 전송 기능을 이용하지 않는다면 인터넷에서 친근감을 쌓는 길은 메시지뿐이다. 따라서 직접 만나 대화할 때의 기법을 모두 활용할 수는 없다. 앞서 보았듯이 서로의 공통점을 발견하는 방법은 친근감을 형성하는 데 매우 효과적이다. 인터넷에서 메시지를 주고받으면서 공통점을 발견하려면, 우선 당신의 사적인 정보를 공개해야 한다. 그래야 효과적으로 친근감을 형성할 수 있다. 인터넷은 익명의 공간이라 직접 만날 때보다 정보를 더 일찍 더 많이 공개하는 편이다. 우선 메시지를 보내고 나서 상대의 말과 몸짓을 보지 못해 자신의 메시지가 상대에게 제대로 받아들여졌는지 아니면 거부당했는지 곧바로 확인할 수 없기 때문이다.

직접 만나서 대화할 때는 상대가 거부하는 신호가 보이면 더 이상 사적인 정보를 공개하지 않는다. 그러나 온라인에서는 사정이 다르다. 상대가 거부할수록 민감한 개인정보를 더 많이 공개하려 한다. 이렇게 공개 수위가 높아지면 직접 만나서 대화할 때보다 관계가 더 깊어진다. 그사이 관계가 발전하는 과정의 중요한 단계를 건너뛰게 된다. 직접 만나서 사귈 때는 중요한 단계에서 관계의 발전 정도와 정보 공개 속도에 맞추어 서로의 말과 몸짓을 보고 천천히 정보를 공개할 수 있다. 그래서 첫 단계에 어긋나면 서로가 민감한 정보를 너무 많이 공개해 약점을 드러내기 전에 각자의 길로 멀어질 수 있다. 그러나 인터넷에서 메시지로만 대화하고 직접 만나지 않으면 이런 중요한 단계가 빠져 캣피싱에 걸려들 가능성이 커진다.

미국의 스파이로 포섭할 때도 비슷한 단계를 거친다. 스파이는 훈련을 받아야 한다. 친구나 연인으로 발전하는 단계는 누군가를 설득해서 스파이로 포섭하는 단계와 같다. 나도 작전상 필요에 따라 관계를 밀어붙이려고 한 적이 있다. 그러나 매번 실패했다. 관계가 발전하는 과정에서 첫 단계를 건너뛴 탓이었다. 첫 단계가 중요하다. 정보를 너무 빨리 너무 많이 공개하면 관계가 급속도로 깊어진다. 그러면 상대는 부담을 느끼고 물러서려 한다. 앞서 설명했듯이 관계를 시작하면서 기대하는 발전 속도가 빠르거나 느리면 상대가 지나치게 '빠르거나' 지나치게 '느려' 보일 수 있다. 인터넷으로 만나는 사이에서 관계에 대한 기대가 깨질 때가 많은 이유는 미처 마음의 준비가 되기도 전에 친밀한 관계로 떠밀려 들어가기 때문이다. 그러다보면 양쪽 모두에게 약점이 생긴다.

감정 투자

인터넷으로 만난 인연이 오래 지속될수록 감정 투자가 크므로 그 관계를 계속 유지하고 싶어 할 가능성이 크다. 그렇다고 꼭 현실에서 좋은 연인으로 이어지는 것은 아니다. 관계에 시간을 많이 투자해서 쉽게 끊지 못할 뿐 아니라 민감한 정보를 너무 많이 공개해서 서로에게 약점이 잡힌 탓에 관계를 쉽사리 포기하지 못하는 것이다.

> ### ★ 현실세계에서 감정 투자가 작동하는 방식 ★
>
> **감정 투자**가 개인의 행동에 어떤 영향을 미치는지 알아보자. 우선 고가의 물건을 살 때와 같은 상황에서 감정을 어떻게 투자하는지 떠올려보라. 가령 새 차를 사고 싶다고 해보자. 원하는 차를 골라 판매원에게 가격만 맞으면 오늘 당장 사고 싶다고 말한다. 다음으로 수표장을 꺼내 수표에 날짜와 판매원의 이름을 기입한다. 그리고 판매원에게 계약금을 주고 서명만 하면 거래가 성사된다고 말한다. 이렇게 수표의 일부를 작성하면 판매원에게 당신이 진지하게 차를 구입할 의사가 있다는 것이 전달된다. 그런 다음 당신이 생각하는 금액을 말하고 판매원이 어떤 제안을 할지 기다린다.
>
> 나는 이런 식으로 차 한 대를 사면서 8시간을 흥정한 적도 있다! 판매원은 교대가 끝날 즈음 결국 내 제안에 동의했다. 판매원은 8시간이나 흥정해놓고 차를 팔지 못하면 그 시간을 버린 셈이 되고, 그 시간에 다른 손님에게 차를 팔았을 수도 있었다고 말했다. 그는 나와의 흥정에 들인 **감정 투자**로 인해 심리적 압박을 받은 탓에 내가 제안한 터무니없이 낮은 가격을 받아들인 것이다. 받아들이지 않으면 아무것도 남는 게 없으니 말이다.

인지부조화

인지부조화는 동시에 두 가지 이상 대립하는 생각이나 신념을 가질 때 발생한다. 인터넷에서 만난 어떤 관계를 끝내야 하는 줄 알면서도 인지부조화를 겪지 않으려고 관계를 지속하는 경우가 있다. 사람들은 대개 자기와 소통하는 상대가 사실은 그가 주장하는 사람이 아니라고는 생각하고 싶어 하지 않는다. 그런 사실을 받아들이는 순간 인지부조화가 생기기 때문이다.

예를 들어보자. 당신은 자기 자신에 대해 아는 것도 많고 통찰력 있는 사람이라고 생각한다. 그런 당신이 온라인에서 누군가를 만나 대화를 나누고 사랑에 빠진다. 그러나 당신이 캣피싱에 걸려들었다고 인정하면 순진하고 잘 속는 사람이 되기 때문에 당신과 메시지를 주고받는 상대를 사기꾼이라고 생각하지 않는 식으로 인지부조화가 수반하는 불쾌한 감정을 회피하려 한다.

온라인 범죄의 희생양이 된 노트르담 대학교의 축구선수 만티 테오는 캣피싱에 걸려든 사실을 고백하면서 인지부조화로 인한 갈등을 이렇게 말했다. "정말 말하기 창피한 일입니다. 인터넷으로 오래 만난 여자에 대한 마음이 깊어졌어요. 온라인으로 메시지도 자주 주고받고 통화도 자주 하면서 진실한 관계인 줄 알고 교제한 겁니다. 그 여자를 진심으로 아끼게 됐죠. 그러다 제가 누군가의 역겨운 농담이나 거짓말에 넘어간 걸 깨닫고 무척 고통스럽고 수치스러웠어요…… 돌이켜보면 더 조심했어야 해요. 이번 일을 겪으면서 얻은 게 있다면, 다른 사람들은 온라인으로 누군가를 만날 때 저보다 훨씬 더 신중하기를 바란다는 겁니다."

캣피싱 밝히기

캣피싱에 걸려들지 않으려면 상대를 직접 볼 수 있는 세계로 불러내야 한다. 그래야 비언어적 신호를 보면서 상대가 온라인에서 활동하는 페르소나와 일치하는 인물이고, 그 관계가 컴퓨터 화면뿐 아니라 훤한 '대낮에도' 좋아 보이는지 확인할 수 있다. 앞서 말했듯이 인터넷 관계는 특히 초반에 비언어적 단서가 부족해서 불리하다. 따라서 대립 가설을 세워 관계가 급속히 발전하지 않도록 막아야 한다.

눈으로 직접 확인하기 전에는 항상 캣피싱의 희생양이 될 수도 있다고 가정해야 한다. 이왕이면 빨리 직접 만나자고 요구해야 한다. 만날 때는 사람들이 많이 오가는 공공장소로 정해 혹시 모를 위험에 대비해야 한다. 처음에는 가볍고 짧게 만나는 편이 양쪽 모두에게 좋다. 만나서 커피를 마시거나 간단히 점심을 먹는 정도가 적당하다.

사정상 직접 만나는 것이 어렵다면 스카이프 같은 서비스로 얼굴을 보면서 대화하자고 요구할 수도 있다. 상대가 이런저런 핑계를 대면서 만남을 피하려 하거나 인터넷으로 얼굴을 보면서 대화를 나누는 것이 불가능하다고 둘러댄다면 문제가 있다는 강력한 신호이므로 당장 관계를 끊어야 한다. 잘못하면 위험에 처할 수 있다. 어쩌면 심각한 위험이 될 수도 있다.

관계가 시작될 때 직접 보면서 소통하자고 제안하는 것은 캣피싱에 걸려들지 않는 간단하고 효과적인 방법이다. 눈으로 보면서 소통하면 비언어적 단서로 상대의 진실성을 판단할 수 있다. 또 아직 잘 모르는 상대에게 당신이 이상화한 성격을 부여하지 않을 수 있다. 대립 가설을 세우면 진실 편향 효과가 감소한다. 직접 만나서 대화하면 민감하고 사적인 정보를 꺼내고 싶은 욕구가 줄어들어 관계가 급진전되지 않도록 막을 수 있다. 관계의 발전 속도가 느려지면 감정 투자가 줄어들어 관계가 깨질 때 발생하는 정서적 비용을 최소화할 수 있다.

진지하게 만나는 관계라면 특히 초반일수록 직접 보면서 소통하고 싶어 할 것이다. 직접 보면서 소통하는 것이 편안한 이유는 사회적 기술을 통해 상대를 더 정확히 평가할 수 있기 때문이다. 직접 보면서 만나면 캣피싱이 발각되고 어떤 수준으로 맺어진 관계인지 드러난다.

새로운 세대: 예방 조치를 취하라

개인들끼리 온라인으로 소통하게 되면서 친구와 연인을 찾는 풍경에 대대적인 변화가 일어난 것은 부정할 수 없는 사실이다. 온라인 소통이 증가하면서 앞으로 사람들이 관계를 맺는 방식에 더 큰 변화가 일어날 것이다.

앞서 소개한 인터넷의 위험을 인지하고 위험을 최소한으로 줄이기 위한 방법을 적극 활용하면 의미 있는 인터넷 관계를 맺을 수 있을 것이다. 사실 앞서 언급한 이유에서 관계의 **초기 단계**에서 사람들과 소통하는 데 유용한 방법일 수도 있다.

인터넷은 적절히 조심하면서 상식에 맞게 이용만 하면 친구를 찾아 우정을 키우는 데 도움이 될 수 있다. 그러나 인터넷에 입력되거나 다운로드된 정보를 무시하고 함부로 다루면 실망하고 비참해질 수도 있다. 끝으로 당신이 디지털 세계를 활용하는 방식은 좋든 싫든 결국 당신의 삶과 관계의 질을 형성하는 데 디지털 세계가 어떤 가치를 지니는지 결정할 것이다.

맺음말
FBI 스파이 사례

> 스파이라면 누구나 알듯이 공동의 적에서 동맹이 결성되는 법이다.
> ― 앨리 카터, 「스파이 걸」

마지막으로 스파이 이야기를 하나 더 소개하겠다. FBI 시절의 이야기가 아니라, 100년 이상 거슬러 올라간 과거의 이야기다[A. K. Graves, 『독일 육군성의 비밀(The Secrets of the German War Office)』, 1914]. 이 이야기는 20세기 초 독일의 젊은 황태자와 영국 왕가의 한 여인의 사랑에서 시작된다. 두 남녀가 만나 사랑을 나누든 말든 독일 정부가 문제 삼을 일은 아니었다. 하지만 황태자가 영국 여인에게 보낸 연서에 국가 기밀이 잔뜩 담겨 있다는 사실이 밝혀지면서 독일 정부는 발칵 뒤집혔다. 그들은 '그레이브스 박사'라는 독일의 유능한 스파이를 불러들여 출격 명령을 내렸다. "연애편지를 가져오라!"

그레이브스 박사는 명령을 이행했다. 영국으로 건너가 그 여인을 만나 황태자의 연서를 되찾아 독일로 가져온 것이다. 다음은 그레이브스 박사의 일기에서 발췌한 내용으로, 그가 어떻게 명령을 이행했는지 소상히 기술되어 있다.

다음 글을 읽으면서 그레이브스 박사가 편지를 돌려받기 위해 어떤 '호감 스위치' 전략을 적용했는지 찾아보라.

나는 러셀 스퀘어 호텔에 투숙했다가 며칠 후 귀족적인 분위기의 랭햄 호텔로 옮겼다. 우선 가설을 세우고 조사에 착수했다. 상류사회를 다룬 신문을 모조리 사와 1면부터 맨 뒷면까지 죽 훑은 다음 걸리는 부분에 관해 질문을 던져 내가 찾는 부인이 주축이 된 모임을 찾아내려 했다. 호텔에서 오가다 마주친 사람들과 상류사회를 취재하는 기자들에게서 조금씩 정보를 수집했다. 마침 런던이 한창 활기를 띠는 계절이라 모두가 런던으로 몰려들고 있었다. 얼마 후 나는 그 부인과 친한 사람들이 누구이고 그들이 자주 가는 장소가 어디인지 알아냈다.

그런 다음엔 부인의 성향을 파악해서 부인의 습관을 알아내고 부인이 무엇을 좋아하고 무엇을 싫어하는지도 알아내야 했다. 나는 부인이 하이드파크에서 자주 말을 탄다는 정보를 입수해, 날마다 말이 다니는 길에서 보통 구보로 두 시간 정도 말을 몰았다. 닷새째 아침, 마침내 꾸준히 말을 탄 보람이 있었다. 친구들과 말을 타고 달리는 부인과 마주친 것이다.

이튿날 아침, 나는 같은 시간에 그 길로 나갔다. 드디어 부인이 전날의 친구들과 말을 타고 내 쪽으로 다가왔다. 그들이 나를 지나쳐 시야에서 멀리 사라지기 직전에 나는 그들의 뒤를 쫓았다. 그들이 말을 어디에 매어두는지 알아내 그들이 말에서 내린 뒤 서서히 그 마구간으로 가서 조사했다. 알아보니 부인 일행은 매번 같은 시간에 말을 타고 나간다고 했다. 그 뒤 나는 매일 그 길에서 말을 타고 부인을 지나쳤다. 내가 자부하는 몇 가지가 있는데, 그중 하나가 승마술이다. 오스트레일리아 들판에서 브럼비(야생마)를 길들이느라 코피를 터뜨린 적이 한두 번이 아니다. 또 투아레그족(사하라 사막의 이슬람 유목민-옮긴이) 친구들에게 배운 기술도 한두 가지 있었다. 나는 기회를 틈타 부인이 보는 데서 이런 기술을 선보였다. 나는 부인에게 소개받으려 하지 않고 그저 주의를 끌면서 부인 일행에게 낯익은 얼굴이 되어 인간 심리의 한 이론을 이용하고 싶었다. 자주 보이지만 알지 못하는 얼굴에 무의식적으로 끌린다는 이론 말이다.

얼마 후 부인 일행이 런던 상류사회에서 유행하던 유행은 다 쫓아다니는 부류라는 확신이 들었다. 그중 유독 한 가지가 눈길을 끌었다. 부인 일행은 매일 오후 3시에서 4시 사이에 칼턴 테라스에 모여 딸기를 먹었다. 나도 딸기를 먹으러 그곳으로 갔다.

딸기철의 칼턴 테라스는 가벼운 여자들과 빈둥거리는 한량들이 모여 우아하고 다채로운 최신 유행의 장을 이루었다. 유행에 앞서가는 아름다운 무리는 쾌락에 무심히 내던져진 특유의 분위기를 풍기면서 재미는 있지만 의미는 없는 말들을 웅얼거리고 이 테이블에서 저 테이블로 시시껄렁한 농담을 주고받았다. 삶의 경박함에 관해서는 흥미로운 연구감이었다. 이들은 차양이 쳐지고 유리창으로 둘러싸인 근사한 테라스에 앉아 저 아래 템스 강 위로 이런저런 장치가 복잡하게 붙어 있는 예인선과 수면에 납작 엎드린 바지선이 만들어내는 변화무쌍한 풍경을 내려다보았다.

칼턴 테라스에서는 손님들이 식사의 세세한 부분마다 값을 후하게 치렀다. 나는 웨이트리스에게 정중하게 팁을 건네고 부인 일행에게 예약된 자리 근처에 내가 원하던 바깥쪽 구석 자리를 얻었다. 매번 부인이 먼저 칼턴 테라스에 들어갈 때까지 기다렸다 한가로이 걸어 들어가 혼자 자리에 앉고 혼자 있고 싶은 티를 냈다. 칼턴 테라스에서는 딸기를 아주 독특하게 대접했다. 큼직하고 달콤한 딸기 열 알이나 열두 알이 덩굴줄기에 매달린 채 은그릇에 담겨 나왔다. 사치의 극치였다. 손님들이 테이블에 놓인 덩굴줄기에서 싱싱한 딸기를 직접 따먹었고, 크림은 칼턴 테라스에서 듬뿍 담아 내주었다. 딸기 한 접시에 금화 반 개 값(2.50달러)이었다. 보통은 한 사람에 한 접시면 충분했다. 그러나 나는 매일 다섯 접시를 주문했다.

날마다 메클렌부르크-슈베린 대공의 돈으로 금화 두 닢 반(12.50달러)을 딸기 값으로 치렀다. 계산서를 가져다준 웨이트리스에게 준 팁까지 모두 금화 세 닢(15달러)씩 쓴 셈이었다. 열흘 정도 매번 똑같이 했다. 항상 부인 일행이 자리에 앉은 다음에 들어가고, 항상 같은 양의 딸기를 주문하고, 항상 같은 금액의 팁을 웨이트리스에게 주었다. 얼마 후 사람들의 시선이 느껴졌다. 칼턴 테라스의 종업원들뿐 아니라 손님들도 나의 기이한 행동에 관심을 보였다. 어느 날은 지나가다가 이런 말을 듣기도 했다. "저기 딸기 귀신이 오는군."

속으로 쾌재를 불렀다. 드디어 그 부인 일행에 끼어들 수 있겠다는 생각이 들었다. 런던의 상류층이 매년 딸기철에 오후 3시에서 4시 사이 가장 많이 찾는 레스토랑에서 유별난 인물로 눈에 띄기 시작한 것이다. 이제는 그 부인과 같은 여자가 추파를 던지지 않는다. 내가 딸기 '묘기'로 조성한 호의적인 분위기에서는 여자에게 눈길만 주면 여자가 화답한다. 둘 다 희미하게 미소를 머금고 오후 내내 서로를 직접 쳐다보지는 않는다. 이런 건 추파가 아니다. 구체적으로 말하면 영혼의 관심이다.

이렇게 날마다 딸기 파티를 벌이던 어느 날 칼턴 테라스의 지배인이 손님들이 나를 궁금해한다고 전했다. 남자들 몇 명이 내가 누군지 물었다고 했다. 나는 지배인에게 좀 더 캐물어 그 남자들 중 하나가 부인의 일행이라는 대답을 받아냈다. 2 더하기 2만큼 간단했다. 부인이 시켜서 한 질문이라는 건 불 보듯 뻔했다.

한편 나는 독일의 대공에게 몇 차례 편지를 보내 그의 조카인 황태자가 런던으로 넘어오지 못하게 막으라고 조언했다. 또 부인에게 편지를 보내면 돈줄을 막아버린다고 엄포를 놓아 대공이 허락할 때까지는 절대로 편지를 쓰지 못하게 막으라고 일러두었다. 이제 런던은 점점 사람들로 북적이고 계절은 절정에 이르렀다. 나는 드루어리레인에서 엠파이어까지 극장들을 돌아다니고 클럽에도 드나들었다.

이런 곳에서 안면이 있는 남자들과 다시 마주치고, 얼마 지나서는 사냥여행과 유럽의 온천에서 꽤 친해진 친구들도 두세 명 찾아냈다. 그리고 나는 그들을 통해 여러 모임을 소개받았다. 교묘히 손써서 그 부인이 자주 어울리는 사람들이 여는 애프터눈 티파티와 홈파티에도 초대받았다.

어느 애프터눈 티파티에서 드디어 부인을 소개받았다. 부인은 전형적인 활달한 영국 여자였다. 딱히 예쁘다고는 할 수 없지만 앨비언(영국이나 잉글랜드를 가리키는 옛 이름-옮긴이)의 딸들이 조상에게서 물려받는 특유의 깨끗한 피부와 맑은 눈과 남자 같은 강인함까지 완벽히 갖추었다. 키가 크고 호리호리하고 단단한 몸에 자유롭고 독립적인 마음가짐과 기질이 독일 여자들과는 판이하게 달랐다. 그래서 젊은 황태자가 빠져든 모양이었다.

"야성적인 식민지 청년은 잘 지내시나요? 요즘도 딸기 좋아해요?"

우리는 웃음을 터뜨렸다.

"부인께서 제 알량한 수법을 다 꿰고 계셨군요."

"그럼요." 부인이 고개를 젖히며 말했다.

편안하고 유쾌한 대화가 오갔다. 대화를 나눌수록 황태자가 부인에게 흠뻑 빠진 이유를 알 것 같았다. 내심 황태자를 '지독히 운 좋은 녀석'이라고 생각했다.

그날부터 나는 극장이든 연주회든 레스토랑이든 부인이 가는 곳이면 어디든 열심히 쫓아다녔다. 여기저기 조금씩 손을 써둔 덕분에 나에 대한 부인의 신뢰가 쌓여갔다.

어느 날 윈저 성의 인도방에서 열린 공연 후 만찬에 초대받았다. 그즈음 나는 주위에 어느 정도 알려져 있었다. 세계여행가이자 한량이자 취미로 약물을 연구하는 사람으로 알려졌다. 듣자 하니 부인과 황태자의 연애는 부인이 속한 세계에서 공공연한 비밀이었다. 나는 또한 부인이 황태자가 런던에 올 날을 손꼽아 기다린다는 것도 알아냈다. 나는 황태자와 잘 아는 사이인 척했다. 부인의 신뢰가 커지자 황태자의 과도한 애정행각을 날조해서 교묘하게 흘리기도 했다. 이렇게 결국 부인이 입을 열게 만들었다. 나는 교묘히 황태자를 향한 원망을 불어넣었다. 특히 아직도 런던 사교계에 나타나지 않는 점을 부각시켰다. 사실 황태자는 삼촌인 대공에게 발이 묶여 있었고, 대공에게 황태자를 붙잡으라고 경고한 사람은 나였다.

두 달쯤 지나 나는 메이페어에 위치한 부인의 저택에 초대를 받았다. 그간 황태자를 잘 아는 티를 낸 덕에 그즈음에는 부인과 조금 더 가까워졌다. 부인은 슈롭셔의 크루스 백작 사냥터 오두막에서 열린 사냥 파티에서 황태자를 만났다고 말했다. 하지만 나중에 공식적으로 만난 건 이때가 처음이지만 사실은 그전에 왕족들이 자주 찾는 휴양지인 스위스에서 **신분을 숨기고** 떠난 등산 여행에서 젊은 황태자를 처음 만났다고 말했다. 그리고 나는 부인이 브리지 도박에 빠져 큰돈을 잃은 사실도 알아냈다.

부인이 큰 빚을 진 사실은 쉽게 알아낸 것이 아니다. 이 정보를 알아내려고 그 집 하녀를 구워삶았다. 무슨 거리만 생기면 하녀에게 돈을 두둑이 쥐여주었다. 그리고 자잘한 일을 대신 해주기도 했다. 어느 날 나는 부인이 외출한 줄 알면서도 그 집에 들렀다. 부인을 기다리는 척하면서 하녀에게 넌지시 이것저것 캐물었다. 이렇게 부인이 돈에 쪼들린다는 사실을 알아낸 것이다.

그 뒤로 나는 부인의 집에서 브리지 모임이 있을 때마다 어떻게든 참석했다. 그 자리에 모인 영국의 상류층 부인들은 꽤나 고수들이었고, 부인은 주로 큰돈을 잃는 쪽이었다. 고맙게도 어느 날 밤 부인이 내게 돈을 잃었다. 이런 모임에서는 관례상 현금을 주고받지 않는다. 대신 돈을 잃은 사람이 '요구불어음' 형태로 지불한다. 나는 그날 밤 부인에게 받은 어음과 다른 사람들이 받아간 어음까지(어음을 받은 사람의 행방을 하녀에게 알아내 직접 찾아가서 어음을 사들였다) 모아 악명 높은 고리대금업자를 찾아가 거래했다. 그가 어음을 받고 부인에게 돈을 갚으라고 압박하기로 했다. 물론 여기서 내 이름은 빼야 했다. 부인의 신뢰를 사야 하는 입장에서 내가 직접 등장해 부인에게 책임을 물을 수는 없었다. 그날 고리대금업자가 부인을 찾아갔다. 그날 이후 순하게 찾아가서 괴롭히고 법적 조치를 취하겠다고 으름장을 놓고 신경쇠약에 걸릴 만큼 몰아붙였다. 마침 내가 옆에서 위로하자 부인이 곧 입을 열었다. 부인은 벌컥 화를 내면서 언성을 높였나. 그녀도 빚을 졌고 주변의 친구들도 다 빚을 졌다고. 하지만 그쪽 세계에서는 별 일 아니라고.

드디어 부인에게 물질적 도움의 손길을 내밀어야 하는 순간이 왔다. 우리는 부인의 연애에 관해 진지하게 대화를 나누었다. 들어보니 두 사람은 깊은 관계였다. 그리고 우리는 황태자에 관해 이야기했다. 나는 부인에게 메클렌부르크-슈베린 가문과 정식으로 결혼할 방법은 없지만 두 사람이 서로에게 깊이 빠져 있는 데다 약혼까지 한 사이이므로 황태자가 부인을 경제적으로 지원해도 문제 될 것이 없다고 설득했다. 살얼음판을 걷는 기분이었다. 진취적이고 이상이 높은 부인에게 협박하는 투로 들리지 않으려면 신중히 말을 골라야 했다. 사실 부인은 내가 협박하는 것 같으면 도박에서 깨끗이 손을 떼고 한 계절 내내 사교계에 발길을 끊으면 끊었지 순순히 내 계획을 따를 사람이 아니었다. 마지막으로 나는 "혹시 대공 가문에서 적절한 사례와 배상을 받아낼 거리가 있을까요?"라고 물었다.

부인은 한참 머뭇거리더니 벌떡 일어나 급히 나갔다가 한 손 가득 편지를 들고 돌아왔다. 편지 틈에서 언뜻 대공 가문의 문장이 보였다. 사랑에 빠진 어리석은 청년은 그런 세세한 부분까지 챙기지 못할 만큼 부주의했다! 부인이 신경질적으로 편지를 흔들면서 소리쳤다. "프란츠의 삼촌이 이걸 보면 뭐라고 하실까요? 이게 바로 그가 나와 결혼하게 만들 수도 있는 이유예요."

기회가 찾아왔다. 쇠(여기서는 부인의 울화통)는 달궈졌다. 나는 차분히 앉아 이 문제를 상의하자고 말했다. 나는 기선제압을 위해 내가 잘 알고 하는 말이라는 인상을 주려고, 내가 독일의 유력 가문인 그 집안과 잘 알고 지내고, 런던에는 **신분을 숨기고** 와 있는 거라고 말했다. 나는 메클렌부르크-슈베린 가문이 아니라 부인의 친구지만 그쪽 사람들을 알고 그들이 어떻게 하는지 잘 알기에 부인에게 큰 도움을 줄 수 있다는 식으로 접근했다.

나는 이렇게 위로했다. "죄송하지만 부인이 합법적으로, 귀천상혼(유럽에서 왕족이나 귀족 남자와 신분이 낮은 여자 사이에서 여자나 그 자식이 남자의 위계나 칭호나 재산을 물려받지 못한다는 조건으로 이루어지는 결혼-옮긴이)으로라도 황태자와 맺어질 여지는 없습니다. 제가 보기에는 그쪽 가문에서 부인을 아주 부당하게 대하는 것 같습니다. 부인은 황태자와 약혼한 상태니까 그쪽에서 배상받을 권리가 있습니다. 법정에 가서 계약 위반을 이유로 배상받을 수는 있지만 부인의 심정이 어떠실지 짐작이 갑니다. 그런 식으로 나갔다가는 부인의 가문 같은 유서 깊은 귀족 가문에 먹칠을 하게 될 테니까요."

이 말이 부인의 마음에 가닿은 모양이었다.

"그럼 어쩌죠?" 부인이 물었다.

"친구로서 말씀드리자면, 제가 부인을 대신해서 처리할 수 있도록 허락해주신다면 영광으로 알겠습니다. 황태자의 삼촌이신 대공과 협상을 해볼 수 있습니다. 그분이 이 일을 공정하게 바라보도록 해드리겠습니다. 저는 이런 일의 미묘한 성격을 충분히 이해하고 필요한 절차에 따라 일을 처리할 수 있으니 지켜봐주십시오."

부인은 고개를 저으며 초조하게 편지를 툭툭 쳤다.

"아뇨, 그건 안 돼요. 말도 안 돼요."

더 세게 나가야 했다. 순간 내 평생 입에 담은 거짓말 중 가장 독창적인 거짓말이 떠올랐다. 한 5분 만에 나는 난봉꾼 같은 황태자의 행각에 비하면 돈 후앙은 성자라는 식으로 황태자에게 거짓 이미지를 덧씌웠다.

"한번 생각해보세요. 황태자께서는 이번에 부인과 함께 여기로 오셨어야 해요. 그런데 오시지 않았잖아요. 부인께서도 말씀하셨다시피 편지에 답장도 보내지 않으셨고요. 더는 할 말이 없군요. 부인, 그분과 그분 가문은 부인께서 벌주시는 대로 달게 받아야 해요."

앞의 다른 계획이 실패한 자리에서 벌을 준다는 말이 호소력을 얻었다. 여자, 특히 영국 여자의 자존심을 잘못 건드렸다가는 큰코다친다. 나는 급히 자리에서 일어났다. 호텔로 돌아가 수신자를 나로 해서 편지 두 통을 써서 대공의 이름을 서명했다. 편지에는 부인의 채무를 갚아주겠다고 제안했다. 봉투에 내 주소를 적고 얼마간 시간이 흐른 뒤 다시 메이페어로 돌아가 부인에게 편지를 읽어주었다. 부인은 냉정을 되찾았다. 그리고 내가 제안한 대로 배상을 받아내기 위한 전권을 내게 맡겼다. 나는 그길로 런던에 있는 대공의 은행에 가서 1만 5천 파운드(7만 5천 달러)가 필요하다고 알렸다. 나흘 뒤 돈이 들어왔다. 이후의 거래는 여느 거래와 같았다. 부인은 편지와 서류를 모두 내게 넘겼고, 나는 1만 5천 파운드를 부인에게 건넸다. 현재 부인은 매년 대공이 허락한 돈으로 여유 있게 여행을 다닌다. 요즘도 부인이 칼턴 테라스에 가서 딸기를 먹는지는 몰라도 부인이 오늘날 막대한 재산을 보유한 데는 한때 그곳에 드나든 일이 어느 정도 기여했다고 나는 자부한다.

그레이브스 박사가 명령을 이행한 과정

그레이브스 박사의 일기를 읽다보면 그가 한 세기나 앞서 행동분석과 심리기법으로 목적을 달성하는 과정에 놀라지 않을 수 없다. 잠시 1장으로 돌아가서 우정 공식을 이용해 '갈매기'가 조국을 버리고 미국의 스파이가 되도록 끌어들인 과정을 살펴보면 FBI와 그레이브스 박사의 전략이 상당히 유사하다는 데 다시 한 번 놀랄 것이다. 다음 몇 가지를 살펴보자.

1. 두 사례 모두에서 목표 대상을 설득하는 과정은 치밀한 계획을 장기간에 걸쳐 실행에 옮긴 것이었다. 두 요원 모두 이 책에서 소개한 기법을 이용해 목표 대상과 직접 만나기 전에 상대가 그들을 좋아하게 만들었다.
2. 그레이브스 박사는 FBI 요원 찰스처럼 우정 공식을 통해 영국인 부인과 친분을 쌓았다. 우선 대상과의 근접성을 확보하고, 빈도와 기간을 늘리고, 서서히 강도를 높이면서 호기심 미끼를 던지고 강렬한 비언어적 단서도 조금씩 늘려갔다.
3. 두 사례 모두에서 근접성의 원리를 적용해 상대에게 위협을 주지

않으면서 다가갔다(1장). 갈매기의 사례에서 FBI 요원 찰스는 오랜 기다림의 시간을 견디며 갈매기가 다니는 공공장소에서 어슬렁거리면서 상대의 눈에 띄었다. 그레이브스 박사 역시 부인이 말을 타는 곳과 레스토랑에서 자주 앉는 자리 근처에 자리를 잡는 식으로 상대와의 근접성을 확보했다.

4. 두 사례 모두 **빈도**와 **기간**의 원리도 적용되었다. 갈매기의 사례에서 FBI 요원은 갈매기가 장보러 다니는 길에 서 있다가 마주치는 횟수(빈도)를 늘리면서 갈매기의 눈에 띄었고, 갈매기를 따라 식료품점 안까지 들어가서 접촉 시간(기간)을 늘렸다. 영국인 부인의 사례에서 그레이브스 박사는 부인이 말을 타는 길에서 부인과 스치고 레스토랑에서 마주치는 횟수(빈도)를 늘렸다. 그레이브스 박사는 빈도 효과에 관해 "자주 보이지만 알지는 못하는 얼굴이 무의식적으로 끌린다는 이론"이라고 적었다. 더 나아가 그는 기간을 확보하기 위해 극장과 연주회 같은 공공장소에서 부인 근처에 어슬렁거리면서 마주치는 시간을 늘렸다. 함께 있는 시간(기간)이 길어질수록 상대의 의사결정 과정과 사고 양상에 영향을 미칠 가능성도 높아진다.

5. 두 사례 모두에서 비언어적 단서와 '호기심 미끼'로 **강도**를 높였다. 갈매기와 영국인 부인은 주변에서 늘 얼쩡거리는 낯선 남자에게 호기심을 느꼈다. 그레이브스 박사에게는 '딸기 묘기'가 호기심 미끼였다. 앉은 자리에서 딸기를 5인분이나 주문해서 먹고 웨

이트리스에게 팁을 넉넉히 주는 사람은 대체 어떤 사람일까? 저 사람은 누구일까? 저 사람이 원하는 게 뭘까? 갈매기와 영국인 부인은 이런 호기심에 이끌려 찰스(FBI 요원)와 그레이브스(독일 스파이)가 누구이고 무엇을 원하는지 알아내려 했다. 그레이브스 박사는 이렇게 적었다. "내가 딸기 '묘기'로 조성한 호의적인 분위기(높은 강도)에서는 여자에게 눈길만 주면 여자가 화답한다. 둘 다 희미하게 미소를 머금고 오후 내내 서로를 직접 쳐다보지는 않는다." 그레이브스 박사가 부인과 처음 대면했을 때 부인은 '머리카락 튕기기(머리 젖히기)'를 선보였다. 이런 친구 신호가 나온 것으로 보아 만나서 대화를 나누기도 전에 두 사람 사이에 어느 정도 친근감이 쌓인 것을 알 수 있다. 찰스와 그레이브스는 그들이 선택한 심리 원리에 확신이 있던 터라 그 방법이 효과를 내기까지 침착하게 기다렸다. 그들은 관계를 만들려고 서두르지 않았다. 대신 '정상적인' 관계를 맺을 때처럼 시간을 두고 자연스럽게 가까워지도록 기다렸다.

6. 두 사례 모두에서 그레이브스 박사와 FBI 요원은 우정 신호를 보내면서 위협적이지 않은 존재로 다가가(1장 참조) 첫 대면에 상대가 방어막을 치지 않게 만들었다. FBI 요원은 갈매기가 그를 편안하게 받아들일 때까지 섣불리 접근하려고 시도하지 않았다. 그레이브스 박사는 부인과 친구들이 레스토랑에서 자리에 앉은 다음에 들어가 그들의 시선을 끌도록 신중을 기했다.

7. 두 요원 모두 여러 정보원에게서 목표 대상에 관한 정보를 수집했다. 갈매기의 사례에서 FBI 요원은 FBI 분석가들에게 정보를 입수했다. 그레이브스 박사는 지역신문에서 상류사회 관련 소식을 읽고 기자들과 대화하고 나중에는 마구간의 마부에게서까지 부인에 관한 정보를 수집했다. 두 사례 모두에서 결정적인 정보를 은밀히 수집하면서 목표 대상의 행동에 동기를 부여하는 요인을 파악하고 대상의 성격을 평가하고 대상과의 공통점을 찾아냈다. 그레이브스 박사는 유도신문 기법(6장)으로 부인에 관한 민감한 정보를 캐내면서도 정작 부인은 민감한 정보를 넘기는 줄 모르게 만들었다.

8. 그레이브스 박사가 칼턴 테라스에 드나든 이유는 부인과 가까워지기 위해서만이 아니라 부인처럼 날마다 딸기를 먹어 부인과의 공통점을 만들기 위해서였다.

9. 그레이브스 박사는 귀인오류(4장)라는 심리 원리를 이용해 부인이 그에게 호감을 갖게 만들었다. 승마도 여느 운동처럼 엔도르핀을 분비시켜 기분이 좋아지게 만든다. 기분이 좋은 이유를 찾지 못하면 가까이 있는 사람 때문에 기분이 좋아진 거라고 해석한다. 우정의 황금률에 따르면 사람들이 당신을 좋아하게 만들고 싶다면 먼저 그들을 기분 좋게 만들어야 한다. 그레이브스 박사는 부인과 대화를 나누기 전에 친근감부터 쌓았다.

10. 끝으로 그레이브스 박사는 부인의 누적된 채무에 관해 편지를

주고받기로 한 것이 그레이브스 박사의 생각이 아니라 부인의 생각인 것처럼 보이게 만들었다. 갈매기는 FBI 요원이 심어둔 반역의 씨앗에 물과 거름을 주었다. 이것은 작전의 성공을 알리는 신호였다.

한 세기를 사이에 둔 두 편의 스파이 사례에서 우리는 인간의 본성은 변하지 않으므로, 이 책에서 소개하는 기법으로 호감 스위치를 켜고 사람들에게 호감을 사면 친구를 사귈 수 있다는 교훈을 얻는다.

감사의 말

이 책의 사진을 촬영해준 캘리포니아 랭커스터의 데이브 밀스 포토그래피의 데이브와 린다 밀스에게 감사드립니다. 두 분은 사진 기술을 모두 동원해 이 책에서 소개하는 기법을 정확히 표현해주었습니다. 사진 모델로 시간과 재능을 기부해준 앤드루 카든과 제 딸 브룩 셰이퍼에게 고마움을 전합니다. 이 책의 원고를 읽고 의견을 제안해준 제니 채니, L. 마이클 웰스, 대니얼 포터, 코리 가자, 토니 드치코에게 감사드립니다. 여러 해 동안 저와 함께 사람들의 의사소통 능력을 길러주는 새로운 방법을 개발해서 가르친 랜디 마르코즈에게도 감사드립니다.

여러 해 동안 저와 함께 이 책에서 소개하는 수많은 기법을 개발하고 완벽하게 다듬어준 저자이자 역사가인 마이크 딜레이에게 특히 감사드립니다. 마이크는 또한 이 책의 원고를 읽고 수정해주고 최종 원고로 다듬는 데 값진 의견을 내주었습니다. 끝으로 제 글에서 취약한 부분을 찾아주고 제가 글쓰기 능력을 기르도록 꿋꿋이 도와주신 학창 시절의 모든 영어 선생님께도 감사드립니다.

_ 잭 셰이퍼

저는 인복이 많은 사람입니다. 가장 절실한 순간에 좋은 분들에게서 용기와 영감과 통찰력을 얻었습니다. 이 자리를 빌려 그분들을 소개하고 제 삶에 의미와 기쁨을 안겨주신 데 감사드립니다. 혹시라도 빠진 분이 있다면 너그러운 마음으로 용서해주시길 바랍니다.

루이스 앤드루스, 앨런과 수전 밸포어, 로레타 베렛, 앤과 스티브 배첼러, 라일 버먼, 캐럴 블로흐, 스테파니 보이어, 애버리 카르도자, C. T. 챈, 그레이스 초크, 신시아 코헨, 돈 델리츠, 알렉스 드실바, 모리스 드바즈, 짐 도일, 훌리오와 카르멘 엔리케스, 버트와 바버라와 대니얼 프리드먼, 샐리 풀러, 진 골든, 존 골러혼, 잰 고든, 데이비드와 오딘 하기스, 스티브 해리스, 필 헬무스, 폴레트와 케빈 허버트, 톰 존슨, 그레이스 존슨, 샌드라 칼린스, 미리엄과 아널드 칼린스, 로버트 킨디야, 제리 쾰러, 앨버트 코, 프레디 코, 레이 퀵, 짐 레빈, 렌 매컬리, 롭 머캐도, 드브라 미첼리, 채드 마이클스, 피터 밀러, 조 나바로, 재클린 오스틴, 프랜 레진, 매리언 루즈, 존 러셀, 윌리스 러셀, 해리, 지니, 리비와 몰리 슈로더, 스티브 슈슬러, 마이크 섀클퍼드, 스탠 슬러디코프, 조앤과 에릭 스테드먼, 게리 월터스, 아네트, 질과 미셸 웨인버그, 로버트 웰커, 톰 윌렌, 켄 밴부리스, 앤서니 비테일.

끝으로 편집자 매슈 벤저민을 비롯해 저희 저자들의 원고를 최상의 수준으로 끌어올려준 사이먼앤슈스터의 모든 유능한 분들께 특별히 감사의 뜻을 전합니다.

_ 마빈 칼린스

부록 질문은 242~246쪽 참고
'무엇이 보이는가' 퀴즈의 정답

사진 1: 이 사진의 적 신호는 젊은 여자가 하품하는 모습이다. 그렇다고 여자가 남자에게 지루함을 느낀다는 뜻은 아닐 수 있다. 공감의 말로 하품하는 이유를 알아내야 한다.

사진 2: 이 사진의 세 가지 친구 신호는 (1) 환한 미소, (2) 고개 기울이기, (3) 서로 응시하기다. (4) 열린 자세도 답이 될 수 있다.

사진 3: 사진 2에는 없고 새로 추가된 친구 신호는 남자와 여자 모두 '손바닥을 위로 올리는' 자세를 취하는 것이다.

사진 4: 두 사람이 서로 대칭을 이루는 자세를 취하지 않는 모습은 친근감이 부족하다는 뜻이다.

사진 5: 여자는 몸을 앞으로 기울이고 미소를 지으면서 관심 있다는 뜻을 내비치지만 남자는 팔짱을 끼고 몸을 뒤로 기대어 여자에게 관심 없다는 뜻을 드러낸다.

사진 6: 남자는 미소를 짓고 몸을 앞으로 기울여 여자에게 관심을 드러내지만 여자는 닫힌 자세(팔짱 끼기)와 미심쩍어하는 눈빛으로 남자에게 관심을 보이지 않는다.

사진 7: 친근감을 드러내는 친구 신호는 '깃털고르기(상대의 매무새 만져주기)'다. 여자가 남자의 셔츠 깃을 세워준다.

사진 8: 남자가 활짝 웃으면서 몸을 앞으로 기울이고 열린 자세를 취하는 것으로 보아 여자에게 관심이 있다. 안타깝게도 여자의 자세로 보아 여자는 남자와 같은 감정이 아니다. 다만 이 사진에서는 여자의 비언어적 행동을 조금 더 확인해야 관심이 전혀 없는지 알 수 있다.

사진 9: 두 사람 사이의 친근감이 상당하다. (1) 둘 다 보이는 열의, (2) 안쪽으로 기대고 열려 있는 몸통의 자세, (3) 표현이 풍부한 몸짓('엄지 올리기' 신호), (4) 긴 눈 맞춤, (5) 미소 등으로 친근감을 확인할 수 있다.

사진 10: 남자가 손가락질을 하는 것으로 보아 얼핏 남자에게 주도권이 있는 것처럼 보인다. 하지만 남자가 몸을 뒤로 빼고 있다(손가락으로 상대를 가리키면서 몸을 뒤로 빼는 자세는 앞뒤가 맞지 않는다. 스스로 상황을 주도한다고 생각한다면 손가락으로 상대의 얼굴을 가리키면서 몸을 뒤로 젖히지는 않는다). 여자는 손을 허리에 대고 팔꿈치를 양옆으로 편 자세(공격적인 비언어적 신호)를 취해 키가 큰 남자에 맞서려고 한다. 여자는 고개를 기울여 경동맥을 드러내 남자를 두려워하지 않는 신호를 보낸다. 해답: 남자는 몸을 뒤로 젖힌 자세로 보아 이 관계에서 지는 쪽이고, 여자는 공격적으로 서 있는 자세로 보아 두려움이 없다는 뜻이다.

 참고문헌

Ajzen, I. (1977). Information processing approaches to interpersonal attraction. In S. W. Duck (ed.), *Theory and practice in interpersonal attraction* (pp. 51–77). San Diego, CA: Academic Press.

Antheunis, M. L., V alkenburg, P. M., & Peter, J. (2007). Computer-mediated communication and interpersonal attraction: An experimental test of two explanatory hypotheses. *Cyberpsychology and Behavior, 10*, 831–835.

Aristotle (1999). *Rhetoric* (W. R. Roberts, trans.). In *Library of the Future*, 4th ed. [CDROM]. Irvine, CA: World Library.

Aronson, E. (1969). The theory of cognitive dissonance: A current perspective. In L. Berkowitz (ed.), *Advances in experimental psychology*, vol. 4. New York: Academic Press.

Asch, S. E. (1946). Forming impressions of personality. *Journal of Abnormal and Social Psychology*, 41, 303–314.

Aubuchon, N. (1997). *The anatomy of persuasion*. New York: American Management Association.

Balderston, N. L., Schultz, D. H., & Helmstetter, F. J. (2013). The effect of threat on novelty-evoked amygdala response. *PLOS ONE, 8*, 1–10.

Ballenson, J. N., Blascovich, J., Beall, A. C., & Loomis, J. M. (2001). Equilibrium theory revisited: Mutual gaze and personal space in virtual environments. *Presence, 10*, 583–598.

Barrick, J., Distin, S. L., G iluk, T. L., Stewart, G . L., Shaffe , J. A., & Swider, B. W. (2012). Candidate characteristics driving initial impressions during rapport building: Implications for employment interview validity. *Journal of Occupational and Organizational Psychology, 85*, 330–352.

Brady, E., & G eorge, R. (2013). Manti Te'o's "Catfish" story is a common one. *USA Today*, January 18.

Branham, M. (2005). How and why do fi eflies light up? *Scientific American*, September 5.

Buffadi, L., & Campbell, W. K. (2008). Narcissism and social networking web sites. *Personality and Social Psychology Bulletin, 34*, 1303–1314.

Byrne, D. (1969). Attitudes and attraction. In L. Berkowitz (ed.), *Advances in Experimental Psychology*, vol. 4. New York: Academic Press.

Carlzon, J. (1989). *Moments of truth*. New York: Harper Business.

Carnegie, D. (2011). *How to win friends and influence people*. New York: Simon & Schuster.

Carter, R. (1998). *Mapping the mind*. Berkeley: University of California Press.

Chaplin, W. F., Phillips, J. B., Brown, J. D., Claton, N. R., & Stein, J. L. (2000). Handshaking, gender personality and first impressions. *Journal of Personality and Social Psychology, 79*, 110–17.

Chen, F. F., & Kenrick, D. T. (2002). Repulsion or attraction? Group membership and assumed attitude similarity. *Journal of Personality and Social Psychology, 83*, 111–125.

Cialdini, R. B. (1993). *Influence: The psychology of persuasion*. New York: William Morrow.

Clark, M. S., Mills, J. R., & Corcoran, D. M. (1989). Keeping track of needs and inputs of friends and strangers. *Personality and Social Psychology Bulletin, 15*, 533–542.

Clore, G., Wiggens, N. H., & Itkin, S. (1975). Gain and loss in attraction: Attributions from nonverbal behavior. *Journal of Personality and Social Psychology, 31*, 706–712.

Collins, N. L., & Miller, L. C. (1994). Self-disclosure and liking: A meta-analytic review. *Psychological Bulletin, 116*, 457–475.

Craig, E., & Wright, K. B. (2012). Computer-mediated relational development and maintenance on Facebook. *Communication Research Reports, 29 (2)*, 118–129.

Curtis, R. C., & Miller, K. (1986). Believing another likes or dislikes you: Behavior making the beliefs come true. *Journal of Personality and Social Psychology, 51*, 284–290.

Dalto, C. A., Ajzen, I., & Kaplan, K. J. (1979). Self-disclosure and attraction: Effects of intimacy and desirability of beliefs and attitudes. *Journal of Research in Personality, 13*, 127–138.

Davis, J. D., & Sloan, M. L. (1974). The basis of interviewee matching and interviewer self-disclosure. *British Journal of Social and Clinical Psychology, 13*, 359–367.

DePaulo, B. M. (1992). Nonverbal behavior and self-presentation. *Psychological Bulletin, 111*, 203–243.

DeMaris, A. (2009). Distal and proximal influences of the risk of extramarital sex: A prospective study of longer duration marriages. *Journal of Sex Research, 44*, 597–607.

Dimitrius, J., & Mazzarella, M. (1999). *Reading people: How to understand people and predict their behavior–anytime, anyplace*. New York: Ballantine.

Egan, G . (1975). *The skilled helper* . Monterey, CA: Brooks/Cole.

Ekman, P., Friesen, W. V ., & Ancoli, S. (1980). Facial signs of emotional experience. *Journal of Personality and Social Psychology, 39*, 1125–1134.

Festinger, L. (1957). *A theory of cognitive dissonance*. Oxford, UK: Peterson Row.

Finkelstein, S. (2013). Building trust in less than 10 minutes. *Huffington Post*, July 18.

Frank, M. G., Ekman, P., & Friesen, W. V. (1993). Behavioral markers and recognizability of the smile of enjoyment. *Journal of Personality and Social Psychology, 64*, 83–93.

Franklin, B. (1916). *The autobiography of Benjamin Franklin* (J. Bigelow, ed.). New York: G . P. Putnam's Sons.

Gagne, F., Khan, A. Lydon, J., & To, M. (2008). When flattery gets you nowhere: Discounting positive feedback as a relationship maintenance strategy. *Canadian Journal of Behavioral Science, 40*, 59–68.

Givens, D. G. (2014). *The nonverbal dictionary of gestures, signs and body language cues*. Spokane, WA: Center for Nonverbal Studies.

Gold, J. A., Ryckman, R. M., & Mosley, N. R. (1984). Romantic mood induction and attraction to a dissimilar other: Is love blind? *Personality and Social Psychology Bulletin, 10*, 358–368.

Grammar, K, J., Schmitt, A., & Massano, A. H. (1999). Fuzziness of nonverbal courtship communication unblurred by motion energy detection. *Journal of Personality and Social Psychology, 77*, 487–508.

Grant, M. K., Fabrigar, L. R., & Lim, H. (2010). Exploring the efficacy of compliments as a tactic for securing compliance. *Basic and Applied Social Psychology, 32*, 226–233.

Greville, H. (1886). *Cleopatra*. Boston: Ticknor.

Griffeth, R. W., Vecchiok, R. P., & Logan, J. W. (1989). Equity theory and interpersonal attraction. *Journal of Applied Psychology, 74*, 394–401.

Gueguen, N. (2008). The effect of a woman's smile on men's courtship behavior. *Social Behavior and Personality, 36*, 1233–1236.

Gueguen, N. (2010). The effect of a woman's incidental tactile contact on men's later behavior. *Social Behavior and Personality, 38*, 257–266.

Gueguen, N. (2010). Men's sense of humor and women's responses to courtship solicitations: An experimental field stud. *Psychological Reports, 107*, 145–156.

Gueguen, N., Boulbry, G., & Selmi, S. (2009). "Love is in the air": Congruency between background music and goods in a flower shop. *International Review of Retail, Distribution and Consumer Research, 19*, 75–79.

Gueguen, N., & Delfosse, C. (2012). She wore something in her hair: The effect of ornamentation on tipping, *Journal of Hospitality Marketing and Management, 12*, 414–420.

Gueguen, N., Martin, A., & Meineri, S. (2011). Similarity and social interaction: When similarity fosters implicit behavior toward a stranger. *Journal of Social Psychology, 15*, 671–673.

Gueguen, N., Martin, A., & Meineri, S. (2011). Mimicry and helping behavior: An evaluation of mimicry on explicit helping request. *Journal of Social Psychology, 15*, 1–4.

Gueguen, N., & Morineau, T. (2010). What is in a name? An effect of similarity in computer-mediated communication. *Journal of Applied Psychology, 6*, 1–4.

Gunnery, S. D., & Hall, J. A. (2014). The Duchenne smile and persuasion. *Journal of Nonverbal Behavior, 38*, 181–194.

Guo, S., Ahang, G., & Ahai, R. (2010). A potential way of enquiry into human curiosity. *British Journal of Educational Technology, 41*, 48–52.

Hall, E. T. (1966). *The hidden dimension*. Garden City, NY: Doubleday.

Hancock, J., & Toma, C. (2009). Putting your best face forward: The accuracy of online dating photographs. *Journal of Communication 59*, 367–386.

Harnish, R. J., Bridges, K. R., & Rottschaefer, K. M. (2014). Development and psychometric evaluation of the sexual intent scale. *Journal of Sex Research, 5*, 667–680.

Hazan, C. D., & Diamond, L. M. (2000). The place of attachment in human mating. *Review of General Psychology, 4*, 186–204.

Hill, C., Memon, A., & McGeorge, P. (2008). The role of confirmation bias in suspect interviews: A systematic evaluation. *Legal and Criminological Psychology, 13*, 357–371.

Hunt, G . L., & Price, J. B. (2002). Building rapport with the client. *Internal Auditor, 59*, 20–21.

Kaitz, M., Bar-Haim, Y., Lehrer, M., & G rossman, E. (2004). Adult attachment style and interpersonal distance. *Attachment and Human Development, 6*, 285–304.

Kassin, S. M., Goldstein, C. C., & Savitsky, K. (2003). Behavior confirmation in the interrogation room: On the dangers of presuming guilt. *Law and Human Behavior, 27*, 187–203.

Kleinke, C. L. (1986). Gaze and eye contact. *Psychological Review, 100*, 78–100.

Kleinke, C. L., & Kahn, M. L. (1980). Perceptions of self-disclosures: Effects of sex and physical attractiveness. *Journal of Personality, 48*, 190–205.

Kellerman, J., Lewis, J., & Laird, J. D. (1989). Looking and loving: The effects of mutual gaze on feelings of romantic love. *Journal of Research in Personality, 23*, 145–161.

Kenrick, D. T., & Cialdini, R. B. (1977). Romantic attraction: Misattribution versus reinforcement explanations. *Journal of Personality and Social Psychology, 35*, 381–391.

Knapp, M. L., & Hall, J. A. (1997). *Nonverbal communication in human interaction* (4th ed.). New York: Harcourt Brace College.

Krumhuber, E., & Manstead, A. S. R. (2009). Are you joking? The moderating role of smiles in perception of verbal statements. *Cognition and Emotion, 23*, 1504–1515.

Lee, L., Loewenstein, G., Ariely, D., Hong, J., & Young, J. (2008). If I'm not hot, are you hot or not? *Psychological Science, 10*, 669–677.

Lewis, D. (1995). *The secret language of success: Using body language to get what you want.* New York: Galahad Books.

Lynn, M., & McCall, M. (2000). G ratitude and gratuity: A meta-analysis of research on the service-tipping relationship. *Journal of Socio-Economics, 29*, 203–214.

Macrea, C. N., Hood, B. M., Milne, A. B., Rowe, A. C., & Mason, M. F. (2002). Are you looking at me? Eye gaze and person perception. *Psychological Science, 13*, 460–464.

Mai, X., Ge, Y., Toa, L., Tang, H., Liu, C., & Lou, Y. J. (2011). Eyes are windows to the Chinese soul: From the detection of real and fake smiles. *PLOS ONE, 5*, 1–6.

Mantovani, F. (2001). Networked seduction: A test-bed for the study of strategic communication on the Internet. *Cyberpsychology and Behavior, 4*, 147–154.

Martin, A., & Gueguen, N. (2013). The influence of incidental similarity on self-revelation in response to an intimate survey. *Social Behavior and Personality, 41*, 353–356.

Mehu, M., & Dunbar, R. I. M. (2008). Naturalistic observations of smiling and laughter in human group interactions. *Behavior, 145*, 1747–1780.

Mittone, L., & Savadori, L. (2009). The scarcity bias. *Applied Psychology, 58*, 453–468.

Moore, M. (2010). Human nonverbal courtship behavior: A brief historical review. *Journal of Sex Research, 47*, 171–180.

Nadler, J. (2004). Rapport in negotiations and conflict resolution. *Marquette Law Review, 5*, 885–882.

Nahari, G., & Ben-Shakhar, G. (2013). Primacy effect in credibility judgments: The vulnerability of verbal cues to biased interpretations. *Applied Cognitive Psychology, 27*, 247–255.

Navarro, J., & Karlins, M. (2007). *What every body is saying: An FBI special agent's guide to speed-reading people.* New York: HarperCollins.

Nelson, H., & Geher, G. (2007). Mutual grooming in human dyadic relationships: An ethological perspective. *Current Psychology, 26*, 121–140.

Nelson, S. (2014). Woman checks [boyfriend's] phone, finds footage of him having sex with her

Staffordshire bull terrier dog. *Huffington Post UK*, February 14.

Olff, M. (2012). Bonding after trauma: On the role of support and the oxytocin system on traumatic stress. *European Journal of Psychotraumatology, 3*, 1–11.

Opt, S. K., & Loffedo, D. A. (2003). Communicator image and Myers-Briggs type indicator extroversion-introversion. *Journal of Psychology, 137*, 560–568.

Patterson, C. H. (1985). *Empathic understanding: The therapeutic relationship*. Monterey, CA: Brooks/Cole.

Patterson, J., Gardner, B. C., Burr, B. K., Hubler, D. S., & Roberts, K. M. (2012). Nonverbal indicators of negative affect in couple interaction. *Contemporary Family Therapy, 34*, 11–28.

Pease, A. (1984). *Signals: How to use body language for power, success, and love*. New York: Bantam Books.

Radford, M. (1998). Approach or avoidance? The role of nonverbal communication in the academic library user. *Library Trends, 46*, 1–12.

Rogers, C. R. (1961). *On becoming a person*. Boston: Houghton Mifflin.

Smeaton, G., Byrne, D. M., Murnen, S. K. (1989). The repulsion hypothesis revisited: Similarity irrelevance or dissimilarity bias. *Journal of Personality and Social Psychology, 56*, 54–59.

Stefan, J., & Gueguen, N. (2014). Effect of hair ornamentation on helping. *Psychological Reports: Relationships and Communication, 114*, 491–495.

Stewart, J, E. (1980). Defendant's attractiveness as a factor in the outcome of criminal trials: An observational study. *Journal of Applied Social Psychology, 10*, 348–361.

Swann, M. (2013). The professor, the bikini model and the suitcase full of trouble. *New York Times*, March 8.

Toma, C. L., Hancock, J. T., & Ellison, N. B. (2008). Separating fact from fiction: An examination of deceptive self-presentation in online dating profiles. *Personality & Social Psychology Bulletin, 34*, 1023–36. 회의 자료가 나중에 학술지 논문으로 게재되었다.

Vanderhallen, M., Vervaeke, G., & Holmberg, U. (2011). Witness and suspect perceptions of working alliance and interviewing style. *Journal of Investigative Psychology and Offender Profiling, 8* 110–130.

Videbeck, S. (2005). The economics and etiquette of tipping. *Policy, 20*, 38–41.

Vonk, R. (2002). Self-serving interpretations of flattery: Why ingratiation works. *Journal of Personality and Social Psychology, 82*, 515–526.

Wang, C. C., & Chang, Y. T. (2010). Cyber relationship motives: Scale development and validation. *Social Behavior and Personality, 38*, 289–300.

Wainwright, G. R. (1993). *Body language*. Teach Yourself Books. London: Hodder & Stoughton.

Whitty, M. T., & Buchanan, T. (2012). The online romance scam: A serious cybercrime. *Cyberpsychology, Behavior, and Social Networking*, 15, 181–183.

Zunin, L., & Zunin, N. (1972). *Contact: The first four minutes*. New York: Ballantine Books.

호감 스위치를 켜라

지은이	잭 셰이퍼, 마빈 칼린스
옮긴이	문희경
펴낸이	오세인
펴낸곳	세종서적(주)
주간	정소연
기획	노만수
편집	이진아 김하얀
디자인	전성연 전아름
마케팅	임종호
경영지원	홍성우
출판등록	1992년 3월 4일 제4-172호
주소	서울시 광진구 천호대로132길 15, 3층
전화	경영지원 (02)778-4179, 마케팅 (02)775-7011
팩스	(02)776-4013
홈페이지	www.sejongbooks.co.kr
네이버 포스트	post.naver.com/sejongbooks
페이스북	www.facebook.com/sejongbooks
원고 모집	sejong.edit@gmail.com

초판 1쇄 발행 2017년 4월 28일
　　4쇄 발행 2022년 11월 22일

ISBN 978-89-8407-625-9 03320

- 잘못 만들어진 책은 바꾸어드립니다.
- 값은 뒤표지에 있습니다.